순 / 간 /

매일 유머

365일 성공하는 사람들의 자기계발

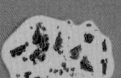

우리
함께 웃어요!

그리고
매일 웃어요!

머리말

과거 필자는 유머감각이 부족하여, 타인에게 웃음을 주기 위해 남들보다 더 노력했고, 대인 관계에 있어 낯설음이 심했기에 이를 극복하기 위해 더욱 분발하였다.

이 책은 과거 필자처럼 유머감각이 부족하고, 대화의 어려움을 겪는 사람들을 위해 동병상련(?)의 애절한 마음을 갖고 이 책을 썼다. 그저 한 번 읽어보고 책꽂이에 꽂아 두는 책이 아닌, 각 페이지와 날짜마다 적용하고 응용할 아이디어가 보물처럼 숨어있다.

당신은 아래의 질문에 수긍하십니까?
 1) 재미있는 사람이 재미 본다?
 2) 유머감각이 올라가면 몸값이 올라간다?
 3) 유머감각이 있으면 인기 짱, 없으면 꽝이다?
 4) 유머감각이 좋은 사람이 협상에서 유리하다?
 5) 유머감각을 키우면 리더십과 창의력이 생긴다?
 6) 고객을 웃길 수 있으면 고객의 지갑을 열 수 있다?
 7) 학생 왕따와 직장인 왕따의 공통점은 유머감각이 없다?
 8) 고정관념은 유머감각으로 깨진다?
 9) 유머가 경쟁력이다?
10) 장수하는 마을엔 웃음이 있다?

당신이 위 질문에 하나라도 수긍한다면, 당신은 유머감각이 전무한 상태가 아니기에 이 책을 통해 유머감각을 배로 향상시킬 수 있으며, 당신의 목표에 다가갈 수 있도록 도와줄 것이다.

이런 사람들에게 이 책은 꾀 많은 도움이 될 것이다. - 가나다순
  · CEO
  · 간호사와 의사
  · 레크리에이션리더
  · 비즈니스맨
  · 삶이 무미건조한 사람
  · 스트레스를 많이 받는 사람
  · 엔터테이너
  · 웃고 싶은 사람
  · 웃음 치료사
  · 유머감각이 부족한 사람
  · 자원봉사자
  · 재미있는 일터를 만들고 싶은 사람
  · 청중을 사로잡아야 하는 강사
  · 호스피스
  · 가족의 웃음꽃이 피기를 바라는 사람
  · 고객의 지갑을 열고 싶은 사람
  · 리더십이 필요한 사람
  · 사회복지사
  · 서비스 전문가
  · 승진해야 하는 직장인
  · 영업사원
  · 웃기고 싶은 사람
  · 웃음이 부족한 사람
  · 자신의 몸값을 올리고 싶은 사람
  · 재미있는 강의를 하고 싶은 사람
  · 전문 MC
  · 투병중인 환자

그리고 그냥 행복하고 마냥 즐겁기를 원하는 사람들……

현대인의 질병 7~80%는 스트레스에 의해 발병되지만, 스트레스의 천적은 웃음이기 때문에 걱정할 것이 없다. 많이 웃으면 많이 행복해지고 병원을 멀리 할 수 있다.

현재와 미래는 사람의 마음을 얻는 사람이 성공하는 시대다. 사람의 마음을 신속하고 부작용 없이 얻을 수 있는 것은 유머 말고 아직 발견되거나 개발된 것이 없다. 그렇기 때문에 앞으로는 유머형 인간이 무조건 성공하는 시대다.

그래서 이 책이 바로 해결책이다!

당신이 [매일유머]를 수중에 넣었다면……

이젠 필자와 당신은 한 편(Team)이 되었다!

*책 속의 아이콘!

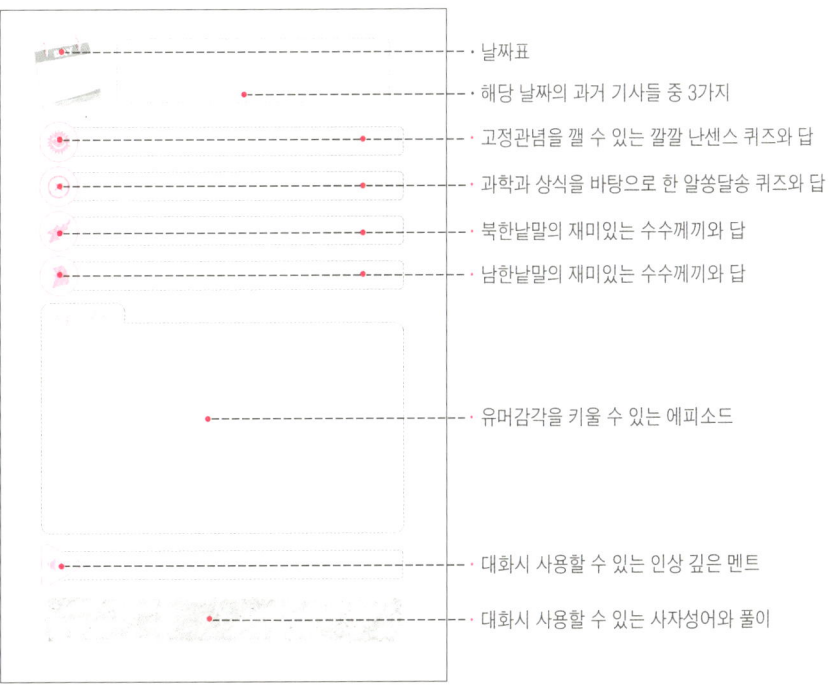

- 날짜표
- 해당 날짜의 과거 기사들 중 3가지
- 고정관념을 깰 수 있는 깔깔 난센스 퀴즈와 답
- 과학과 상식을 바탕으로 한 알쏭달쏭 퀴즈와 답
- 북한낱말의 재미있는 수수께끼와 답
- 남한낱말의 재미있는 수수께끼와 답
- 유머감각을 키울 수 있는 에피소드
- 대화시 사용할 수 있는 인상 깊은 멘트
- 대화시 사용할 수 있는 사자성어와 풀이

[신정]
1905년   경부선(서울-부산)간 개통
1995년   세계무역기구인 WTO 출범
1997년   114 안내전화 무료에서 유료화

	음력 설날에 쓰는 물은?	구정물
	겨울철 도로상에 있는 제설용 **염화칼슘**은 아무나 쓸 수 있다?	O
	북한에선, **세배(歲拜)**를 뭐라고 할까?	설인사
	먹어도 먹어도 배부르지 않는 것은?	나이

오늘의 유머

죽지 않는 사랑!

삼식이가 여자 친구인 영순이에게 부드러운 목소리로 사랑을 고백했다.

삼식 : 자기야 사랑해?
영순 : 정말로 날 사랑해?
삼식 : 그럼, 사랑하고말고!

그러자 영순이는 다그치듯이 물었다.

"그렇다면 날 위해서 죽을 수 있어?"

삼식이는 잠시 생각을 하더니 이렇게 말했다.

"내 사랑은 영원히 죽지 않는 사랑이야!"

 지금 웃는 것이 웃는 것이다. 함께 웃어요!

경천애인(敬天愛人)
하늘을 공경하고, 사람을 사랑함. 즉, 천륜과 인륜을 중시함을 뜻함

최초의 달 탐사선 루나 1호 발사   1959년
중국, 세계최초로 자기부상열차 시범운행에 성공   2003년
반기문 유엔 사무총장 첫 출근   2007년

 눈을 떠라! 라는 뜻을 가진 세계의 공통어는?   아멘!

 여성이 임신 1년 전에 금연에 성공하면 태아에 **무해(無害)** 하다?   X (유독물질이 유전자를 공격, 기형아 출생의 원인)

 북한에선, **임신하다**를 뭐라고 할까?   태 앉다

 들어갈 때는 한 구멍, 나갈 때는 세 구멍인 것은?   담배연기

담배가 몸에 좋다면?

어머니 : 애야, 얼굴이 안 좋아 보이는구나. 담배 한대 피우고 공부해라.
아버지 : 그래, 엄마 말 듣고 담배 한대 피워. 여보, 빨리 슈퍼에 가서 담배 좀 사오구려. 우리 애가 자주 피우는 거로 말이오.
줄담배를 피우는 친구에게 : 자식, 자기 몸은 되게 챙긴다니까!
친구 병문안 가서 : 자식, 몸도 안 좋은데 담배나 한 보루 빨아라!
환   자 : 고맙다. 내 생각 해주는 건 너 밖에 없어!
선생님 : 야~ 이 자식, 왜 공부를 잘하는가 했더니 화장실에서까지 담배를 피우네! 그래, 건강하면 공부도 잘하는 법이지!
꽁초를 물고 있는 여자 친구에게 : 필터 끝까지 빨아. 그래야 효과가 더 좋은데…….

 자기개발을 안 하는 사람과 무단횡단을 하는 사람은, 둘 다 자살행위를 하고 있는 것이다!

백해무익(百害無益)
백가지가 해롭고 무익함. 즉, 해롭기만 하고 조금도 이로울 것이 없음을 뜻함

1562년 임꺽정 처형
1959년 알래스카, 미국의 49번째 주로 합병됨
2003년 독도에 우편번호 [799-805]를 처음 부여

젓가락 하나로 왕(王)자를 만들려면?   땅위에 던진다([흙, 土] 위에 젓가락이 올라앉으니까)

남자에게 담배는 성기능을 **약화(弱化)** 시킨다?   O (정자수도 감소)

북한에선, **필터담배**를 뭐라고 할까?   려과담배

몸을 버리고 결국 짓밟히는 것은?   담배꽁초

오늘의 유머

됴션시대!

맹구가 엄마에게 물어 보았다.

"엄마, 왜 북한은 우리보다 못살아?"
"국호 때문이지!"
"국호가 어때서?"
"조선민주주의 인민 공화국이잖아!"
"그게 어쨌다는 거야?"

"국호에 조선이 들어 있잖아. 생활수준이 조선시대 정도거든!"

작심 삼일을 3일마다 하면, 1년을 계획대로 살 수 있다!

작심삼일(作心三日)
결심이 삼일 감. 즉, 한 번 결심한 것이 오래 가지 못함을 뜻함

카네기, 카네기재단 설립 1901년
6.25 사변 중, 중국개입으로 1.4 후퇴 1951년
미국의 탐사로봇 [스피릿] 화성 안착 2004년

 앉아 있기가 아주 불편한 방석은?   바늘방석

 바늘방석은 방석 위에 바늘을 놓아둔 것이다?   X (바늘보관을 위해 꽂아놓는 천 뭉치)

 북한에선, **아파트**를 뭐라고 할까?   **고층살림집, 다층살림집**

 귀 하나에 다리 하나 있는 것은?   바늘

공약실현!

한 대통령 후보가 선거 전략으로 파격적인 공약을 냈다.
"아파트 값을 반으로 내리겠습니다!"
그 후 여론조사를 해봐도 지지율이 오르지 않아 새로운 공약을 외쳤다.
"아파트 값을 껌 값으로 내리겠습니다!"
그러자 많은 서민들로부터 몰표를 얻어 무난히 대통령에 당선되었다.
며칠 후...

새 대통령은 공약대로 껌 값을 아파트 가격으로 올렸다!

무식한 사람이 지도자가 되거나, 소신을 갖거나, 부지런하면 주변 사람이 피해를 입는다!

각자위정(各自爲政)
각자 자기 식대로 하는 정치. 즉, 전체의 조화나 타인과의 협력을 생각하지 않는 것을 뜻함

[소한(小寒)] 양력 1월 5일 경
1951년 서재필 박사 별세
1982년 야간통행금지 해제
1995년 케이블 TV 시험방송 시작

 1 + 1 = ? — 중노동 (일이 더해지니까)

 24절기 중, 가장 처음에 있는 절기는 소한(小寒)이다? — O

 북한에선, **초등학교**를 뭐라고 할까? — 인민학교

 겨울에 오는 비는 겨울비, 가을에 오는 비는 가을 비, 그러면 봄에 오는 비는? — 제비

오늘의 유머

안 투운 턱하기!

<학교별 추위 이기는 방법>
여자가 말했다. "자기야. 나, 추워!"
서 울 대 : 나도 추워!
카이스트 : 딴 생각하니까 그렇지. 공부나 해!
연 세 대 : 그럼 우리 뽀뽀나 한 번 할까?
고 려 대 : 한 잔 하러 가자!
경 희 대 : 속이 냉해서 그러니 보약 좀 먹어라!
성균관대 : 옛날 선비들은 추위도 어쩌구~ 저쩌구……
동 국 대 : 넌 전생에 죄가 많아서 그래!
마지막으로, 육군사관학교 : 자, 뛰어!

 추위에 떤 사람일수록 태양의 따뜻함을 느낄 수 있다!

오상고절(傲霜孤節)
서릿발 날리는 추위에도 굴하지 않고 꿋꿋이 지키는 절개. 즉, 국화를 뜻함

조선총독부, 전(前) 중앙청 건물로 청사 이전   1926년
최초의 우리말 사전 간행   1930년
부산 광안대로 개통   2003년

2 + 2 = ?	덧니(齒)
상어의 이빨은 빠지거나 부러져도 얼마든지 다시 나온다?	O
북한에선, **초죽음**을 뭐라고 할까?	초벌죽음
거꾸로 서면 2분의 1을 이익 보는 숫자는?	6

오늘의 유머

서쪽마을!

장군이 여러 날 전투를 치르고 성으로 돌아왔다. 왕이 장군의 노고를 칭찬하며 물었다.
"수고 많았소! 그래, 다친 데는 없소? 성과는 어땠소?"
"폐하! 폐하의 영광을 위하여, 서쪽마을을 불태우고 완전히 전멸시키고 돌아왔습니다!"
"뭐라고?? 난 동쪽을 치라고 했는데. 서쪽에는 우리의 적이 없지 않소?"
그러자 당황한 장군이 엉겁결에 말했다.

"그럼 이제 적이 생겼습니다!"

> 백만 적군을 이기기보다, 자기 하나를 이기는 것이 승리 중의 승리이다!

임기응변(臨機應變)
그때그때의 형편에 따라 알맞게 일을 처리한다는 뜻

1948년 의무교육제 실시
1949년 이승만 대통령 [대마도는 우리 땅]이라고 선언
1958년 한국과 일본이 문화재반환비밀조약에 조인

	2 - 2 = ?	틀니(齒)
	견인차(牽引車)에 끌려가는 차도 고속도로 통행료를 낸다?	O
	북한에선, 견인차를 뭐라고 할까?	끌차
	키가 똑같은데도 날마다 키 재기를 하는 것은?	젓가락

오늘의 유머

중국집 골탕 먹이기!

점심을 먹으려고 맹구가 중국집에다 자장면을 시켰다. 20분이 지나도 배달이 오지 않았다.
맹　구 : 거기 중국집이죠? 아까 자장면 시켰는데요. 왜 안 와요?
중국집 : 네 출발했습니다!
맹　구 : 그래요? 아직 출발 안 했으면 탕수육 하나 더 시키려고 했거든요.
중국집 : 아. 잠시만요. 출발한 줄 알았는데 아직 안 했네요!
맹　구 : 진짜 출발 안했나요?
중국집 : 예. 출발 안 했습니다!
맹　구 : 그럼 주문 취소할게요!

 인간은 지루한 동물이다. 그래서 웃음이 필요하다!

아전인수(我田引水)
자기 논에 물을 끌어 댐. 즉, 자기에게만 이롭게 되도록 생각하거나 행동함을 뜻함

이봉창 의사, 동경에서 일왕 히로히토에게 수류탄 투척   1932년
가수 엘비스 프레슬리 출생   1933년
남산1호 쌍둥이터널 개통   1994년

| 2 ÷ 2 = ? | 부러진 이(齒) |

| 귀뚜라미가 우는 이유는 영토 주장을 하기 위해서다? | O |

| 북한에선, **지퍼**를 뭐라고 할까? | 쪼르로기 |

| 두 개의 철로에 기차가 지나가면 하나가 되는 것은? | 지퍼 |

하던 일?

동창회에서 오랜만에 만난 친구들이 서로의 근황을 묻는다.
"야, 넌 요새 무슨 일 하냐?"
"나? 그냥 전에 하던 일 계속하고 있지 뭐!"
"니가 전에 뭐 했더라?"

"놀았잖아!"

   세상에는 천한 직업은 없고, 다만 천한 사람이 있을 뿐이다!

빈천지교(貧賤之交)   가난하고 천할 때 사귀었던 친구. 즉, 나를 친구로 대해준 벗은 내가 부귀하게 된 뒤에도 잊어서는 안 됨을 뜻함

1969년 문교부, 고등학생, 대학생에게 군사교련 실시 결정
1972년 세계최대 여객선 [퀸엘리자베스]호 침몰
1989년 서대문 독립공원 착공

 남편은 정형외과 의사이고, 아내는 치과의사인 집은 어떤 집? — 골치 아픈 집

 선글라스는 중국에서 처음으로 만들었다? — O (1000년 전, 판관이 썼음)

 북한에선, 원수(怨讐)를 뭐라고 할까? — 원쑤

 병원에 들어갈 때는 무겁고 나올 때는 가벼운 사람은? — 임산부

오늘의 유머

유언!

평소 아내 앞에서 오금도 못 폈던 공처가가 시름시름 앓다가 병이 깊어져서 죽게 되자 유언을 한다.

남편 : 여보, 나는 이제 얼마 못 살 것 같으니까 유언을 받아 적으시오!
아내 : 왜 자꾸 죽는다고 그러는 거예요?
남편 : 내가 죽은 다음에 당신은 부디 김 사장과 재혼해 주시오!
아내 : 김 사장이라는 작자는 당신과 동업을 하면서 당신 회사를 망하게 한 철천지 원수 아니에요?
남편 : 맞아. 그 놈이야. 그 놈에게 원수를 갚는 방법은 이 방법 말고는 없어!

 창조적인 것도 이익을 주면 예술이고, 손해를 끼치면 재앙이다!

오월동주(吳越同舟) 탈출(吳越)을 위해 한배를 탐. 즉, 서로 적의를 품은 자들이 같은 처지에 있을 때는 서로 돕게 됨을 뜻함

문화재위원회 설치, 문화재보호법 공포　1962년
충주 다목적댐 기공　1980년
한국남극점 탐험대(허영호씨 등 4명) 1,400여km를 걸어서 44일 만에 남극점 정복　1994년

 여자들이 수다를 가장 적게 떠는 달은?　　**2월** (28일까지 밖에 없음)

 인도 여인들의 이마에 찍은 붉은 점은 **미혼(未婚)** 여자라는 표시다?　　X (기혼)

 북한에선, **미혼모**를 뭐라고 할까?　　**해방처녀**

🇰🇷 입으로 먹고 배로 내뱉는 것은?　　**우체통**

결혼이란?

1년째 : 남자가 말하고 여자는 듣는다!

2년째 : 여자가 말하고 남자는 듣는다!

3년째 : 둘 다 말하고 이웃이 듣는다!

 결혼으로 배우자를 교정하고자 하면 안 된다. 그건 교도소가 할 일이다!

천생연분(天生緣分)
하늘이 내어준 연분. 즉, 결혼하여 잘 살아가는 부부를 뜻함

1914년 호남선(대전-목포) 완공
1982년 한국전력공사 발족
1982년 한국산업기술연구원 개원

	계란을 팔고 받은 돈은 뭐라고 부를까?	에그머니
	노른자가 2개인 계란을 부화시키면 병아리 2마리가 나온다?	X
	북한에선, **계란말이**를 뭐라고 할까?	색쌈
	깨지면 못 쓰고, 깨지 않으면 쓸 수 없는 것은?	계란

오늘의 유머

까다로운 손님!

호텔에서 한 투숙객이 수석 웨이터를 불렀다. "계란 두 개를 삶아주는데, 하나는 줄줄 흘러내릴 정도로 덜 익히고, 또 하나는 먹기 힘들 정도로 딱딱하게 익혀주세요. 그리고 토스트는 나이프가 닿기만 하면 부서질 정도로 태워줘요. 아 참, 버터는 냉동실에서 막 꺼내서 도저히 빵에 바를 수 없는 것으로 하고, 커피는 아주 약하고 미지근한 것으로 갖다 줘요!" 그러자 웨이터가 말했다. "손님, 참 까다로운 주문이시네요!"
웨이터의 말에 그 투숙객이 받아 쳤다.

"뭐라고? 어제 그런 걸 먹으라고 갖다 줬잖아!"

감동이 없는 서비스는 진정한 서비스가 아니다!

주객전도(主客顚倒)
주인과 손님이 거꾸로 됨. 즉, 손님이 주인처럼 입장이 뒤바뀐 것을 뜻함

서울 국제 전신전화국 개국　1950년
부산대, 경북 의성군에서 1억 년 전 공룡 화석 발견　1981년
한국・소련 은행, 사상 첫 신용장 개설　1989년

 도둑이 훔친 돈은 뭐라고 부를까?　　　　　　　　　슬그머니

 자기 집에 복면을 하고 들어가 **절도(竊盜)**를 하면 형이 면제된다?　　O　(강도는 면제 안 됨)

 북한에선, 개고기를 뭐라고 할까?　　　　　　　　　단고기

 도둑이 가장 하기 어려운 일은?　　　　　　　　　　도둑질

오늘의 유머

개와 닭!

부정축재로 큰 부자가 된 집에 개와 닭이 대화를 나누고 있었다.
개 : 닭아. 요즘 넌 아침이 되어도 울지 않니?
닭 : 자명종이 있는데 내가 울 필요가 없잖아.
　　 그런데 넌 왜 도둑이 들어와도 짖지 않니?
개 : 도둑이 집안에 있는데, 내가 짖긴 왜 짖냐?

 낭비와 과소비는 자신의 재산을 도둑질하는 것이다!

양상군자(梁上君子)
대들보 위에 있는 군자라는 뜻으로 도둑을 미화하여 점잖게 부르는 말임

1962년　제1차 경제개발 5개년계획 발표
1986년　첫 대입논술고사 실시
2002년　군번 1번 예비역 대장 이형근씨 별세

 호주에서 통용되는 돈의 이름은?　　　　　　　　　호주머니

 중국 사람들은 축의금이나 세뱃돈을 붉은 봉투에 넣어서 주는데, 이것은 건강하게 살라는 뜻이다?　　X (돈 많이 벌라는 뜻)

 북한에선, **설날 내리는 눈**을 뭐라고 할까?　　　　설밥

 개도 안 갖는 것인데, 사람에게 없으면 살 수가 없는 것은?　　돈

오늘의 유머

고백!

남녀가 한적한 교외로 드라이브를 나갔다. 숲이 울창한 곳에 도착한 그들이 뜨겁게 달아오르기 시작할 때 여자가 남자에게 말했다.
"고백할 게 하나 있는데……. 사실 나는 매춘부야. 한 번에 5만 원이야!"
남자는 몸이 뜨거워진 상태였기 때문에 지갑에서 돈을 꺼내 주었다. 그들이 일을 끝내고 남자는 담배를 피워 문 채 가만히 앉아 있었다. 여자가 물었다.
"왜 안 가? 화났어?"
남자가 말했다.
"아니, 그게 아니고 나도 고백할 게 있어. 난 사실 택시 운전사거든. 그리고, 여기서부터 시내까지 가려면 10만 원 정도 나올 거야!"

 연락이 없던 사람이 찾아와 친한 척하면 돈을 빌리기 위한 것이다!

막상막하(莫上莫下)
막 위와 막 아래. 즉, 서로 우열을 가릴 수 없음을 뜻함

고려 태조 왕건 출생　877년
알베르트 슈바이처 출생　1875년
정부, 석가탄신일-어린이날을 공휴일로 제정　1975년

 며느리들이 싫어하는 돈은?　　　시어머니

 유아기 때 많이 울면 커서 노래를 잘한다?　　　X (전혀 관계없음)

 북한에선, **배낭**을 뭐라고 할까?　　　멜가방

 아기도 아닌데 언제나 등에 업혀 다니기만 하는 것은?　　　배낭

난폭학생 길들이기!

허리와 가슴을 다친 교사가 상체 전부를 깁스해야 했다. 셔츠를 입으면 깁스는 전혀 눈에 띄지 않았다. 학기 첫날 아직도 깁스를 하고 있는 그에게 배정된 것은 학교에서도 난폭하기로 이름난 학생들이었다. 시끄러운 교실로 당당하게 걸어 들어온 선생은, 창문을 활짝 열어놓고는 책상에서 바삐 일을 시작했다. 그때 바람이 세차게 불어와 넥타이가 펄럭이자, 호치키스를 가지고 넥타이를 가슴팍에 댄 다음 한방에 **팍!** 찍어 넥타이를 고정시켰다.

그 학기 내내, 그 선생님은 학생들의 기율(紀律) 문제로 속 썩는 일이 없었다.

 당근은 채찍보다 백 배정도 더 효력이 있다. 그리고 반격에 대한 부담도 없다!

일거양득(一擧兩得)
한 가지 일로써 두 가지 이득을 얻음을 뜻함

1962년   광화문 전화국 개국
1973년   미국, 월남전 전면정지 발표
1990년   한국-알제리, 국교 수립

포수의 총은 총알이 20미터밖에 나가지 않는데, 호수 건너편 100미터 거리의 새가 그 총에 맞아 떨어진 이유는?	총신(銃身)이 80미터
제주도에는 **고속도로(高速道路)**가 없다?	O
북한에선, **총알받이**를 뭐라고 할까?	과녁받이
새 중에서 진짜 새는?	참새

오늘의 유머

삼행시 짓기 1

원두막

원 : 원숭이 엉덩이는 빨~개
두 : 두 쪽 다 빨~개
막 : 막 빨~개

 더 높은 곳으로 올라갈수록, 더 많은 사람들이 나의 엉덩이를 보게 된다!

견원지간(犬猿之間)
개와 원숭이의 사이. 즉, 서로 사이가 나쁜 두 사람의 관계를 뜻함

이율곡 사망 1584년
한국 최초의 오페라 [춘희] 공연 1948년
한국, 아시아태평양이사회(ASPAC) 가입 1964년

 검사, 경찰, 신문기자 세 사람이 점심식사를 같이 했다. 밥 값은 누가 낼까?　　　　　**식당 주인**

 경부고속도로는 우리나라에서 가장 먼저 건설된 고속도로다?　　　　　**X** (경인고속도로)

 북한에선, **우체통**을 뭐라고 할까?　　　　　**우편통**

 남의 비밀을 뱃속에 간직하고 있는 것은?　　　　　**우체통**

삼행시 짓기 2

슈 퍼 맨

슈 : 슈퍼맨 엉덩이는 퍼래
퍼 : 퍼~래
맨 : 맨날 퍼~래

 최대의 영광은 한 번도 실패하지 않는 것이 아니라, 넘어질 때마다 다시 일어서는 것이다!

신출귀몰(新出鬼沒)
귀신과 같이 나타났다가 사라짐. 즉, 자유자재로 출몰하여 그 변화를 헤아릴 수 없음을 뜻함

1714년   영국 타자기 발명
1981년   필리핀, 8년 만에 계엄 해제
2001년   한국과 미국, 미사일 협상 결과 한국이 사거리 500km 미사일 보유 합의

 슈퍼컴퓨터로도 못하는 계산은? — 정치인들의 꿍꿍이 셈

 컴퓨터 키보드에는 F1부터 F12까지의 키가 있는데, 여기서 F는 'Function'의 약자이다? — O

 북한에선, **컴퓨터**를 뭐라고 할까? — 전자계산기

 배로 먹고 등으로 내뱉는 것은? — 대패

오늘의 유머

남행시 짓기 3

까 마 귀

까 : 까마귀는 까~매
마 : 마구 까~매
귀 : 귀까지 까~매

 '돈을 모을 때까지는 돈을 쓰지 마라!' 이러한 마음가짐만 있으면 빚만은 피할 수가 있다!

오비이락(烏飛梨落)
까마귀 날자마자 배 떨어짐. 즉, 공교롭게도 같은 때에 일이 생겨서 남에게 의심받게 됨을 뜻함

한국-영국, 국교 수립　1949년
독도에 한국영토표지 설치(5월 1일 민간수비대 파견)　1954년
제주도일원에 첫 통금해제　1964년

 세상에서 가장 빨리 달리는 자동차는?　　　뺑소니 차

 검정색 자동차가 사고 날 확률이 더 높다?　　O (작게 보이고, 어둡기 때문임)

 북한에선, **장화**를 뭐라고 할까?　　　비신

 18을 반으로 나누면 얼마일까?　　　10이 두 개 (가로로 나눔)

오늘의 유머

선배!

동네에 하나밖에 없는 구두 수선집에 의사가 장화 한 켤레를 수선하려고 갔는데 구둣방 주인은 도저히 고칠 도리가 없다면서 5천 원을 내라고 했다.
"뭣 때문에 돈을 받는 거요?"
의사가 항의하니까 구둣방 주인이 대꾸했다.

"당신한테 배운 거요. 내가 당신 병원에 가니까 내 병은 도저히 고칠 수가 없다면서 진찰비를 받지 않았소?"

 성공한 사람에게는 이유가 있듯이, 실패한 사람도 이유가 있다!

역지사지(易地思之)
교환하여 생각. 즉, 처지나 입장을 바꾸어서 생각함을 뜻함

1962년   KBS-TV, 최초의 드라마 [나도 인간이 되련다] 방송
1966년   인도 총리에 인디라 간디 선출
1900년   우리나라 최초로 미국에 우편물 발송

오리지날은 무엇의 약자인가?	오리도 지랄하면 날 수 있다.
동물도 혈액형이 있다?	O
북한에선, **혈액형**을 뭐라고 할까?	피형
길이가 2Km나 되는 발은?	오리발(십리=4Km)

오늘의 유머

시골 다방!

회사동료인 철수, 영철, 범수는 회사일로 지방 출장을 갔다가 시간이 남아 커피를 마시려고 다방에 들어갔다. 세 명은 한 번도 다방이라는 곳을 가본 적이 없었다. 자리에 앉아 있는데 다방 아가씨가 주문을 받으러 왔다.
"뭘로 드릴까요?"
철수가 먼저 말했다.
철수 : 여기는 뭐가 있지? 으음, 난 모카커피!
영철 : 나는 헤이즐넛!
범수 : 나는 카푸치노!
그러자 주문을 받은 다방 아가씨는 짜증나는 말투로 카운터를 보고 말했다.
"언니. 여기 커피 세 잔!"

 독불장군식 말투는 인간관계를 망치는 지름길이다!

동문서답(東問西答) 동을 묻는데 서를 대답함. 즉, 묻는 말에 대하여 전혀 어울리지 않는 엉뚱한 대답을 하는 것을 뜻함

[대한(大寒)] 양력 1월 20일 경
프랑스 화가 [밀레] 사망 1875년
우리나라 최초의 영화법 통과 1962년
현대자동차 포니 엑셀, 첫 대미 수출 선적 1986년

추운 겨울인데도 짧은 치마를 입고 다니는 여자는?	철없는 여자
추위를 가장 많이 타는 부위는 **손**이다?	X (목)
북한에선, **주름치마**를 뭐라고 할까?	잔주름치마
여름엔 나지 않고, 겨울에만 나는 김은?	입김

오늘의 유머

호기심 천국!

1) 왜 여자들은 입을 다문 채 마스카라를 칠하지 못하는가?
2) 점쟁이가 로또에 당첨됐다는 헤드라인 뉴스는 왜 나오지 않는가?
3) 왜 윈도 XP를 끝낼 때는 **시작** 버튼을 눌러야 하는가?
4) 새로 나온 개밥이 더 맛이 좋다고 광고하는데,
   그 맛은 누가 보았는가?

 수다는 다른 사람에게 일어나는 새로운 사실에 대한 호기심이다!

수불석권(手不釋卷)
손에서 책을 놓지 않음. 즉, 쉬지 않고 공부를 부지런히 함을 뜻함

1793년   프랑스, 루이16세 처형
1919년   고종 승하
1954년   세계최초의 원자력 잠수함 노틸러스호 진수식

☀	유비무환(有備無患)을 유머로 풀이하면?	비오는 날에는 환자가 없다
✕	헬리콥터는 공중에서 후진을 할 수 없다?	X
🗺	북한에선, 자동차의 **와이퍼(wiper)**를 뭐라고 할까?	비물딱개
🗺	젊어서는 약하고 늙을수록 튼튼해지는 것은?	대나무

오늘의 유머

구인광고!

어느 날 신문에 구인광고가 있었는데, 보수는 원하는 대로 준다는 내용이었다.
그 내용인 즉,
제철회사=> 손으로 용광로의 온도 재기.
항공사=> 비행기 이륙할 때 밀어주기, 착륙할 때 잡아주기.
동물원=> 코끼리 나들이 갈 때 아기 코끼리 업어주기.
전력회사=> 고압선을 물걸레로 닦아주기.

 광고를 하지 않고 비즈니스를 하는 것은, 어둠 속에서 예쁜 여자에게 윙크를 하는 것이다!

유비무환(有備無患)
준비하면 걱정이 없음. 즉, 미리 준비하면 나중에 어려움이 없음을 뜻함

빅토리아 영국 여왕 사망　1901년
고리원자력발전 5호기 시험운행　1985년
한일어업협정 발효　1999년

1월 22일
22/365

	실을 파는 가게에 온갖 실들이 다 모여 있다를 4자 성어로 만들면?	득실득실
	바늘 한 쌈은 모두 22개이다?	X (24개/ 대, 중, 소 8개씩 X 3 = 24)
	북한에선, **침엽수림**을 뭐라고 할까?	바늘잎나무숲
	바늘 공장이 망하면, 같이 망하는 곳은?	실공장

오늘의 유머

피낭파낭!

가짜 다이아몬드 반지를 선물 받은 신부가…….
첫날밤 신랑에게 바친 순결도 재생 처녀막이었다!

 뛰어난 거짓말쟁이가 아니라면, 진실을 말하는 것이 최선의 방책이다!

초록동색(草綠同色)
풀과 녹색은 같은 색임. 즉, 서로 같은 처지나 같은 유(類)의 사람들끼리 함께 행동함을 뜻함

1604년　서산대사(휴정) 입적
1968년　미국 정보함 [푸에블로]호, 북한에 피랍
1989년　정주영 현대그룹 명예회장, 경제협력논의를 위해 방북

	소들이 외양간에서 기관총을 마구 쏘아댄다를 4자 성어로 만들면?	우당탕탕!
	벽창호는 원래 소를 가리키는 말에서 유래했다?	O (벽창우/ 碧昌牛)
	북한에선, **코뿔소**를 뭐라고 할까?	서우(犀牛)
	소는 소인데, 날아다니는 소는?	장수하늘소

오늘의 유머

피아노 조율!

맹구가 어떤 집에 피아노 조율하러 갔을 때의 일이다. 마침 그 집에 파출부가 와서 일을 하고 있었다. 파출부는 건반을 딩동 거리며 피아노 조율을 하고 있는 맹구를 힐끔힐끔 쳐다보며 말했다.

"이것 봐요. 피아노가 그렇게 치고 싶거든 정식으로 피아노 레슨을 좀 받지 그래요? 이거 시끄러워서 원!"

 무엇을 말해야 좋을지를 아는 일은, 정말 대단한 일이다!

목불식정(目不識丁)
낫 놓고 기역자도 모름, 즉, 아무 것도 모르는 무식꾼을 뜻함

영국 정치가 처칠 사망   1965년
인천항 개항 80년 만에 처음 결빙   1963년
발해탐사 [뗏목항해] 25일 만에 좌절. 4명 전원 사망   1998년

옷을 모두 벗어버린 남자의 그림을 네 글자로 만들면?	전라남도
여의도 국회의사당을 떠받치고 있는 기둥은 모두 24개인데, 이는 **24절기**를 상징하는 구조물이다?	O
북한에선, **여러 쌍둥이**를 뭐라고 할까?	뭇 쌍둥이
한 집에 사는 **형제자매**이지만 피부색이 모두 다른 것은?	크레파스

오늘의 유머

어느 가장의 시

예전엔 몰랐습니다. – 곱던 당신의 손이 내 손보다 까칠하고 두꺼워질 줄은!
예전엔 몰랐습니다. – 가냘프던 당신의 허리가 두 팔로 안아도 벅찰 줄은!
예전엔 몰랐습니다. – 탄력 있던 당신의 가슴이 브래지어 밖으로 흘러나올 줄은!
예전엔 몰랐습니다. – 황홀했던 당신과의 잠자리가 이렇게 힘든 노동이 될 줄은!
예전엔 몰랐습니다. – 환상적이던 당신의 요리솜씨가 찌개 하나로 일주일 동안
　　　　　　　　　　먹게 될 줄은!
예전엔 몰랐습니다. – 부드럽던 당신의 손이 한방에 눈을 밤탱이로 만드는 흉기로
　　　　　　　　　　변할 줄은!

 화장을 짙게 하는 여자는, 본심을 간파 당하고 싶지 않은 여자이다!

섬섬옥수(纖纖玉手)
가녀리고 가녀린 옥 같은 손. 즉, 가냘프고 고운 여자(女子)의 손을 뜻함

1924년　제1회 동계올림픽 개막(프랑스 샤모니)
1965년　제2 한강교(현 양화대교) 개통
1981년　정부, 비상계엄 전면 해제

 가면놀이 할 때, 고양이 가면을 쓰면 '야~옹!', 강아지 가면을 쓰면 '멍 멍!' 그렇다면 오징어 가면을 쓰면? — 함 사세요!

 24절기는 **음력(陰曆)**을 기준으로 한다? — X (양력)

 북한에선, **스튜어디스**를 뭐라고 할까? — 비행안내원

 큰 입 속으로 들어가서 얼굴에 도장 찍히고 여행하는 것은? — 편지봉투

오늘의 유머

맹구의 난생처음 해외여행!

비행기 안에서 여승무원이 맹구에게 물었다.
"coffee or tea?" 영어를 모르는 맹구는 당황해서 말을 못했다. 그러자 다시 한 번 "coffee or tea?"라고 묻는 것이었다. 그러자 맹구가 당황하며 말했다.

"or, please!"

 당나귀가 여행을 떠났다고 해서, 말이 되어 돌아올 수 있는 것은 아니다!

우이독경(牛耳讀經)
소귀에 경 읽기. 즉, 어리석어서 남의 말을 이해하지 못함을 뜻함

한국-멕시코, 국교 수립 1962년
국회, 월남파병안 가결 1965년
테레사 수녀 내한 1985년

	'할아버지 발은 큰 발이다'를 4자 성어로 만들면?	노발대발
	라이터가 성냥보다 먼저 개발되었다?	O
	북한에선, 노인을 뭐라고 할까?	로인
	할아버지와 염소에게는 있지만 할머니에게는 없는 것은?	수염

오늘의 유머

대단한 할머니!

호호백발 할머니가 버스를 탔다. 마침 할머니가 서 있는 자리 앞좌석에 학생이 자는 척을 하며 앉아 있었다. 할머니는 지팡이를 들어 달라고 말 할 수 없어 그냥 서서 있었다. 그 학생은 자는 척하다가 내려야 할 곳을 그만 지나치게 되었다.
황급히 잠에서 깬 척하고 일어나는 학생에게 할머니가 큰소리로 말했다.

"이봐 학생! 왜, 좀 더 개기지 그래?"

삶의 어두운 길을 밝혀주고 인도하는 유일한 지팡이는 양심이다!

노발대발(怒發大發)
노함이 매우 큼. 즉, 화를 매우 크게 냄을 뜻함

1756년 　오스트리아 작곡가 모차르트 출생
1995년 　한국-세이셸, 국교 수립
2003년 　휴대전화 [010] 통합. 통신위서 결정

 돼지가 꽁지를 흔드는 이유는? — 꽁지가 돼지를 못 흔드니까

 고사상의 돼지머리 중 행운을 상징하는 부위는 **입**이다? — X (코)

 북한에선, **잔소리꾼**을 뭐라고 할까? — 잔말쟁이

 흔들어서 묵직한 소리가 나면 즐겁고 소리가 나지 않으면 섭섭한 것은? — 돼지 저금통

오늘의 유머

학생들이 싸웠을 때 선생님의 반응!

국어교사 : 주제도 모르고 쯧 쯧 쯧
영어교사 : stop!
수학교사 : 분수를 알아라, 분수를.
음악교사 : 말리지는 못할망정 서로 장단 맞추냐?
진로담당 : 너희들 앞으로 뭐가 되려고 그러니?
양호교사 : 또 다쳤니? 또 다쳤어?
국사교사 : 조상님들 보기 부끄럽지도 않니?
생물교사 : 벌레만도 못한 놈들~.

 진정한 성공이란 물질을 소유하는 데 있는 것이 아니고, 자신과의 싸움에서 이기는 데 있다!

돈제일주(豚蹄-酒)
돼지 발굽과 술 한 잔. 즉, 작은 물건으로도 많은 물건을 구하려고 하는 것을 뜻함

파리 에펠탑 착공 1887년
우리나라 최초의 궁궐에서 전화사용 1898년
세계최초 [캡슐형 내시경] 국내에서 개발 2003년

 부부가 성격 차이로 매일 다투다가 마지막으로 본 의견일치는? **합의이혼**

 자동차의 **성능(性能)**이 좋아지면 사고가 덜 난다? X (과속으로 인해 사고가 더 많이 발생함)

 북한에선, **사실혼(事實婚)부부**를 뭐라고 할까? **뜨게부부**

 자동차를 운전하는 사람들이 싫어하는 춤은? **우선멈춤**

헌혁!

운전연수를 하던 어느 부부가 사소한 일로 말다툼을 벌였다. 서로 말도 않고 썰렁하게 집으로 돌아오는데, 문득 차창 밖으로 개 한 마리가 어정거리는 게 눈에 띄었다. 남편이 빈정대며 아내에게 말했다.

남편 : 여보, 저기 당신 친척 지나가는데 인사나 하지?

잠시 후...

아내 : 어머. 그동안 안녕하셨어요? 시아주버님!!!

 아내의 결함을 탓하지 마라. 그 결함 때문에 더 훌륭한 남편을 얻지 못하고 당신과 결혼했다!

금슬상화(琴瑟相和)
작고 큰 두 거문고가 서로 잘 조화됨. 즉, 의가 좋은 부부 사이를 뜻함

1819년　싱가포르, 영국의 식민지화
1964년　미국 초대형 인공위성 새턴 1호 발사 성공
1992년　한국-우즈베키스탄, 국교 수립

 부전자전(父傳子傳)을 유머로 풀이하면? | 아버지가 전씨면, 아들도 전씨

 노벨상은 죽은 사람도 받을 수 있다? | X (노벨상은 살아있는 사람에게만 시상함)

 북한에선, **상여금**을 뭐라고 할까? | 가급금

 갓 태어난 병아리가 찾는 약은? | 삐약

오늘의 유머

부전자전!

아버지가 아들에게 꾸중을 하면서 말한다.
"이 녀석아. 박찬호는 야구로 나라를 빛내고, 박세리는 골프로 나라를 빛내고, 김연아는 스케이트로 빛내는데 도대체 넌 뭐가 될래? 군대 갔다오고 나면 할 거 있냐? 엉?"
그러자 아들이 아버지를 불렀다.
"아버지!"
"왜?"
"이제 노벨상 타실 나이 되셨죠?"

 남과 같이 생각하고, 남과 같이 행동하면 남 이상 될 수 없다!

부자유친(父子有親)　아비와 아들은 친해야 함. 즉, 오륜(五倫)의 하나로, 부모는 자식에게 인자하고, 자녀는 부모에게 존경과 섬김을 다하라는 뜻임

마하트마 간디 피살 1948년
김포공항 국제공항으로 정식 지정 1958년
한국-피지, 국교 수립 1971년

 만사형통을 유머로 풀이하면? — 모든 일은 형님을 통해서 해라

 자동차 바퀴의 색깔은 모두 검은색이다? — O (카본물질)

 북한에선, 터널을 뭐라고 할까? — 차굴

 큰 입을 벌리고 기차나 자동차를 삼키고 뒤통수로 내보내는 것은? — 터널

오늘의 유머

아이디어!

영구 : 어째서 네 자동차는 한쪽은 파랗고 한쪽은 빨갛게 칠 한 거야?
맹구 : 이건 굉장한 아이디어야!
영구 : 어째서?
맹구 : 사고를 냈을 때, 목격자들이 서로 딴소리를 하게 되거든!

 대개 아이디어를 잘 내는 사람들은 메모를 잘 하는 사람들이다!

의미심장[意味深長]
의미가 깊음. 즉, 말이나 글의 뜻이 매우 깊음을 뜻함

1992년 　한국-키르기스스탄, 국교 수립
1995년 　세계무역기구 창립총회
1996년 　가수 [서태지와 아이들] 은퇴

 출세 길을 막아 놓는 약은? 　　　　　　　　　　　피임약

 비행기바퀴에도 자동차처럼 바퀴에 **브레이크**가 있다? 　O

 북한에선, **헬리콥터**를 뭐라고 할까? 　　　　직승(直昇)비행기

 활주로가 필요 없는 비행기는? 　　　　　　　　　헬리콥터

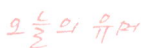

히틀러의 사망일!

아돌프 히틀러는 자신의 죽음에 대해 몹시 걱정했다. 그동안 수많은 사람들을 죽인 그는 밤이면 밤마다 유태인들의 망령에 시달렸다. 그는 미래를 예언하는 신통한 유태인 점성가가 있다는 소식을 들었다. 그의 예언은 한 번도 빗나간 적이 없다고 했다. 히틀러는 마침내 그를 불러서 자신의 운명을 물어보았다.

"당신은 유태인의 축제일에 죽을 것입니다!"라고 점성가가 말하자 히틀러는 "그 날이 어떤 축제인가. 구체적으로 말해다오?" 하고 되물었다. 그러자 그 점성가 왈,

"그건 어렵습니다. 그러나 한 가지는 확실합니다. 당신이 죽는 그 날이 바로 유태인의 축제일이 될 겁니다!"

 과거를 생각할 수 없는 자는, 과거를 되풀이하도록 운명 지어져 있다!

겸인지용(兼人之勇)
두 사람의 용기 즉, 혼자서 두 사람 이상 몫을 하는 빼어나고 당당한 용기를 뜻함

국민은행 개점 1962년
장충체육관 개관 1963년
경부고속도로 기공 1968년

DAY
2월 1일
32/365

 늘 똥침을 맞고 아파서 혀를 내두르는 것은?   자물쇠

 똥침을 맞고 죽을 수도 있다?   O (1급 급소=항문, 눈, 코, 입, 귀, 생식기)

 북한에선, **핸드폰**을 뭐라고 할까?   손전화

 술꾼이 술 다음으로 좋아하는 두 번째 술은?   안주

술이 도둑!

어느 경찰서에 술이 잔뜩 취해서 혀가 꼬부라진 남자로부터 전화가 걸려왔다.
취객 : 경찰서죠? 술 한 잔하고 차에 왔더니 아, 글쎄. 도둑놈이 내 차 안에 있는
       걸 다 떼어갔지 뭐요!
경찰 : 도난당한 물건은 무엇입니까?
취객 : 카 오디오, CD 체인저, 내비게이션, 핸드폰 그리고 이 지독한 놈이 핸들하고
       페달까지 몽땅 다 떼어갔단 말이오. 이런 놈은 잡아 족쳐야 해요!
경찰 : 지금 곧 그쪽으로 사람을 보내겠습니다.
   - 경찰은 너무 어이가 없는 일이라 기자까지 대동하고 출동했다.
   - 잠시 후, 그 남자에게서 다시 전화가 왔다.
취객 : 아, 안 오셔도 됩니다. 앞좌석에 앉았더니 다 있네요!

 남편이 마신 술의 양과 아내가 흘린 눈물의 양은 비례한다!

자승자박(自繩自縛)
자기가 만든 줄로 제 몸을 옭아 묶음. 즉, 자신의 언행으로 말미암아 자기 스스로 포박함을 뜻함

1957년   한국시인협회 창립
1985년   동호대교 개통
1994년   국어학자 이숭녕박사 별세

 사람의 몸무게가 가장 많이 나갈 때는?   철들 때

 부부가 키스를 많이 하면 할수록 **수명(壽命)**이 늘어난다?   O

 북한에선, **아가씨(처녀)**를 뭐라고 할까?   에미나이, 간나

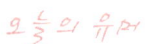 1년 365일을 하루같이 입만 맞추는 것은?   젓가락

오늘의 유머

혼수준비!

예쁜 아가씨가 할머니와 함께 혼수 옷감을 사러 주단집(포목점)엘 갔다.
예쁜 아가씨 : 이 옷감 한 마에 얼마예요?
주인 아저씨 : 한 마 정도는 키스 한 번만 해주면 그냥 드릴 수도 있습니다.
예쁜 아가씨 : 어머. 정말이세요?
주인 아저씨 : 정말입니다.
예쁜 아가씨 : 그럼 다섯 마만 주세요.
주인 아저씨 : (즐거운 표정을 지으며) 여기 있습니다!
그~럼, 이제 키스 다섯 번 하셔야죠?
예쁜 아가씨 : 계산은 할머니가 하실 거예요!

 눈앞의 작은 이익은, 더 큰 이익을 얻기 위한 미끼임을 잊지 마라!

자업자득(自業自得)
자기한 일은 자기에게 돌아옴. 즉, 자기가 저지른 일의 결과는 자기 자신이 받는다는 것을 뜻함

조선어학회, 한글학회로 개편　1946년
조선조 마지막 왕비 순종효황후 사망　1966년
버스전용전일차로제 실시　1995년

진짜 문제투성이인 것은?	시험지
고드름도 나이테가 있다?	0
북한에선, **허풍**을 뭐라고 할까?	꽝포
허풍쟁이들만 모이는 거리는?	자랑거리

오늘의 유머

받아쓰기!

중학교 1학년 여학생들이 학원에서 영어 받아쓰기 시험을 보고 있었다. 선생님이 단어를 부르면 학생들이 받아 적는 시험이었는데 시험 종료 후 채점을 하던 선생님은 한 여학생의 답을 본후 뒤집어지고 말았다.

미스터리(mystery)라는 단어 받아쓰기 문제가 있었는데 한 여학생의 답안지 엔……

Mr. Lee라고 적혀 있었다.

실수는 인정할수록 작아진다!

 천려일실(千慮一失)　천 가지 생각 가운데 하나의 잘못. 즉, 지혜로운 사람이라도 많은 생각 가운데는 한 가지 실수가 있음을 뜻함

[입춘(立春)]
1966년　한국과학기술연구소(KIST) 발족
1980년　경부고속전철 건설 발표
1989년　재야운동가 함석헌씨 별세

 '배부르고 등 따뜻한 사람'은 어떤 사람인가? — 아이를 업고 있는 임신한 여자

 입춘은 음력으로 계산한 절기이다? — X (양력)

 북한에선, **유모차**를 뭐라고 할까? — 애기차

 개그맨들이 아이디어 소재를 찾아 헤매는 거리는? — 웃음거리

뒤바뀐 유모차!

어느 화창한 봄날. 신혼부부가 쇼핑센터로 물건을 사러 갔다. 갓난아기를 태운 유모차를 쇼핑센터 앞에 잠시 세워 두고 신혼부부는 안으로 들어가 쇼핑을 했다. 얼마 후, 쇼핑을 끝내고 나온 부부는 유모차를 밀고 나갔다. 잠시 후 아내가 갑자기 소스라치듯 놀라서 소리쳤다.
"어머나, 여보. 이건 우리 아기가 아니잖아요!"
그러나 남편은 주위의 동정을 살피면서 조용히 속삭였다.

"쉿! 조용히 해~ 이 유모차가 더 고급이란 말이야!"

 성공하는 두 가지 방법 중 하나는 자신의 근면에 의한 것이고, 다른 하나는 남의 어리석음에 의해 덕 보는 것이다!

입춘대길(立春大吉)
봄의 시작을 알리는 입춘부터 크게 좋은 일이 생기라는 뜻임

찰리 채플린의 영화 [모던 타임스] 개봉   1936년
북대서양 조약기구(NATO) 창설   1951년
금강산 육로관광 50년 만에 재개   2003년

DAY
2월 5일
36/365

 호프로는 **맥주**를 만들고 엿기름으로는 **감주**를 만든다. 그러면 돈으로는 무엇을 만들까?   **물주**

 12년산 양주를 사서 10년을 소장(所藏)하고 있으면 22년산 양주로 된다?   X (12년 숙성하면 정점. 더 이상 숙성이 안 됨)

 북한에선, **생맥주**를 뭐라고 할까?   **날맥주**

 상습적으로 음주운전을 하는 사람이 다니는 길은?   **마음대로**

취중단담!

A : 이봐. 내가 말이야, 내 이빨로 내 왼쪽 눈알을 깨무는 것에 10만 원 걸고 내기할 수 있겠나?
B : (속으로 이게 웬 떡이냐 하며) 할 수 있지……. 후회하기 없기야!!!
 - 그러자 A는 자신의 왼쪽 눈알을 뽑아 깨물었다. 의안이었다.
A : 이봐. 자네 잃은 돈도 찾을 겸 내기 한 번 더 할 텐가?
B : 이번엔 또 뭔가?
A : 이번엔 내 오른쪽 눈알을 깨무는 것에 20만 원 걸고 내기하는 거 어때?
B : 알았어! 나중에 술기운에 그랬다고 하기 없기야!!!
 - B는 A가 술기운에 하는 말인지 알고 쾌재를 불렀다.
 - 그러자 이번에 A는 자신의 틀니를 빼서 오른쪽 눈알을 깨물었다!@#$%!

 도박하는 사람들은, 불확실한 것을 얻기 위해 확실한 것을 건다!

출몰무쌍(出沒無雙)
나타나고 없어지는 것이 비할 데 없음. 즉, 나타났다 없어지는 것이 비길 데 없이 심함을 뜻함

1967년 　미군, 베트남전에서 대량의 고엽제 살포 개시
1996년 　내무부, 모든 재난신고 [119]로 일원화
2007년 　코카콜라 브랜드 가치 430억 달러 세계 1위

 유료 화장실에서 남자는 100원, 여자는 200원인 이유는? | 남자=입석, 여자=좌석

 회교도 여성들이 쓰는 **차도르**는 밤에 돌아다닐 때 위장(僞裝)하기 위해서다? | X (금욕 강조)

 북한에선, **수표**를 뭐라고 할까? | 돈표

 한 번만 먹으면 망가지는 입은? | 편지봉투

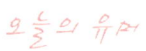

전문용어?

화투놀이를 좋아하는 황 집사가 교회 재정부 앞으로 편지를 보냈는데 내용인 즉, 지난 주 자기가 10만 원짜리 수표를 헌금한다고 한 것이 그만 잘못 꺼내어 100만 원짜리 수표를 헌금했으니 90만 원을 돌려 달라는 것이었다.
　이 문제를 놓고 고민하던 재정부는 회의를 소집하려 했으나, 목사님은 자기가 해결하겠다며 답장을 보냈다.
　편지를 받은 황 집사는 아무 말도 못했다. 편지에는 이렇게 쓰여 있었다.

낙장불입!

 실리를 챙기더라도 남에게 추하게 보여서는 안 된다!

실리추구(實利追求)
실제 이로움을 추구함. 즉, 겉치레와 체면을 버리고 실제적이고 현실적인 이익을 추구함을 뜻함

[삼국사기] 저자 김부식 사망 1151년
한국-케냐, 국교 수립 1964년
김연아, 4대륙 선수권 대회 우승 2009년

언행일치(言行一致) 즉, 말과 행동은 일치해야 한다는 뜻이다. 늘 말과 행동이 일치하는 사람은?	경마의 기수
전화를 발명한 **벨**은 평생 그의 부인과 어머니에게 전화를 걸지 못했다?	O
북한에선, **영화 각본(시나리오)**을 뭐라고 할까?	영화문학
북한 주민들이 평생 볼 수 없는 영화는?	부귀영화

오늘의 유머

잠꼬대 때문에……

남편이 자면서 잠꼬대를 하는 바람에 아내가 잠을 깼다. 남편은 "샐리, 샐리……!" 하고 여자 이름을 불렀는데, 아내의 이름은 메리였다. 화가 머리끝까지 난 부인이 남편을 흔들어 깨우며 말했다.
"여보, 도대체 '샐리'가 누군데 그렇게 꿈속에서도 애타게 부르죠?"
남편은 깜짝 놀라 둘러댔다.
"으~응, 그건 내가 오늘 경마에서 돈을 건 말 이름이야!"
이튿날 남편이 직장에서 돌아와서 물었다.
"여보, 별일 없었어?"
"없긴요. 당신이 돈을 건 그 말한테서 전화 왔었어요!"

가장 분한 시간은 모욕을 당하는 시간이며, 가장 비굴한 시간은 변명을 늘어 놓는 시간이다!

지행합일(知行合一) 앎과 행하는 것이 같음. 즉, 아는 것과 실천하는 것은 둘이 아니고 하나이기 때문에, 앎과 실천을 함께 힘씀을 뜻함

1874년   조선조 마지막 왕 순종 출생
1944년   일제, 한국인에 전면 징용제 실시
2003년   제10차 로또복권 추첨 결과, 1등 총 당첨금 835억 원에 13명 당첨

☀	얼굴은 예쁜데 속이 텅 빈 여자는?	마네킹
✖	일생동안 손금은 변해도 **지문(指紋)**은 변하지 않는다?	O
🇰🇵	북한에선, **마네킹**을 뭐라고 할까?	몸틀
🇰🇷	언제나 새 옷만 입는 것은?	마네킹

오늘의 유머

여자와 공!

10대 : 럭비공(어디로 튈지 모르고 많은 사람이 쫓아다닌다)

20대 : 축구공(대충 튀는 방향이 짐작이 되고 쫓아다니는 사람이 22명으로 준다)

30대 : 농구공(쫓아다니는 사람이 10명으로 준다)

40대 : 탁구공(2명만 쫓아다닌다)

50대 : 골프공(1명만…… 잃어버려도 찾지도 않고 다른 공 꺼낸다)

60대 : 피구공(쫓아다니는 게 아니라 피해서 도망 다닌다)

70대 : 애드벌룬(높이 떠 있어도 쳐다보지 않는다)

 여자의 마음이 바람에 휘날리는 갈대인 이유는, 남자의 마음에 늘 바람기가 있기 때문이다!

- **망년지교(忘年之交)**
나이를 잃어버린 교제. 즉, 나이에 상관없이 서로를 인정하고 존경하여 사귀는 것을 뜻함

한미주둔군지위협정(SOFA) 발효 1967년
핼리혜성, 76년 만에 지구에 접근 1986년
한국 뇌사 공식 인정 2000년

세상에서 가장 더럽고 추잡하기 짝이 없는 개는?	꼴불견(犬)
고양이의 **수염(鬚髥)**을 자르면 쥐를 잡지 못한다?	O
북한에선, **여행**을 뭐라고 할까?	려행
거지도 싫어하는 색은?	인색(吝嗇)

오늘의 유머

비싼 거짓말!

자신이 편한 것밖에 모르는 어느 노신사가 기차 여행을 하게 되어, 기차에 올라 가장 좋은 자리를 차지하고 편안한 여행을 위해 다른 사람이 옆자리에 앉지 못하게 가방을 올려 놓았다. 기차가 막 출발하려는 찰나 한 소년이 뛰어올라 옆자리에 앉아도 되냐고 물어보자
"자리가 있어, 친구가 곧 올 거야!" 하고 대답했다.
소년은 "그럼 그분이 올 때까지만 앉아 있겠습니다." 하고 가방을 무릎 위에 놓고 앉았다. 이윽고 기차가 출발하려하자, 소년은 망설임 없이 여행용 가방을 창밖으로 던져버렸다. 놀란 눈으로 바라보는 노신사에게 소년이 말했다.
"친구 분은 어차피 늦었어요. 가방이라도 돌려드려야죠!"

 거짓말은 꽃은 피우지만, 열매는 맺지 못한다!

자가당착(自家撞着)
자기 집을 치고 붙임. 즉, 스스로 한 말이나 행동이 이치에 맞지 않고 모순되는 경우를 뜻함

1965년　춘천댐 수력발전소 준공
1982년　경로우대제 실시
1992년　한국-우크라이나, 국교 수립

 경기 시상식은 1~3위까지 하는데, 1, 2, 3위보다 4위를 더 좋아하는 사람은? — 장모

 아라비아 숫자는 아랍인들이 만들었다? — X (인도에서 유래했던 것을 아랍인들이 전파함)

 북한에선, **장모**를 뭐라고 할까? — 가시어머니

 숫자 열 개로 누구든 불러내는 것은? — 전화기

오늘의 유머

세월 따라 달라!

담배
　초딩 : 담배는 아빠만 피우는 것인 줄 알았다.
　중딩 : 내 나이 또래중 좀 노는 애들도 피운다는 것을 알았다.
　고딩 : 어른들이 보지만 않는다면, 피워도 괜찮다는 것을 알았다.
　대딩 : 아빠가 나한테 가끔 담배를 빌리러 온다.

중국집
　초딩 : 중국집에서는 자장면만 파는 줄 알았다(엄마는 매일 이것만 시켜줬다).
　중딩 : 중국집에서 탕수육도 판다는 것을 알았다.
　고딩 : 중국집에서 팔보채도 판다는 것을 알고 충격 먹었다
　대딩 : 돈이 없어서 초딩 때처럼 늘 자장면만 시켜 먹는다.

정치인
　초딩 : 정치인들은 모두 훌륭한 사람인 줄 알았다.
　중딩 : 정치인들은 떡을 많이 먹는다는 사실을 알았다(떡값을 원한다).
　고딩 : 서울대 법대를 가서 정치인을 하고 싶었다(돈 많이 버니까).
　대딩 : 정치인 처럼 살지 않으면, 그래도 착하게 사는 것이라고 생각하고 산다.

 긴 기다림 없이 성취는 결코 오지 않는다!

일일삼추(一日三秋) 하루가 세 번의 가을 같음. 즉, 하루가 삼 년 같다는 뜻으로 몹시 지루하거나 애태우며 기다림을 뜻함

일제, 창씨개명 실시　1940년
서울시, 청계천 복원 기본 계획 발표　2003년
인공위성 사상 첫 충돌　2009년

 우리 몸에서 돌보다 더 단단한 것은? — 머리카락 (돌을 뚫고 나옴)

 천사는 어깨에 날개가 있다? — X (홀연히 나타났기 때문에 상상으로 그린 것임)

 북한에선, **만화영화**를 뭐라고 할까? — 그림영화

 누구나 보고 싶어 하는 영화는? — 부귀영화

천사와 사기꾼!

젊어서부터 일은 안 하고 빈둥대면서 사기를 잘 치는 사기꾼이 천사와 대화를 나누게 됐다.

사기꾼 : 천사님, 인간에게 100년이 하나님에게는 1초라면서요?
천　사 : 물론이지!
사기꾼 : 그럼 인간에게 100억 원은 하나님에게는 1원이겠네요?
천　사 : 당연하지!
사기꾼 : 천사님! 그럼 하나님께 말씀드려서 저에게 1원만 적선해 주실래요?
천　사 : 오냐~ 알았다. 1초만 기다려라!
사기꾼 : 헉~~!!!

 젊었을 때 게으른 사람은 늙어서 도둑이 되거나, 타인에게 의지하는 인생이 된다!

일장춘몽(一場春夢)
봄에 꾼 꿈. 즉, 부귀영화(富貴榮華)의 덧없음을 뜻함

1981년 한국-레바논, 국교수립
1988년 금호그룹에 제2민항 인가
2001년 게놈지도 완성 공식 발표

우리 몸에서 쇳덩어리보다 강한 것은?   수염 (철면피를 뚫고 나옴)

 현존하는 동물 중 가장 큰 것은 **흰 긴 수염고래**다?   O (30m. 125톤)

 북한에선, **비스킷(전병, 煎餠)**을 뭐라고 할까?   바삭과자

 처음에는 원 모양이었다가 부채꼴 모양으로 변하는 것은?   피자

오늘의 유머

남편을 위하여!

전 사랑하는 남편을 위해 하루 세 끼 밥을 꼭 챙겨준답니다.

아침엔 => [인디언 밥]
점심엔 => [사또밥]
저녁엔 => [고래밥]

 남편의 사랑이 클수록 아내의 소망은 작아지고, 아내의 사랑이 클수록 남편의 번뇌는 작아진다!

단사표음(簞食瓢飮)
도시락 밥과 표주박 물. 즉, 소박하고 청빈한 생활을 뜻함

독일 작곡가 바그너 사망 1883년
순정효정황후 장례 1966년
KBS, 광고방송 실시 결정 1981년

 철면피를 뚫고 나오는 수염보다 더 강한 것은? **여자** (철면피를 뚫고 나오는 수
얼굴 염도 못 뚫고 나오니까)

 광견병(狂犬病)은 개만 걸린다? X (고양이도 걸림)

 북한에선, **꾀병**을 뭐라고 할까? 건병

 뻔뻔스럽고 염치없는 사람을 세 글자로 만들면? 철면피(鐵面皮)

대통령 등급!

1등급 : 국민들이 좋아한다
2등급 : 야당에서도 좋아한다
3등급 : 여당에서만 좋아한다
4등급 : 적국(敵國)에서 좋아한다

 작은 차로 큰 운전을 하는 사람이 있고, 큰 차로 작은 운전을 하는 사람이 있다!

태평성대(太平聖代)
크게 태평하고 성대한 시대, 즉, 어질고 착한 임금이 다스리는 태평(太平)한 세상(世上)을 뜻함

[밸런타인데이]
1910년 안중근 의사, 여순지방법원서 사형선고
2002년 한국인 과학자가 주도한 연구팀, 고양이 복제 세계 처음으로 성공
2003년 복제양 돌리 폐질환으로 안락사

 노처녀가 사랑보다 더 좋아하는 것은? — 신랑

 밸런타인데이는 영국에서 만들었다? — X (일본 제과회사가 초콜릿 판매촉진을 위해 만들어낸 풍습. 이 날은 여자가 남자에게 초콜릿을 주면서 사랑을 고백하는 날)

 북한에선, **두드러기**를 뭐라고 할까? — 가렴돋이

 집은 집인데, 여자들만 들어가는 집은? — 시집

오늘의 유머

남편!

이웃집 부인 : 우리 애기아빠가 어딜 갔는지 안 보이네요.
　　　　　　지금 두 시간이나 찾고 있는데 혹시 못 보셨나요?

노처녀 : 그까짓 두 시간 가지고 뭘 그러세요?
　　　　나는 무려 10년이나 찾고 있는데도 못 찾았는 데요!

 연애의 증권시장에는 안정주(安定株)라는 것이 없다.

팔자소관(八字所關)　팔자(생년, 생월, 생일, 생시)에 따라 정해짐. 즉, 인생은 인위적인 노력에 의해 개척되는 것이 아니라 타고난 숙명이 관장함을 뜻함

세계최초의 전자계산기 [에니악] 탄생, 컴퓨터 시대의 개막을 초래 1946년
한국-아르헨티나, 국교수립 1962년
한국 첫 뇌사자 판정 2000년

 옛날 여자는 절개를 위해 은장도를 지녔다. 요즘 여성들은 무엇을 지닐까?   피임약

 뱀은 피리소리에 춤을 춘다?   X (땅바닥의 진동소리에 반응함)

 북한에서, 유치원을 뭐라고 할까?   보모교양원

 잠잘 때면 어김없이 머리로 다가와 우리 곁에서 자는 개는?   베개

오늘의 유머

휘파람 불고 싶어요!

유치원 선생님이 유치원생들에게 오줌이 마려우면 "선생님, 휘파람이 불고 싶어요!"라고 말하라고 가르쳤다.

그 유치원에 다니는 아들이 하루는 엄마 아빠와 함께 잠을 자던 중 오줌이 마려우자 옆에 자고 있는 아빠에게 말했다.

"아빠 휘파람이 불고 싶어요!"

- 그러자 아빠는 귀찮은 듯 돌아누우며 말했다.

"애야, 한밤중에 웬 휘파람이냐? 그냥 자거라!"

- 아이는 꾹 참았다. 잠시 후 정말 참지 못할 지경이 된 아이는 또 아빠에게 말했다.

"아빠, 휘파람이 불고 싶어요!"

- 슬슬 귀찮아진 아빠가 아이에게 말했다.

"그럼 아빠 귀에다가 대고 살짝 불어라!"

 진정으로 행복한 사람들은, 어린아이들과 창조적인 소수들뿐이다!

천진난만(天眞爛漫) 하늘 그대로의 다양함. 즉, 꾸밈이나 거짓 없이 타고난 성질 그대로가 말이나 행동에 나타남을 뜻함

1965년 F-5 전투기 처음으로 한국에 배치
1992년 미국의 팝그룹 [뉴키즈 온 더 블록] 공연사고로 여고생 사망
2009년 김수환 추기경 선종

 오아시스가 없는 사막에서도 할 수 있는 물놀이는? — 사물놀이

 벼룩은 간(肝)을 가지고 있다? — X

 북한에선, **냉동식품(冷凍食品)**을 뭐라고 할까? — 얼군제품

정부산하기관 중, 숫자 0 ~ 9 중에 0, 1, 5만 쓰는 곳은? — 한국조폐공사

오늘의 유머

0과 8의 소개팅!

0과 8이 중매(소개팅)에서 중매쟁이들은 빠지고 둘만 남았다.
8이 0에게 말하기를……. 어려서 좋다, 피부가 매끈하고 곱다, 얼굴에 구김살이 하나 없다, 성격이 둥글둥글하고 좋게 생겼다…….
칭찬을 아끼지 않자, 난생처음 듣는 찬사에 0이 어쩔 줄 몰라 하면서 몸을 이리저리 비비 꼬다가 그만 정중앙이 한 바퀴가 꼬여서 8이 되는 바람에 그만 중매가 깨졌다.

왜냐면, 동성동본이기 때문에…….

 결혼은 판단력부족으로, 이혼은 인내력부족으로, 재혼은 기억력부족으로 이루어진다!

사주단자(四柱單子) 신랑의 태어난 사주(연월일시). 즉, 혼인이 결정된 후에 신랑 집에서 신부 집에 신랑이 태어난 연월일시를 백지에 적어 신부 집에 보냈던 간지(簡紙)를 뜻함

조선 제4대왕 세종대왕 별세 1450년
제1차 경제개발 5개년 계획 확정 1962년
남극 세종과학기지 준공 1988년

 서로 자기가 최고라고 싸우고 있는 귀신은?   옥신각신

 손 없는 날에서의 **손**은 귀신을 뜻한다?   O (9일과 10일, 19일과 20일, 29일과 30일)

 북한에선, **관광버스**를 뭐라고 할까?   유람뻐스

 비 중에서 가장 무서운 비는?   도깨비

억울한 사람!

달리는 버스가 전복되어 많은 사람이 죽었다. 가장 억울하게 죽은 세 사람은?

1) 종점방향을 시내방향 버스로 잘못 보고 탄 사람.
2) 졸다가 못 내리고 한 정거장 더 가던 사람.
3) 버스가 출발하는데도 억지로 달려와 간신히 올라탔던 사람.

   운명은 우연을 가장해서 찾아온다!

생자필멸(生者必滅)
생명이 있으면 죽음이 있음. 즉, 이 세상에 생명이 있는 것은 반드시 죽을 때가 있음을 뜻함

1546년 독일 종교개혁가 마틴 루터 사망
1564년 천재 예술가 미켈란젤로 사망
2003년 대구 지하철 화재 발생

 아주 오래 전에 건설되어 사람이 다닐 수 없는 낡은 다리는? | 구닥다리

 눈썹에도 비듬이 나온다? | O (눈에 띄지 않을 뿐임)

 북한에선, **주름살**을 뭐라고 할까? | 주글살

 뜨거운 몸에 긴 꼬리를 달고 주름을 펴주지만, 할머니 얼굴의 주름은 펼 수 없는 것은? | 다리미

오늘의 유머

동네 두 할머니의 대화!

두 할머니가 오랜만에 만나 서로의 안부를 물었다.

할머니1 : 그래 바깥양반은 잘 계슈?

할머니2 : 지난주에 죽었다우. 저녁에 먹을 상추를 뜯으러 나가다 그만 심장마비로 쓰러졌지 머유~!

할머니1 : 저런…… 쯧쯧. 정말 안됐네 그려~ 그래서 어떻게 하셨수?

할머니2 : 어쩌긴, 그냥 깻잎으로 싸서 밥 먹었지!…….

 운명은 친척을 만들어 주지만, 선택은 벗을 만들어 준다!

익자삼우(益者三友) 유익한 세 부류의 벗. 즉, 정직한 사람, 도리(道理)를 지키는 사람, 지식(知識)이 있는 사람을 뜻함

[우수(雨水)] 양력 2월 19일 경
한국-코모로, 국교 수립   1979년
한국-일본-대만 등 아시아 9개국을 잇는 아태해저광케이블(APCN) 개통   1997년
중국 등소평 사망   1997년

돈을 받은 만큼 몸을 하락하는 것은?	공중전화
남자와 여자 중에서 추위에 강한 쪽은 남자다?	X
북한에선, **휴대폰**을 뭐라고 할까?	손전화
아리따운 여자들이 주로 걷는 걸음걸이는?	사뿐사뿐

오늘의 유머

고집 센 아내!

어느 부부가 한 작품을 놓고 셰익스피어냐? 헤밍웨이냐? 로 다투고 있었다.
아내는 확실히 셰익스피어의 작품이라고 고집하고, 남편은 헤밍웨이의 작품이라고 우겨대며 서로 한 발자국도 양보하지 않았다.
아 내 : 내가 천국에 가거든 셰익스피어를 만나 진실을 해명해 보이겠어요.
남 편 : 하지만 셰익스피어가 천국에 없으면 어떻게 하려고?
– 그러자 아내는 기다렸다는 듯이 말했다.

"그 때는 당신이 물어 보시구려!"

 결혼은 외교와도 같기 때문에 칭찬에 능숙하게 될 때까지 결혼해서는 안 된다!

자아성찰(自我省察)
자기를 살핌. 즉, 자기 스스로의 마음과 인격을 살펴보고 반성함을 뜻함

1955년 동화백화점 개점(현 신세계백화점)
1963년 ROTC 1기생 2,642명 임관
2007년 [키다리 미스터 김] 가수 이금희씨 별세

☺	미소의 반대말은?	당기소
✕	배고플 때 **소화제(消化劑)**를 먹으면 더 배고파진다?	X (물과 약제로 인해 공복감을 덜어준다)
🇰🇵	북한에선, **미소**를 뭐라고 할까?	볼웃음
🇰🇷	사계절(四季節) 모두 피면서 가장 아름다운 꽃은?	웃음 꽃

오늘의 유머

여자의 반응으로 본 관계 진전도!

1단계 : Oh! Do not touch me!
2단계 : Oh! Do not touch.
3단계 : Oh! Do not.
4단계 : Oh! Do.
5단계 : Oh!

 한 번 웃으면 인상이 바뀌고, 매일 웃으면 인생이 바뀐다!

파안대소(破顔大笑)
안면을 펴고 웃음. 즉, 얼굴빛을 밝게 하여 화들짝 한바탕 크게 웃음을 뜻함

이념서적 35년 만에 시판허용 1982년
한국-아르메니아, 국교 수립 1992년
김기훈, 사상 처음으로 알베르빌 동계올림픽에서 금메달 획득 1992년

DAY
2월 21일
52/365

 프랑스에 사형 기구 중, 달랑 두 대밖에 없는 기구는? — 단두대

 전기의자는 전기공에 의해 발명되었다? — X (치과의사)

 북한에선, 몽타주를 뭐라고 할까? — 판조립

 법 없이 사는 사람은 성실하고 착한 사람이다. 그러면 법이 없어야 사는 사람은? — 사형수

오늘의 유머

전기의자!

큰 죄를 지어 전기의자에 앉아 죽게 된 사형수에게 목사가 마지막 소원을 물었다.

목   사 : 마지막 소원은 무엇입니까?
사형수 : 어떠한 소원이든 다 들어줍니까?
목   사 : 예, 제가 할 수 있는 것이라면 무엇이든 들어드리겠습니다!
사형수 : 그렇게만 해 주신다면 편안한 마음으로 죽을 수 있을 것 같은데,
        제가 죽을 때 목사님의 따뜻한 손으로 제 손을 꼭~ 잡아주세요!

 웃음이 없으니 여유가 없고, 여유가 없으니 웃음이 없다!

소원성취(所願成就)
원하는 바가 이루어짐. 즉, 평소에 간절히 바라는 것들이 이루어짐을 뜻함

1836년 　다산 정약용 선생 별세
2006년 　[홍도야 울지 마라]의 가수 김영춘씨 별세
2007년 　미국 역대 최고 갑부는 록펠러

 사과 5개 중 3개를 먹으면 몇 개가 남나? — 3개 (먹는 게 남는 거)

 사과를 자른 후, 조금만 지나면 자른 부분이 갈색으로 변하는데, 이것은 공기 중에서 있는 더러운 물질이 사과에 묻기 때문이다? — X (산소와 결합한 갈변(褐變)현상)

 북한에선, **사과주스(juice)**를 뭐라고 할까? — 사과단물

 자기 집을 등에 지고 이사하는 것은? — 달팽이

오늘의 유머

맹구의 기도!

맹구네가 이사 가는 날,

어머니 : 맹구야! 내일이면 우린 부산으로 이사를 간단다. 오늘밤이 마지막으로 우리가 여기서 자는 밤이란다.

이 말을 들은 맹구는 침대 옆으로 가서 무릎을 꿇고 기도하기 시작했다.

맹구 : 하나님. 우린 오늘밤 여기서 자고, 내일 아침에 되면 부산으로 떠나갑니다. 그 동안 감사했어요. 그럼 하나님 안녕히 계세요!

 재미있는 사람이 되려면, 재미있는 생각을 많이 하고, 재미있는 말을 많이 하면 된다!

무릉도원(武陵桃源)
신선이 살았다는 전설적인 중국의 명승지. 즉, 속세를 떠난 아름다운 별천지를 뜻함.

한국-말레이시아, 국교수립　1960년
복제양 돌리 탄생 공식발표　1997년
안현수, 진선유 한국 첫 올림픽 3관왕　2006년

진짜로 사방이 꽉 막힌 여자는?	엘리베이터 걸
엘리베이터의 **닫힘 버튼**을 누르면 전기소모가 더 늘어난다?	X
북한에선, 미술 도구인 **파스텔**을 뭐라고 할까?	그림분필
같은 날 같이 태어난 다섯 형제의 키가 모두 다른 것은?	손가락

오늘의 유머

엘리베이터 안에서 해 볼만한 엽기 행동들!

1) 엘리베이터 안에 당신 외에 단 한 사람뿐이라면, 어깨를 손가락으로 건드린 후 내가 한 것이 아닌 척 한다.
2) 펜을 떨어뜨린 후 누가 주우면, "내꺼야!" 하고 소리 지른다.
3) 분필로 바닥에 사각형을 그린 후, 사람들에게 "여긴 내 자리에요!" 라고 한다.
4) 엘리베이터 구석에 박스 하나를 놔둔다. 누군가가 타면, 어딘가에서 초침 소리가 들리지 않느냐고 묻는다.
5) 문이 닫힐 때 이렇게 소리 지른다. "진정하세요, 여러분. 다시 열릴 거예요!"
6) 엘리베이터에 탄 사람 중 하나를 한참동안 물끄러미 쳐다보다 공포에 질려 "당신도 그들과 한패죠?" 라고 소리친 후 천천히 뒷걸음을 친다.
7) 누군가 버튼을 누를 때 입으로 폭발하는 소리를 낸다.
8) 책상을 엘리베이터 안으로 가져 와서, 엘리베이터에 타는 사람에게 "예약 하셨습니까?"하고 묻는다.

 유머는 짧지만 여운은 길다!

문전옥답(門前沃畓)
문 앞의 좋은 논. 즉, 내 집 가까이에 있는 기름진 땅으로 많은 재산을 뜻함

1848년　마르크스·엥겔스의 [공산당 선언] 발표
1938년　듀폰사, 나일론으로 칫솔을 만들어 처음 상품화
1973년　서울-부산간 우편전용열차 첫선

 여자와 강도의 공통점은? — 만나면 돈 나간다. 둘 다 스타킹을 사용한다.

 웃으면서 눈을 크게 뜰 수 있다? — X (의학적으로 불가능)

 북한에선, **스타킹**을 뭐라고 할까? — 하루살이 양말, 살양말

 매일같이 찾아가서 문을 두드려도, 사람은 있는데 열어주지 않는 곳은? — 화장실

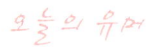

립스틱 지우기!

립스틱을 바른 여고생들이 화장실 거울에 키스해서, 날마다 지저분한 입술자국을 여기저기 남겼다.

마침내 교장은 각 반 반장 여학생 전원을 화장실로 불러서 거울 청소가 얼마나 어려운가를 보여주기 위해 청소하는 아주머니에게 거울 하나를 청소해 보이라고 했다. 그러자 청소하는 아줌마는 화장실 구석 칸의 청소도구함으로 가서, 긴 자루가 달린 마대걸레를 꺼내어 다음 칸 문을 열고 변기 물에 걸레를 담그더니 그것으로 거울을 빡빡 문질러 닦았다.

그 후로……. 거울의 입술자국은 영영 사라졌다.

 거울과 친해질수록 좋은 성적과 집안일은 멀어진다!

은감불원(殷鑑不遠) 귀감이 될 만한 것은 멀리 있지 않음. 즉, 본받아 거울삼을 만한 것은 먼 데 있지 않고 가까운 곳에 있다는 뜻임

세계 최초의 통신사인 로이터 통신사의 창설자 로이터 사망　1899년
임진강 철교 개통　1905년
무하마드 알리, 세계헤비급 챔피언 획득　1964년

 돼지가 잡채를 먹으면 어떻게 될까?　　　　　　　　　　순대

 윷놀이에서 **도**는 돼지를 상징한다?　　　　　O (개=개, 걸=양, 윷=소, 모=말)

 북한에선, **소장(小腸)**을 뭐라고 할까?　　　　　　　　　가는 밸

 산토끼의 반대말은?　　　　　　　　끼토산, 죽은 토끼, 알칼리토끼, 판토끼…….

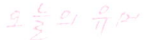

이발쇼!

한 미국인이 충청도 사람의 이발소에 들어갔다.
미국인을 맞은 이발사가 말했다.
"왔 시 유!~"(what see you?)
의자에 앉은 미국인은 마침 거울을 보고 있었는데, 뭘 보냐는 물음에
"미러(mirror)"라고 대꾸했다.

그러자 충청도 이발사는 그 미국인의 머리를 **빡빡** 밀어버렸다.

 말을 실수하는 것보다 유머를 실수하는 것이 더 큰 실수다!

천방지축(天方地軸)　하늘의 방향과 땅의 굴대. 즉, 가벼운 사람이 덤벙대는 모습이거나 몹시 급하여 방향을 모르고 함부로 날뛰는 모양을 뜻함

1876년   부산 개항
1967년   KBS TV, 아침방송 실시
2001년   고 박종철씨, 서울대에서 명예 졸업장 수여

삼고초려(三顧草廬)를 유머로 풀이하면?	쓰리고를 할 때는 초단을 조심하라
할망구의 **망구**는 90을 바라보는 81세를 말한다?	O
북한에선, **은행원**을 뭐라고 할까?	은행경제사
할머니의 마음을 세 글자로 만들면?	노파심

오늘의 유머

은행에 간 할머니!

할머니가 통장과 도장이 찍힌 청구서를 은행에게 내밀며 돈을 찾으려고 했다.
은행원 : 할머니. 통장 도장이 다른데요. 통장 도장을 갖고 와야 해요!
할머니는 급하게 오느라 실수했다며, 통장을 은행원에게 맡기고 금방 온다고 하면서 나갔다.
은행 문을 닫을 때쯤 헐레벌떡 들어오더니 은행원에게 애원하듯이 말했다.

"아가씨 미안한데 통장님이 어디 가고 안계서, 통장 도장 대신에 반장 도장 가져왔는데, 반장 도장으론 안 될까?"

 나이 먹는 것 외엔 저절로 되는 일이란 아무것도 없다!

삼고초려(三顧草廬) 초원의 오두막집을 세 번 돌아 봄. 즉, 유비가 제갈공명을 성심을 다해 청하듯이, 인재를 얻기 위해 수고를 아끼지 않음을 뜻함

조선 도량형령(미터법 적용) 공포 1926년
울진 원전2호기 준공 1990년
서해안고속도로(인천~목포) 기공 1991년

 임전무퇴(臨戰無退)를 유머로 풀이하면? — 임산부 앞에서는 침을 뱉어선 안 된다

 조선시대의 왕실에서는 회색을 매우 천하게 여겼는데, 이는 승려(僧侶)를 상징하는 색이기 때문이다? — X (늙음을 상징하기 때문)

 북한에선, 승려를 뭐라고 할까? — 중선생

 모래판에 무릎을 꿇어야만 할 수 있는 장사는? — 천하장사

웃지 않는 직원의 해명!

한 회사의 사장은 출근을 하면 전 직원을 모아놓고 유머를 얘기해 주는 게 취미였다.
오늘도 어제 들은 얘기라며 유머를 한 가지 소개했다.
그러자 모든 사원이 웃었는데, 한 여사원이 전혀 웃지 않고 있었다.
사장이 궁금하여 물었다.
사　장 : 자네는 왜 웃지 않나?
여사원 : 전 이제 웃을 필요가 없어졌어요.
사　장 : 그게 무슨 말인가?
여사원 : 저 오늘 회사 그만두거든요!

 늘 그런 식으로 해왔으니까요!라고 말하는 직원은 경쟁사로 보내라!

임전무퇴(臨戰無退) 전투에 임하면 후퇴가 없음. 즉, 전투에 참가한 병사는 도망치지 말고 목숨을 걸고 끝까지 싸워야 함을 뜻함

1935년　듀퐁사 [폴리머 66(나일론)] 개발
1987년　평화의 댐 착공
1992년　백범 김구 암살범 안두희 백범 묘소 참배

 선거철에는 당을 대표하는 색들이 눈에 띠는데, 가장 흔하게 볼 수 있는 색은? | 흑색, 생색

 인감증명은 인터넷으로 발급이 안 된다? | O

 북한에선, **절도범**을 뭐라고 할까? | 훔친범

 선거와 사진의 공통점은? | 찍는다

통선 구호!

1대국회 구호!: 깨끗하고 정직한 사람을 뽑읍시다!

2대국회 구호!: 정직한 사람을 뽑읍시다!

3대국회 구호!: 사람을 뽑읍시다!

 받은 상처는 모래에 기록하고, 받은 은혜는 대리석에 새겨라!

유언비어(流言蜚語)
흐르는 말과 도는 말. 즉, 전혀 근거가 없는 말이나 뜬소문을 뜻함

한국, 중국 항공협정 체결   1952년
현대자동차 포니1호 첫 출고   1976년
서울지하철 3, 4호선 일제히 착공   1980년

| 용이 가장 듣기 싫어하는 말은? | 용용 죽겠지 |

| 용(龍)은 십장생의 하나다? | X |

| 북한에선, 잔소리를 뭐라고 할까? | 진소리 |

| 4년 만에 한 번 생일이 돌아오는 사람의 생일은? | 2월 29일 |

오늘의 유머

엽기할머니!

날마다 부부 싸움을 하며 사는 할머니와 할아버지가 계셨다. 할아버지와 할머니의 부부 싸움은 굉장했다. 손에 잡히는 것이면 무엇이든지 날아가고 언쟁은 늘 높았다. 어느 날 할아버지 왈~ "내가 죽으면 관 뚜껑을 열고, 흙을 파고 나와서 엄청나게 할마이를 괴롭힐 꺼야. 각오해!" 그러던 어느 날 할아버지는 돌아가셨다. 장사를 지내고 돌아온 할머니는 동네사람들을 모두 불러 잔치를 베풀고 신나게 놀았다. 그것을 지켜보던 옆집 아줌마가 할머니에게 걱정이 되는 듯 물었다. "할머니 걱정이 안 되세요? 할아버지가 관 뚜껑을 열고, 흙을 파고 와서 괴롭힌다고 하셨잖아요?" 그 말을 들은 할머니가 웃으며 던진 말! "걱정 마~! 그럴 줄 알고 내가 관을 뒤집어서 묻었어. 아마 지금쯤 땅 밑으로 계속 파고 있을 거야!"

 연애가 결혼보다 즐거운 것은, 소설이 역사보다 재미있는 것과 같다!

구십춘광(九十春光)
봄의 구십일. 즉, 노인의 마음이 봄의 석 달처럼 청년같이 젊음을 뜻함

1919년 3·1독립운동. 4대 국경일
1945년 경부선 복선 개통
1995년 직할시를 광역시로 개칭

	일본 낚시협회 회장의 이름은?	미끼
	을씨년스럽다는 말의 **을씨년**은 1905년 을사년을 말한다?	O
	북한에선, **보트**를 뭐라고 할까?	젓기배
	열에서 **하나**를 먹었는데, **아홉**이 아니고 **열하나**가 되는 것은?	나이

오늘의 유머

난파!

배가 난파되어, 구명보트에 사람들이 12명이 탔다. 구명보트는 9명이 정원이어서 3명이 자신의 목숨을 포기해야 하는 상황이다.

1) 미국 선교사님이 일어나서 기도를 한 후, "꼭 살아서 고국에 돌아가시오!……." 하면서 바다 속으로 뛰어들었다.
2) 영국 노신사가 일어나서 "나는 살만큼 살았으니 내가 희생하겠소!" 하면서 바다 속으로 뛰어들었다.
3) 서로 눈치만 보며 마지막 한 사람을 기다리고 있었다.……. 아무도 안 일어서자, 드디어 한국 사람이 일어나더니 비장한 각오를 한 후, "대한독립 만세!"를 크게 외치더니, 옆에 있는 일본사람을 바다 속으로 떠밀었다.

 바람을 탓할 필요가 없다. 바람개비를 돌리기 위해서는 내가 뛰어가면 된다!

교취호탈(巧取豪奪) 교묘한 수단으로 빼앗아 취함. 즉, 정당하지 않은 방법으로 남의 귀중한 물건을 가로채어 빼앗는 것을 뜻함

한국-노르웨이, 국교수립　1959년
한국과학기술정보센터(KORSTIC) 발족　1964년
국악 FM방송 개국　2001년

 올챙이는 찬물에 알을 낳을까? 따뜻한 물에 알을 낳을까? — 올챙이는 알을 낳지 못함

 올챙이는 앞다리가 제일 먼저 나오고, 다음에 뒷다리가 나오면서 꼬리가 없어진다? — X (뒷다리가 먼저 나옴)

 북한에선, **다이어트**를 뭐라고 할까? — 살까기

 태어날 땐 공, 아기 땐 배뚱뚱이, 커서는 수영선수인 것은? — 개구리

할머니의 훈계!

할머니 : 아이고 두벌자식아, 너 와이러캐 늦었네?
손　자 : 학교에 남아서 벌을 서며 공부를 더 하느라고 늦었시요~
할머니 : 아니, 뭘 잘못했기에 그랬네?
손　자 : 베네수엘라가 어디 있는지 몰라서 그래시요~
할머니 : 그러게 내가 뭐랬네~!
　　　　늘~ 물건을 쓰고는 꼭 제자리에 잘 두라고 하지 않았네?

 아이들을 꾸짖지 말라. 내가 걸어온 길이다. 어른들을 욕하지 마라 내가 걸어가야 할 길이다!

자손만대(子孫萬代)
자식과 손자들의 만대. 즉, 자식과 손자들이 계속해서 이어져 나감을 뜻함

[납세자의 날]
1973년　한국방송공사 창립
1990년　북한 제4땅굴 발견
1994년　근로자의 날, 5월1일로 변경

 부자나 가난한 자나 같이 내는 세금은? — 부가가치세

 부가가치세(附加價値稅)는 **직접세(直接稅)**이다? — X (간접세)

 북한에선, **비석(碑石)**을 뭐라고 할까? — 비돌

 더러워지면 내는 세금은? — 오물세

오늘의 유머

차명!(借名)

탈세의 달인으로 소문난 정치인이 엄청난 재산을 모은 후 갑자기 죽었다.
1개월 뒤 외국여행에서 돌아온 친구 두 사람이 묘지를 찾아갔으나, 비석을 찾을 수가 없었다. 한참 동안 헛수고를 한 끝에, 친구 한 사람이 생각났다는 듯이 말했다.
"야, 찾는 거 그만둬야겠다!"
"아니, 왜?"

"아무래도 녀석은 세금문제 때문에 자기 묘비도 다른 사람의 명의로 세웠을 거야!"

봉사는 내가 지구상에서 사는 특권에 대해 지불해야 하는 일종의 세금이다!

가렴주구(苛斂誅求)　사납게 거두어 구함. 즉, 관리가 세금 따위를 가혹하게 받고 빼앗아 백성을 못살게 구는 가혹한 정치를 뜻함

제주 우도 무장간첩사건 1973년
일요일 우편 배달제 폐지 1973년
특허국, 특허청으로 승격 1977년

 우리나라 최대의 **지하조직**은? 지하철공사

 북한의 주요 대중 수단은 **지하철(地下鐵)**이다? X (무궤도 전동차)

 북한에선, **출입문**을 뭐라고 할까? 나들문

 앞뒤가 없는 차는? 기차

오늘의 유머

[W.C]의 해석

화장실 앞에서 똑똑한 철수와 모자란 만수가 대화를 나눈다.
만수 : 너, [W.C]가 뭔지 알아?
철수 : 짜식~ 그걸 모를까봐. 워터 크로젯(water closet)의 약자잖아!
만수 : 아니야 틀렸어!
철수 : 그럼 뭔데?
만수 : 그건 말이야~
　　　"**으응!**"(W) 하고 "**쉬이!**"(C)의 약자야!

 시사(時事)에 어두우면 미래가 어둡다!

갑론을박(甲論乙駁) 갑과 을의 말이 섞임. 즉, 여러 사람이 서로 자기의 의견을 내세워 남의 의견을 반박함으로써 서로 논박함을 뜻함

1953년　스탈린 사망
1970년　핵확산방지조약(NPT) 발효
2004년　세계최고령 남성 114세 [존 리우다베츠 몰]씨 사망

	대령으로 제대(예편)한 사람을 어떤 사람이라 하나?	별 볼 일 없는 사람
	머리의 **혹**을 때리면 또 혹이 생긴다?	X
	북한에선, **별똥**을 뭐라고 할까?	별찌
	하늘에서 누는 똥인데, 밤에만 보이는 것은?	별똥

오늘의 유머

머리싸움!

중대장이 신병들을 연병장에 도열시키고 말했다.
"음악에 취미가 있는 병사는 2보 앞으로!"
말이 떨어지기가 무섭게 훈련면제로 쉴 수 있겠다는 생각에 다섯 명의 신병이 얼른 앞으로 나왔다.
　그러자 중대장이 말했다.

"너희들은 지하실에 있는 피아노를 3층으로 옮긴다. 실시!"

🔊　지휘관의 유머감각은 1개 사단병력과 맞먹는 파워를 갖고 있다!

정중지와(井中之蛙)
우물 안의 개구리. 즉, 식견이 좁은 사람을 뜻함

[경칩(驚蟄)] 양력 3월 6일 경
천재 예술가 미켈란젤로 출생   1475년
고종황제, 태극기를 국기로 제정   1883년
미국 소설가 펄 벅 사망   1973년

 개구리가 낙지를 먹으면 어떻게 될까?   개구락지

 낙지의 **심장(心臟)**은 1개다?   X (3개)

 북한에선, **큰 풍년**을 뭐라고 할까?   어거리풍년

 발이 없다가, 꼬리가 하나였다가 발이 넷인 것은?   개구리

오늘의 유머

분류!

TV 속에서 정치인들의 싸움 장면을 보고 아빠가 신경질을 낸다.
"저런 것들은 인간이 아니야!" 듣고 있던 맹구가 물었다.
"아빠 왜 저 사람들이 사람이 아니야?"
아빠는 정치인이 사람이 아닌 이유를 동물에 빗대어 설명했다.

"개구리는 양서류고, 제비는 조류, 사람은 영장류다. 하지만 정치인은 주류와 비주류로 나눠지는 희귀동물이란다!"

 육욕을 모르는 동물은 없지만, 이것을 순화하는 것은 인간뿐이다!

시위소찬(尸位素餐)
공적 없이 앉아 찬을 먹음. 즉, 자기의 책무를 다하지 않고 급여만 받아 먹음을 뜻함

1946년   경부선에 특급열차 첫 운행
1981년   KBS, 상업광고 개시
1995년   한글타자기를 발명한 공병우 박사 별세

 처음 만난 소끼리 나누는 인사말은? — 반갑소!

 멜빵은 순수 우리나라 말이다? — O

 북한에선, 도둑질을 뭐라고 할까? — 야경(夜警)벌이

 도둑질하러 가는 도둑의 걸음걸이는 어떤 모양일까? — 털레털레

담 너머!

 어떤 마을에서 도둑을 잡았다. 마을 사람들은 그 도둑을 흠씬 두들겨 팼다. 매를 맞은 도둑은 아파하면서도 소리를 지르며 말했다.
"저를 마음대로 하십쇼. 때려 죽여도 좋고, 목을 매달아도 좋으니, 제발 담 너머로 던지지만 말아 주십쇼. 제발 부탁입니다!"하고 애걸복걸하는 것이었다.
 마을 사람들은 "도둑이 담 너머로 던져지는 것을 죽는 것보다 두려워하는 뭐가 있구나!" 하고는 골탕 좀 먹어보라고 도둑을 담 너머로 집어 던지며 고소하다 못해 통쾌해 했다.
 그런데…
 도둑은 담 너머로 떨어지자마자, 한바탕 크게 웃더니 줄행랑을 쳐버렸다.

 죄를 범한 자는 아무도 쫓아오지 않는데도 도망친다!

암중모색(暗中摸索)
어두운 가운데 찾아냄. 즉, 남이 보지 않은 가운데 무엇인가를 도모함을 뜻함

[세계여성의 날]
방정환, 월간잡지 [어린이] 창간 1923년
한국-터키, 국교 수립 1957년
고려본 삼국사기 발견 1981년

중국제품이 한국제품과 품질차이가 많이 날 수 밖에 없는 이유?	나라 이름이 [차이나]
중국 본토에는 자장면이 없다. 그렇다면 삼선자장면은 있다?	X
북한에선, **건망증**을 뭐라고 할까?	잊음증
아무리 슬퍼도 절대로 울면 안 되는 날은?	중국집 휴일

오늘의 유머

건망증이 심각하다고 느낄 때 베스트 5

5위 : 자장면 먹을 때. 이유는 다 먹고 나면, 내 자장면 그릇에 한 입만 베어 먹은 단무지가 3, 4개가 있을 때…….

4위 : 학교 가려고 나서다가, 몇 번 집에 되돌아올 때. 이유는 "엄마, 내 시계!" "엄마, 내 지갑!" "엄마, 내 핸드폰!" ……. "엄마!" "어휴…….이번엔 또 뭐야? 이놈아!" "오, 오늘……. 토요일이지?" "그래!" "나 오늘 학교 안 가는 노는 토요일 날이구나!"

3위 : 손님- "제가 어디 간다고 했죠?" 기사- "손님은 언제 타셨어요?"

2위 : 직장에서 핸드폰을 쓸려고 가방 속에서 핸드폰을 꺼냈는데, 손에 들려진 것이 집에서 쓰던 무선전화기였을 때…….

1위 : 계단에서 굴러서 훌훌 털고 일어났는데, 내가 계단을 올라가고 있었는지, 내려가고 있었는지 도통 생각이 안 날 때…….

 왕이건 농부이건 자신의 가정에 평화를 찾아낼 수 있는 자가 가장 행복한 인간이다!

마부작침(磨斧作針) 도끼를 갈아 바늘을 만듦. 즉, 아무리 어려운 일이라도 끈기 있게 노력하면 이룰 수 있다는 뜻임

1200년　주자학의 창시자 주자 사망
1965년　한국-말라위, 국교 수립
1989년　제1차 남북체육회담(판문점)

 지렁이도 밟으면 꿈틀한다!고 하는데, 지렁이가 꿈틀 하는 이유? — 덜 밟아서

 지렁이는 몸이 동강나도 잘린 두 부분이 계속 살 수 있다? — X (앞쪽만 살아남음)

 북한에선, 팔방미인(八方美人)을 뭐라고 할까? — 사방미인(四方美人)

 사람과 쌀에는 있지만 지렁이한테는 없는 것은? — 눈

몰랐어요!

　미스코리아 선발대회에 입상한 미녀가 OO대학 밤 축제 댄스파티에 참석하자 남학생들이 미녀 주위를 온통 에워쌌다.
그 중 키가 작고 얌전해 보이는 한 남학생이 용기를 내서 말을 걸었다.
"저~, 다음 댄스곡에 제 파트너가 되어 주시겠습니까?"
미녀는 아주 거만하고 도도한 표정으로, 그 남학생을 힐끗 쳐다보며 말했다.
"미안합니다. 난 어린애와 춤추고 싶지 않은데요!"
그러자 그 키 작은 남학생은 주변사람들이 듣게 엄청 큰소리로 말했다.

"실례했습니다. 당신이 임신 중인지 몰랐습니다!"

 용기를 갖는 것은 무척 중요하다. 용기는 근육과 마찬가지로 사용할수록 발달한다!

안하무인(眼下無人)
방자하고 교만하여 사람을 모두 얕잡아 보는 것을 뜻함

한국-콜롬비아, 국교 수립   1962년
창경원 케이블카 개통   1962년
관세 및 무역에 관한 일반협정(GATT) 국회 비준   1967년

 불로소득(不勞所得)을 유머로 풀이하면? | 집에 불이 났지만 화재보험으로, 더 큰 보상금이 나옴

 한국과 일본 모두 화재나 응급환자가 발생했을 때, 119이다? | O

북한에선, **응급치료**를 뭐라고 할까? | 간이치료

 흰옷을 입은 키다리가 바닷가에 서서 불을 밝혀주는 것은? | 등대

오늘의 유머

안목!(眼目)

여자 손님 : 제가 몇 살로 보여요?
가게 주인 : 글쎄요. 대략 스물아홉?
여자 손님 : 참 친절도 하셔라!
가게 주인 : 우리는 단골손님에게는 언제나 30% 할인을 해드리니까요!

 세상이 재미없다 말하지 마라. 내가 재미없을 뿐이다!

불로소득(不勞所得)
노동 없이 얻은 이익. 즉, 정당한 대가 없이 취한 소득을 뜻함

527년 신라, 불교 공인
1959년 한국-스웨덴, 국교 수립
1971년 유일한 박사 사망

☀	커피 탈 때, 설탕을 넣은 후 한국 사람은 W자로, 미국사람은 S자로 젓는 이유는?	설탕 녹으라고
✖	성대(聲帶)가 아플 때, 커피나 알코올을 마셔도 관계없다?	X
	북한에선, **눈치**를 뭐라고 할까?	짬수
	커피 잔의 손잡이는 왼쪽에 붙었을까, 오른쪽에 붙었을까?	바깥쪽

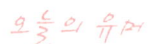

커피 값!

어느 날, 맹구가 커피숍에서 커피를 시키고 하루 종일 앉아 있었다. 주인이 눈치를 주자 맹구는 인상을 쓰며 카운터로 가서 커피 값이 얼마냐고 묻자, 4,900원이라고 했다. 그러자 맹구가 왜 이렇게 비싸냐며 따졌다. 주인은 원래 그렇다고 했다. 그래서 맹구는 다음 날 복수하기 위해 4,900원을 100원짜리 동전으로 준비해 커피 한 잔을 시켜 놓고 문 닫을 무렵까지 앉아 있다가, 커피숍을 나오면서 카운터에 갖고 온 동전을 확 던져버리고 나왔다. 주인은 동전을 줍느라 잠을 설쳤고, 복수의 칼날을 갈고 있었다.
그 다음 날, 맹구가 커피 한잔을 시킨 후 만 원짜리를 내자, 주인은 '**이때다!**' 하고 100원짜리 동전으로 5,100원을 맹구가 앉아 있는 바닥에 확 뿌렸다. 그러자 맹구가 100원짜리 동전을 두 개 주우며 하는 말…….
"커피 한 잔 더!"

 권세가 있을 때 권세를 부리면 원수를 만나고, 겸손하면 친구를 만난다!

문전작라(門前雀羅) 문 앞의 참새 그물. 즉, 가난하고 천해지면 문 앞에 새 그물을 쳐 놓을 정도로 방문객의 발길이 뚝 끊어진다는 뜻임

우리나라 최초 병원 광혜원, 제중원으로 개칭　1885년
강호동, 18대 천하장사에 최연소 등극　1990년
노무현 대통령 탄핵소추안 가결　2004년

 막내 영희는 아무 짓도 안 했는데 학교에서 선생님께 혼났다. 왜 그랬을까? — 숙제를 안 했다

 10원짜리 동전을 컴퓨터에 부착하면 **전자파(電磁波)**가 차단된다? — X

 북한에선, **뇌물로 주는 돈**을 뭐라고 할까? — 꾹돈 (꾹 찔러준다는 뜻)

 세상에서 가장 많이 굴러다니는 동그란 것은? — 동전

거스름 돈!

총각 집사가 결혼식을 막 끝내고 지갑을 꺼내며,
(약간은 거들먹 거리면서) 목사에게 예식비가 얼마냐고 물었다.

목 사 : 우리 교회에서는 예식비를 따로 받지 않습니다. 하지만 신부가 아름다운 만큼
　　　 돈을 내시면 감사한 마음으로 받겠습니다.
신 랑 : 아, 그러세요. 여기 10만 원 받으세요!
목 사 : (신부의 얼굴을 힐끗 보더니…….)
　　　 여기 거스름돈 9만 원 받으시오!

 돈으로 결혼하면 낮이 즐겁고, 육체로 결혼하면 밤이 즐겁고, 마음으로 결혼하면 밤낮이 즐겁다!

묵적지수(墨翟之守)　먹으로 그린 꿩을 지킴. 즉, 자기 의견이나 주장을 굽히지 않고 끝까지
　　　　　　　　　　　고수한다는 말로 융통성이 없음을 뜻함

1969년 남산 제1호 지하터널 기공
1971년 서울~부산간 자동전화 개통
1982년 충주 다목적댐 착공

| | 하늘의 별따기 보다 더 어려운 것은? | 별 달기 |

| | 종이는 두께에 따라 A4, A3, A2 등으로 나눈다? | X (크기) |

| | 북한에선, 운석을 뭐라고 할까? | 별찌돌 |

| | 낮에는 눈을 꼭 감았다가 밤에 초롱초롱 눈을 뜨는 것은? | 별 |

오늘의 유머

사오정!

사오정이 하늘의 별이 전부 몇 개인지 세고 있었다. 그때 천문학자가 지나가자, 사오정이 별이 모두 몇 개인지 알려달라고 졸랐다. 귀찮아서 천문학자가 말했다.
천문학자 : 젊은이, 그만두게!
사 오 정 : 앗. 감사합니다!
천문학자 : 잉? 뭐가 감사하다는 말인가?
사 오 정 : 방금 저에게 하늘의 별이 모두 몇 개인지 가르쳐 주셨잖아요?
천문학자 : 내가 언제?
사 오 정 : 방금 구만 두 개라고 하셨잖아요!

별을 밤하늘에서 빼놓을 수 없듯이, 대화에서도 유머를 빼놓을 수 없다!

이관규천(以管窺天)
대롱을 통해 하늘을 봄. 즉, 시야가 넓지 못하고 우물 안 개구리 식으로 하늘을 쳐다봄을 뜻함

[화이트데이]
창덕궁 박물관 준공 1912년
[강강술래] 무형문화재로 지정 1966년
서울대학교, 관악캠퍼스서 첫 강의 1975년

 사랑을 느껴야 할 수 있으며, 피를 봐야 하는 것은? — 헌혈

 화이트데이는 여자가 남자에게 사탕을 주며 사랑을 고백하는 날이다? — X (남자가 여자에게)

 북한에선, **뭉게구름**을 뭐라고 할까? — 더미구름

 하얀 뭉게구름이 나무 젓가락에 살짝 걸린 것은? — 솜사탕

남편의 고백!

아내 앞에서 신문을 읽던 남편이 아름다운 여배우가 멍청하고 싸움 잘하기로 유명한 연예인과 결혼했다는 기사를 보게 되었다. 남편이 말했다.

"덩치만 크고 머릿속에 든 게 아무것도 없는 자들이 어떻게 이렇게 멋지고 매력적인 여성들을 배우자로 얻는지 도통 모르겠단 말이야!"

그러자 아내가 남편에게 미소 지으며 말했다.

"그렇게 말해주니 고마워요, 여보!"

 천지창조(天地創造) 이후 사랑한다고 고백해서 목 졸려 죽은 사람은 없다!

조운모우(朝雲暮雨)
아침에는 구름, 저녁에는 비. 즉, 남녀의 언약이 굳은 것이나 또는 남녀의 정교(情交)를 뜻함

1521년　스페인 탐험가 마젤란, 필리핀 발견
1971년　한국개발연구원(KDI) 설립
1999년　한국 최초 인증기관 한국전자인증 설립

여자가 뛸 때 두 개가 같이 흔들리는 것은 뭘까?	귀걸이
야구에서, 빈볼은 타자의 어깨 부위를 겨냥해 던진 볼이다?	X (머리)
북한에선, 노하우를 뭐라고 할까?	기술비결
지구상에 가장 큰 다이아몬드가 있는 곳은?	야구장

오늘의 유머

그려, 열심히 혀!

충남대학과 한국과학기술원(KAIST)은 인접해 있다.
하루는 충남대학생과 한국과학기술원생이 같이 버스를 탔다.
어느 할머니 앞에 두 사람이 서서 가는데, 할머니가 물었다.
"학상, 학상은 어디 댕기는 겨?"
"충남대 다니는데요!"
"학상은 공부를 잘하는구먼!"
그러고 나서 할머니는 옆에 있는 한국과학기술원생에게 같은 질문을 했다.
그러자 한국과학기술원 생은 약간 목소리에 힘을 주어 자랑스러운 듯 말했다.
"네, 저는 한국과학기술원에 다닙니다!"
그 말을 들은 할머니, 약간 상을 찌푸리며,
"그려, 공부 못했으면 기술이라도 배워야 재……. 열심히 혀!"

 공부벌레를 비웃지 마라. 언젠가는 그 사람 밑에서 일할 날이 올 것이다!

형설지공(螢雪之功) 반딧불과 눈(雪)의 빛으로 공을 세움. 즉, 어려운 환경 속에서도 고생을 무릅쓰고 공부한 공이 드러남을 뜻함

세종대왕 집현전 설치　1420년
한국, 세계기상기구(WMO)가입　1956년
생수 시판 허용　1994년

	하루에 100원씩, 100일을 적립하면 1년 뒤 1,000만원을 탈 수 있는 계는?	황당무계
	옛날 중국 사람들이 긴소매의 옷을 입은 이유는 시장에 가거나 남의 집을 방문했을 때 물건을 훔치기 위해서다?	O
	북한에선, **적립금(積立金)**을 뭐라고 할까?	세운돈
	하얀 옷을 입고 남의 몸에 빙빙 휘감겨서 사는 것은?	붕대

강아지와의 대화!

어느 동네에 입이 거칠고 난폭하기로 소문난 사람이 운영하는 슈퍼마켓이 있었다.
하루는 몸이 뚱뚱한 남자가 슈퍼마켓에 애완용 강아지를 안고 들어왔다.
주 인 : (약간 시비조로) 야. 넌 돼지랑 같이 다니냐?
뚱 남 : 이건 돼지가 아니라 강아진데요!
주 인 : (큰 소리로)
　　　　입 닥쳐! 난 너한테 얘기한 게 아니라 저 강아지한테 말한 거야!

 　　가장 훌륭한 대화는 언쟁을 피하는 것이다!

황당무계(荒唐無稽)
거칠고 머무름이 없음. 즉, 말이나 행동이 허황되어 믿을 수가 없음을 뜻함

1950년　한국-스페인, 국교 수립
1972년　한국최초 전기기관차 첫선
1995년　[서울의 찬가] 작곡가 길옥윤씨 별세

	아이스크림을 먹으면서 운전하다 차사고가 났다. 왜 그랬을까?	차가와서
	냉장고 문을 계속 열어놓으면 집안 실내온도가 내려간다?	X
	북한에선, 아이스크림을 뭐라고 할까?	어름보숭이
	같은 물건인데, 보는 사람마다 다르게 보이고 세상의 어떤 것이든 금방 똑같이 그려내는 것은?	거울

오늘의 유머

엄마는 언제?

어떤 선생님이 수업이 끝나고 퇴근하던 중 사거리에서 신호대기를 하고 있었다.
그 때 옆 차선에 선 오토바이엔 아버지와 어린 아이가 타고 있었다. 초록 신호로 바뀌기 직전 오토바이는 부릉부릉~ 하며 튀어 나갔고 그 순간, 뒤에 타고 있던 아들은 아버지 허리를 놓쳐 뒤로 떨어졌고, 아버지는 그것도 모르고 질주를 하면서 유유히 사라져 가고 있었다.
선생님은 놀라서 차에서 내려 아이를 살펴보았으나 다행히 아이는 다친 곳이 없었다. 선생님은 아이를 차에 태우고 오토바이를 잡기 위해 속도를 내었고, 결국 아버지의 오토바이를 세워 아이를 건네주었다.
- 보통 이런 경우 아버지는 아들에게 '어디 다친 곳은 없어?'라고 묻는다.
그러나 아버지가 아들에게 던진 엽기적인 한 마디!
"태식아! 엄마는?"

 하루 한번 실컷 웃으면, 의사를 멀리할 수 있다!

청천벽력(靑天霹靂)
맑게 갠 하늘에서 치는 벼락, 곧 뜻밖에 생긴 변을 일컫는 말

한국-라이베리아, 국교 수립 1964년
무궁화위성 방송서비스 개시 1996년
골프선수 타이거 우즈 미국 PGA 사상 첫 [3개 대회 3연패] 달성 2002년

 플레이보이들이 가장 잘 갖고 노는 장난감은? 바람개비

 아기들의 장난감엔 노란색을 많이 사용하는데, 이것은 아기들이 노란색 물체에 가장 빠른 반응을 보이기 때문이다? O

 북한에선, 플레이보이를 뭐라고 할까? 바람쟁이

 아이 추워!의 반대말은? 어른 더워
(아이 더워!=> 어른 더워!)

장난감!

어떤 꼬마가 장난감 비행기를 사러 완구점에 갔다. 비행기를 고른 후, 꼬마가 돈을 내미는데 장난감 돈이었다.

주인 : 꼬마야, 이 돈은 진짜가 아니기 때문에 비행기를 살 수 없단다.
꼬마 : (눈을 동그랗게 뜨고)
　　　 아저씨. 어차피 이 비행기도 진짜는 아니잖아요?

 내가 성공하면, 가짜 친구들과 진짜 적들을 얻게 된다!

용호상박(龍虎相搏)
용과 호랑이가 서로 잡음. 즉, 강자끼리 박빙의 승부를 다툼을 뜻함

1971년   고리원자력발전소 기공
1975년   북한 제2땅굴 발견
1999년   서울시, 버스 토큰 판매 금지

 왼쪽에 서면 좌익, 오른쪽에 서면 우익, 앞에서면 선동세력, 뒤에서면 배후세력, 그럼 가운데 서면? — 핵심세력

 신장결석(腎臟結石)의 돌은 광물학적으로도 돌이다? — X

북한에선, **식당**을 뭐라고 할까? — 밥공장

 돌 벽에 하얀 비단을 늘어뜨린 것은? — 폭포

오늘의 유머

돈 안 드는 선거운동!

같은 지역구에서 국회의원 선거에 출마한 두 후보가 우연히 동네식당에서 자리를 같이 하게 되었다.

A 후보 : 나는 언제나 식당 종업원들에게 팁을 두둑이 주면서 나를 찍어달라고 부탁한다네, 하! 하! 하!

B 후보 : 그래?
  나는 늘 식당 종업원들에게 동전을 팁으로 주면서 자네 명함을 주고 나오지~!
  히! 히! 히!

 치밀한 사전계획을 세우는 것이 훌륭한 사후대책을 세우는 것보다 경제적이다!

혹세무민(惑世誣民)
세상을 미혹케 하고 백성을 깔봄. 즉, 이단의 설로 세상 사람들을 미혹시키고 속이는 것을 뜻함

만유인력 발견한 영국 물리학자 뉴턴 사망　1727년
튀니지, 프랑스로부터 독립　1956년
서울-제주간 여객기 취항　1958년

DAY
3월 20일
79/365

- 참새가 먹는 간식(間食)은 무어라 부르나? — **새참**
- 참새(조류)는 날아다니기에 가벼우라고 **방광(膀胱)**이 없다? — **O**
- 북한에선, **방광(膀胱)**을 뭐라고 할까? — **오줌깨**
- 비는 비인데, 참새들이 무서워하고 싫어하는 비는? — **허수아비**

오늘의 유머

나는 법!

한가로운 오후, 아빠 참새와 아기 참새가 하늘을 날고 있었다.
그 때 하늘을 가로지르며 전투 비행기가 뻘건 불을 뿜으며 멋있게 날아갔다.
아기 참새가 아빠 참새에게 물었다.

"아빠, 아빠, 왜 난 저 비행기처럼 날 수 없지?"

그러자 아빠 참새가 말했다.

"너도 똥구멍에 불 붙여 봐라!"

 빨리 가려면 혼자가고, 멀리 가려면 함께 가라!

명약관화(明若觀火)
불을 보는 것처럼 밝음. 즉, 더 말할 나위 없이 명백함을 뜻함

3월 21일
80/365

[춘분(春分)]
1963년　한국-르완다, 국교 수립
1996년　영종도 신공항 이름, 인천국제공항으로 확정
2001년　현대그룹 정주영 회장 별세

 얼음이 죽으면 어떻게 될까? — 다이빙(die 氷)

춘분은 밤과 낮의 길이가 같다? — O

북한에선, **과일 주(酒)**를 뭐라고 할까? — 우림술

추위에는 강하지만 더위에는 약한 사람은? — 눈사람

오늘의 유머

3메가 짜리 CD

사무실에서 일하고 있는데, 누군가 내게 다가오더니 컴퓨터에 대해 잘 아느냐고 물었다.
"글쎄, 남들 하는 만큼은 하지……"
그러자 친구는 [3메가]짜리 용량의 CD를 본 적이 있냐고 물었다.
"글쎄, 새로 출시된 제품이야?" 하고 물으니 그 친구는 당당한 자세로 CD 한 장 꺼내어 내 앞에 보기 좋게 펼쳐 줬다.
거기에는 커다란 글씨로 이렇게 쓰여 있었…….

[3M]

 발견을 저해하는 최대의 장애는, 무지가 아니라 알고 있다고 착각하는 것이다!

사면춘풍(四面春風)　사방에서 부는 봄바람. 즉, 항상 좋은 얼굴로 누구에게나 호감을 사거나 좋은 일이 사방에서 일어남을 뜻함

[세계 물의 날]
독일 문호 괴테 사망 1832년
삼일고가도로(청계고가도로) 완공 1969년
[톰과 제리] 제작자 윌리엄 해너 사망 2001년

 한강에 어린이, 주부 그리고 정치인이 함께 빠졌다. 누구를 가장 먼저 건져내야 할까? **정치인 (수질 오염방지)**

 땅을 모두 깎아서 바다를 메운다면 모두 메워진다? **X**

 북한에선, **어부(漁夫)**를 뭐라고 할까? **어로공(漁撈工)**

 물고기의 반대말은? **불고기**

상하관계!

토목건축에 있어서 하부구조인 기초공사가 잘 되어야 상부구조물을 정상으로 지을 수 있다.
즉, 하부구조가 상부구조를 결정하게 되는 것이다. 그러나 예외도 있다. 반대로 상부구조가 하부구조를 결정하는 경우는 어떤 경우일까?

"머리가 나쁘면 손발이 고생한다!"

 자연 사랑과 나라 사랑은, 다음 세대를 위한 파종이다!

산자수명(山紫水明)
산이 붉고 물이 맑음. 즉, 산의 경관이 멋지고 물이 맑아 자연의 경치가 아주 아름답다는 뜻임

[세계 기상의 날]
1950년   세계기상기구(WMO) 발족
1990년   한국-불가리아, 국교 수립
2004년   한국 안전표지 6종 국제표준화기구(ISO)에서 채택

 일반적으로 어린이는 뭉게구름을 좋아하고, 성인들은 새털구름을 좋아한다. 구름 중에서 정치인이 가장 좋아하는 구름은? — 뜬구름

 날씨 정보에 고기압과 저기압만 소개되는데, **중기압**도 있다? — X (고기압과 저기압은 상대적인 개념)

 북한에선, **기상대(氣象臺)**를 뭐라고 할까? — 기상수문국(氣象守門局)

 소(小)와 대(大)는 있어도 중(中)은 없는 것은? — 화장실

오늘의 유머

나이는 동갑!

날씨가 궂은 날이면 어김없이 왼쪽다리의 관절이 심하게 아픈 맹구 할머니는 궂은 날이 계속되자 왼쪽다리의 아픔을 참지 못해 병원을 찾았다.

맹구 할머니 : 의사 양반, 요즘 같은 날씨엔 왼쪽다리가 너무 쑤시는데, 어떻게 고칠 수 없겠소? 혹시 몹쓸 병은 아닌지……?

할머니의 걱정에도 아랑곳하지 않고 의사는 건성으로 대답했다.

의 사 : 할머니, 걱정하지 않으셔도 돼요. 나이가 들면 누구나 다 그런 증상이 오는 법이에요.

맹구 할머니 : (할머니 버럭 화를 내며) 이봐, 의사양반. 무슨 소릴 하는 거야? 하나도 아프지 않은 오른쪽 다리도, 나이는 동갑이야, 동갑!

 세상의 도덕윤리가 타락할수록 천대받는 건 노인뿐이다!

수복강녕(壽福康寧)
수명의 복과 편안함. 즉, 오래 살고 복되며, 몸이 건강하고 편안함의 뜻

엘리자베스 1세 영국 여왕 사망   1603년
대동강철교 준공   1905년
청록파 시인 박목월 사망   1978년

 도둑이 담을 넘어가, 그 집에 있는 술을 마시고 곯아 떨어져 잡혔다. 이때의 죄목은?   **절도 미수와 직무유기**

 사슴은 **쓸개**가 없다?   **O**

 북한에선, **쓸개, 담낭(膽囊)**을 뭐라고 할까?   **열주머니**

머리에 나뭇가지를 이고 다니는 것은?   **사슴**

오늘의 유머

극기 훈련!

일부 국회의원들이 극기 훈련을 위해 군부대 단기 자원입대를 했다.
국회의원들에게 교관이 군대의 기본 교육훈련을 가르치려고 무진장 애를 쓰고 있었다.
그러나 뜻대로 되지 않자 마침내 교관이 국회의원들에게 말했다.
"귀관들은 여기 말고 공군으로 가서 다시 자원입대를 하는 게 좋겠다!"
그러자 한 국회의원이 되물었다.
"왜 그렇게 생각하십니까?"
교관이 대답했다.

"귀관들은 여기 지상에서는 아무짝에도 쓸모가 없기 때문이다!"

 신(神)은 모든 새에게 먹이를 주지만, 그걸 둥지에 던져 주지는 않는다!

옥상가옥(屋上加屋) 지붕위에 집을 지음. 즉, 지붕 위에 거듭 지붕을 더한다는 말로 공연히 쓸모없는 일을 더함을 뜻함

1909년 창경원 동물원 준공
1929년 경성제대(서울대 전신) 제1회 졸업식
1949년 주미대사관 창설

	도둑질을 하다가 잠을 자던 집주인의 목을 실수로 밟아서 집주인이 죽었다면 어떤 죄목일까?	업무상 과실치사
	곰 발바닥도 간지럼을 탄다?	O
	북한에선, 숙면(熟眠)을 뭐라고 할까?	굳잠
	곰을 뒤집으면 어떻게 될까?	문

오늘의 유머

역발상!

털 없는 개와 털 많은 개가 어느 추운 겨울날 만났다.
털 많은 개가 털 없는 개를 측은하게 바라보며 거만하게 말했다.

"헤이~! 이봐. 넌 털이 없으니 정말 춥겠다!"
그러자 털 없는 개 왈,

"하 하 하! 걱정 마. 난 뒤집어 입었거든~!"

 간절히 바라는 것만으로도 소망이 이루어진다면, 이 세상엔 가난뱅이가 한 사람도 없어야 한다!

연목구어(緣木求魚)
나무에 올라가서 물고기를 구함. 즉, 불가능한 일을 억지로 하려고 무모한 짓을 하는 것을 뜻함

독일 작곡가 베토벤 사망   1827년
안중근 의사 순국   1910년
독도 개방 이후 첫 유람선 출항   2005년

 도자기처럼 인간이 흙으로 빚었다는 증거는?   열 받으면 굳어진다

 낙타의 혹 속에는 물이 들어있다?   X   (지방)

 북한에선, **어슬렁어슬렁**을 뭐라고 할까?   느실느실

 풀 수는 있지만, 감을 수 없는 것은?   수수께끼

고약한 놈!

예의가 바른 한 장로님이 죽어서 천국에 가게 되었다
어슬렁어슬렁 걷다 보니 스무 살쯤 되어 보이는 젊은이가 어른을 보고 인사도 하지 않고 반말로 "자네 왔는가?~" 하며 지나가는 것이었다. 장로님은 너무 화가 나서 가는 젊은 놈을 붙잡아서 호통을 쳤다.
"야. 이놈아, 너는 애비 어미도 없냐? 엇다대고 찍찍 반말이야 반말이!"

그러자 지나가던 젊은이가 말했다.

"난 임진왜란 때 죽어서 천국에 왔다. 어쩔래?"

 썩은 백합은 썩은 잡초보다 고약하다!

동호지필(董狐之筆)   동호의 붓이란 뜻. 즉, 역사를 기록함에 있어 권세를 두려워하지 않고, 있는 그대로 써서 남기는 일을 뜻함

1592년 거북선 진수
1982년 프로야구 출범
1998년 미국 식품의약국(FDA), 남성발기부전증 치료제 [비아그라] 승인

  버스 기사가 차에 올라타면 가장 먼저 잡는 것은? — 자리

  비행기의 기름이 자동차의 휘발유보다 **인화점(引火點)**이 높다? — O

  북한에선, **구급차**를 뭐라고 할까? — 위생차

  자동차는 자동차인데, 타고 가는 것이 아니라 실려 가는 자동차는? — 구급차

꼴불견 인간!

1) 시내에서 길 막힐 때 구급차 뒤 따라가는 운전자
2) 동네 목욕탕에서 샤워하면서 '쉬!' 하는 인간
3) 실내 수영장 물속에서 몰래 '쉬!' 하는 인간
4) 초미니스커트에 하이힐 신고 운전하는 인간
5) 깜빡이등 안 켜고 좌, 우회전하는 인간
6) 동네 목욕탕에서 공짜라고 스킨과 로션으로 온몸에 떡을 치는 인간
7) 별짓 다하다가 장가 갈 때는 숫처녀 찾는 인간
8) 당구장에서 한 점 치고 두 점 빼는 인간
9) 고속도로 일 차로에서 서행하는 자기만 아는 인간
10) 동네 목욕탕에서 공짜라고 면봉 한 움큼 집어 가는 인간

  바른 행동도 예의가 뒷받침해 주지 않으면 존경을 받을 수 없다!

극기복례(克己復禮)
자기를 이기고 예의 지킴. 즉, 사사로운 개인 욕심을 누르고 예의범절(禮儀凡節)을 지킴을 뜻함

김수환 대주교, 한국최초로 추기경에 서임　1969년
한국-오만, 국교수립　1974년
김포국제항, 국제공항 시대 마감　2001년

아이스크림이 죽으면 어떻게 될까?	다이하드
축구 경기에 사용되는 축구공은 배구공처럼 **흰색**으로만 만들 수 없다?	X
북한에선, **야간경기(夜間競技)**를 뭐라고 할까?	등불게임
커질수록 값이 싸지는 것은?	흠집(물건)

오늘의 유머

월드컵!

온 가족이 모여 월드컵 축구 경기를 보고 있었다.
아버지 : 야, 야, 야. 그걸 거기로 패스하면 안 되지~ 태클이 들어 오자나!
　　　　아이 자식들~ 정말.
안타깝게 쳐다보고 있던 할머니가 아들을 불렀다.
할머니 : 아범아, 체육사에 가서 축구공 좀 한 개 사 와라!
아　들 : 어머니, 축구공은 뭐하시게요?
할머니 : 으~응! 쟤네들 아무래도 안 되겠다.
　　　　공 한 개 가지고 너무들 싸워서 공 한 개 더 넣어 줄려고…….

새벽에 일어나서, 운동하고 공부하며 노력하는데도 인생에서 좋은 일이 일어나지 않는다고 말하는 사람을 본 적이 없다!

국사무쌍(國士無雙)　나라 안에서 쌍을 이룰 선비가 없음. 즉, 한 나라 안에서 가장 뛰어난 인재로, 경쟁할 상대가 없음을 뜻함

1897년 　경인선 기공
1988년 　맥도널드 서울 압구정동에 1호점 개점, 첫 한국 진출
2001년 　인천국제공항 개항

 남자가 여자에게서 나는 소리 중, 가장 민감한 반응을 보이는 소리는 옷을 벗는 소리다. 그렇다면, 여자는 남자의 어떤 소리에 가장 민감할까? — 돈 세는 소리

 지적(知的)인 사람의 뇌는 우둔(愚鈍)한 사람의 뇌보다 더 무겁다? — X

 북한에선, 주유소(注油所)를 뭐라고 할까? — 연료공급소

 허수아비의 아들 이름은? — 허수

주유소에서!

자정이 거의 다 된 시각에 주유소에 들러 기름을 넣고 나자, 주유소 직원이 말했다.
직 원 : 손님. 손님이 오늘 종전 가격으로 기름을 꽉 채운 마지막 운전자입니다!
손 님 : 야호. 역시, 난 억세게 재수 좋은 놈이야!
직 원 : 그런데…….
　　　　지금부터 1분만 지나면, 1리터당 500원씩 가격이 내립니다!

 건강을 유지하는 것은, 자기 자신에 대한 첫 번째 사랑이다!

적자생존(適者生存) 　적응 하는 자가 살아남음. 즉, 생존경쟁에서 환경에 적응하는 생물은 살아남고 그렇지 못한 생물은 도태되어 사라짐을 뜻함

스페인 화가 [프란시스코 고야] 출생 1746년
네덜란드의 화가 [빈센트 반 고흐] 출생 1853년
한국 [고속철 시대] 개막, 고속철(KTX) 개통 2004년

3월 30일
89/365

☀	발 길이가 2Km나 되는 발은?	오리발
✗	올림픽의 오륜기 중, **아시아를 나타내는 색깔은 황색이다**?	O
	북한에선, **다이빙을 뭐라고 할까**?	뛰여들기
	누구나 즐겁게 웃으면서 읽는 글은?	싱글벙글

오늘의 유머

확실한 A/S

스카이다이빙을 이제 막 배운 한 청년이, 스포츠용품 가게에서 낙하산을 구입했다.
아무래도 걱정스러운 청년이 주인에게 물었다.

청 년 : 만약에 점프한 후, 낙하산이 펴지지 않으면 어떻게 합니까?
주 인 : 우리 제품은 A/S가 확실합니다.
　　　　펴지지 않으면 새 것으로 바꿔드립니다!

▶ 얼굴과 낙하산은 펴져야 산다!

경천위지(經天緯地)
세로의 하늘과 가로의 땅. 즉, 천하를 경영하여 다스린다는 뜻임

1959년 한국-덴마크, 국교 수립
1971년 서울~부산 자동전화 개통
1990년 KAL, 소련에 첫 취항

프로 권투의 대전료(파이트머니) 계산 방식은 어떤 방식일까?	주먹구구
번개는, 남자보다 여자를 칠 가능성이 많다?	O (6배나 많음)
북한에선, **권투글러브**를 뭐라고 할까?	타격장갑
맞을 짓만 골라서 하는 사람은?	권투선수

오늘의 유머

피장파장!

의사 : 할아버지! 지난번에 치료비로 내신 수표가 부도났던데요.
　　　부도난 수표를 주고 가시면 어떡해요?
노인 : 의사 양반. 피장파장이네 그려?
의사 : 머가 피장파장이예요?
노인 : 지난번에 치료받은 내 관절염도 재발했어!

 근심 걱정을 치료하는 데는, 위스키보다 일이 낫다!

공과상반(功過相半)
공과 실수가 반반임. 즉, 세운공과 허물이 서로 반반임을 뜻함

[만우절]
중앙선(청량리-경주) 개통 1942년
필자 전승훈 생일 1958년
주민세 신설 1973년

 사자와 호랑이 사이에서 나온 동물은 **라이거**라 한다. 코끼리와 말 사이에서 나온 동물은? 거짓말

 장난으로 119에 전화하면 용서받는다? X (처벌받음)

 북한에선, **장난감**을 뭐라고 할까? 놀이감

 수많은 정신병 환자들이 1년에 꼭 한 번 제정신으로 돌아오는 날은? 만우절

거짓말이야!
1) 정치가 : 난 한 푼도 안 받았어요!
2) 교장 : 간단하게 말씀드리면, 마지막으로 한마디만, 끝으로…….
3) 기장 : 승객 여러분, 아주 사소한 문제가 발생했습니다!
4) 호사가 : 이건 정말 너한테만 말하는 거야!
5) 간호사 : 이 주사 하나도 안 아파요!
6) 건설업자 : 혼을 담은 시공!(나중에 보면 혼이 나간 시공)
7) A/S기사 : 이런 고장은 처음 보네요!
8) 국회의원 : 당선되면 열심히 일하겠습니다!
9) 플레이보이 : 너를 사랑했기 때문이야!
10) 아파트 신규 분양 : 지하철역에서 걸어서 5분 거리!

 거짓말은 남을 속이기 위한 의사소통이다!

삼인성호(三人成虎) 세 사람이면 호랑이 만듦. 즉, 세 사람이 짜면 호랑이가 거리에 나왔다는 거짓말도 할 수 있다는 뜻으로, 근거 없는 말이라도 여러 사람이 말하면 곧이듣는다는 뜻임

1962년 농촌진흥청 발족
1979년 KBS FM, 스테레오 음악방송 시작
2005년 교황 요한 바오로 2세 서거

 생활의 지혜가 담긴 속담 중 최고의 거짓말을 하는 속담은? | 뒤로 넘어져도 코가 깨진다

 무단 횡단하는 사람을 **경적(警笛)**을 울려 넘어지게 하여 다쳤다면, 치료해줄 책임이 있다? | X

 북한에선, **돌파구(突破口)**를 뭐라고 할까? | 구멍수

 다섯 형제 중 셋째가 키다리인 것은? | 손가락

오늘의 유머

가장 싼 주차비!

한 사업가가 뉴욕 시티은행에 들어가더니, 2주 동안 사업차 유럽에 가야 하는 데, 5천 달러를 대출받고 싶다고 했다. 대출 담당이 대출을 하려면 담보가 필요하다고 말하자, 은행 앞에 세워진 자신의 롤스로이스 자동차 키를 넘겼다. 대출 담당은 자동차를 검사한 뒤, 담보물로 충분하다고 판단하고, 은행 지하에 있는 차고에 주차시킨 후, 5천 달러를 대출해줬다. 사업가는 2주 뒤에 돌아와 원금 5천 달러와 15 달러의 이자를 갚았다. 대출담당은,
"우리와 거래를 해줘서 감사합니다. 선생님이 유럽에 출장을 간 동안, 선생님의 재산이 수억 달러에 이르는 걸 알게 됐습니다. 왜 굳이 5천 달러를 빌렸는지 이해가 안 됩니다."
그러자 사업가는 말했다.
"뉴욕시내 어디에서 2주 동안 15달러를 내고 내 차를 주차 할 수 있겠습니까?"

 나태에 붙는 세금만큼 비싼 것 없고, 공짜로 받는 것보다 비싼 것은 없다!

용의주도(用意周到) 뜻을 이룸에 두루 살핌. 즉, 무슨 일이나 뜻을 이룸에 있어 빈틈이 없이 실수가 없도록 두루 살핌을 뜻함

독일 작곡가 브람스 사망   1897년
서울~신의주 499km 잇는 경의선 개통   1906년
한국산업은행 발족   1954년

 소변과 대변 중 어느 것이 먼저 나올까? — 급한 것

 소변을 본 후에 몸을 **부르르~** 떠는 이유는 뱃속이 허전해서 그렇다? — X (체온을 올리기 위해 운동을 하는 것)

 북한에선, **노크(knock)**를 뭐라고 할까? — 손기척

 누구도 **똑! 똑!** 노크할 필요가 없는 화장실은? — 자물쇠 채워진 화장실

낙서 릴레이!

- 어느 대학 -

대학생이니 공부를 열심히 해야지! - 신입생
신입생치곤 생각이 깊군! - 선배
선배치곤 후배를 잘 이끌겠군! - 복학생
복학생치곤 남의 일에 참견이 많군! - 졸업생
싸는 놈들치곤 말이 많군! - 청소아줌마
청소 아줌마가 청소는 안 하고 뭐하는 거요! - 교수
교수가 수업시간에 여긴 왜 왔어! - 총장

 자전거나 오토바이 둘 다 계속 속력을 내고 있지 않으면 쓰러진다!

위편삼절(韋編三絶)
책을 묶는 가죽 끈이 세 번 끊어짐. 즉, 독서에 힘씀을 뜻함

1756년 암행어사 박문수 사망
1961년 한국-네덜란드, 국교 수립
1968년 마틴 루터 킹 목사 피살

 죽었다 깨어나도 못하는 것은? — 죽었다 깨어나기

 남극(南極)의 펭귄을 북극(北極)에 데려다 놓으면 죽는다? — X

 북한에선, 인화지(印畵紙)를 뭐라고 할까? — 사진종이

 컬러로 사진 찍어도 흑백으로 나오는 동물은? — 펭귄

오늘의 유머

부활!

회사에서 이 핑계 저 핑계를 대고 결근하는 말단 직원이 있었다.
할아버지 초상, 큰아버지 초상, 장모님 초상……
하루는 과장이 말단 직원에게 질문을 했다.
과장 : 자네는 부활이라는 것을 믿나?
사원 : 아뇨!
과장 : 저번 주 금요일에 자네 장모가 돌아 가셨다고 결근했지!
사원 : 네!
과장 : 이리 와서 전화 받게, 자네 장모께서 부활하셨네!

 사람이 죽으면 가족과 부귀와 선행, 이 세 가지를 남긴다. 그 중에 제일은 선행이다!

허장성세(虛張聲勢) 빈 것을 베풀고 소리 지름. 즉, 거짓으로 위세를 꾸미고, 헛된 소리로 사람에게 기세를 부림을 뜻함

[식목일]
[청명(淸明)] 양력 4월 5, 6일
식목일 제정 1961년 한국-그리스, 국교 수립 1949년
북한산을 국립공원으로 지정 1983년

 고등학생들이 싫어하는 나무는? — 야자나무(야자=> 야간 자율학습)

 기후변화가 거의 없는 적도 가까이의 나무에는 **나이테**가 없다? — O

 북한에선, **이모작(二毛作)**을 뭐라고 할까? — 두벌농사

밥은 밥인데, 나무에서 나는 밥은? — 톱밥

꼬마 신궁!

임금이 숲에서 사냥을 하던 중, 나무 하나를 발견했다. 거기에는 과녁들이 여러 개 그려져 있었고 정중앙에 화살들이 꽂혀 있었다.

"대체 누가 이런 놀라운 실력을 지녔단 말인가? 반드시 찾아내어라!"

숲 속을 몇 번이나 뒤진 끝에 활과 화살을 들고 있는 꼬마를 발견했다. 마침내 꼬마는 모든 과녁의 정중앙에 화살을 쏜 사람이 자신이라고 털어 놓았다.

"정말로 신기에 가깝구나. 너를 내 경호 무사로 받아들이마. 그런데 먼저 어떻게 그런 놀라운 활 솜씨를 발휘한 건지 말해 보거라."

"그건요. 먼저 활을 나무에 쏘았고요. 그 다음에 화살 주위로 과녁을 그려 넣었어요."

 나무는 열매로 알려지지 잎으로 알려지지 않는다!

고목생화(枯木生花) 오래된 마무에서 꽃이 핌. 즉, 마른 나무에서 꽃피듯 곤궁한 사람이 크게 행운을 얻어 잘됐다는 뜻임

1896년   제1회 아테네 올림픽 개막
1943년   생텍쥐페리 [어린 왕자] 출간
1979년   경주 보문관광단지 개장

	좌불안석을 유머로 풀이하면?	좌우지간 불고기 안심은 석쇠에 구워야 제 맛이다
	남자와 여자의 목소리 중 멀리 들리는 것은 여자 목소리다?	O
	북한에선, **연애결혼**을 뭐라고 할까?	맞혼인
	흑인과 백인의 결혼해 아기를 낳았다면 애기의 이빨색은?	이가 없음

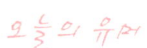

고백!

신혼여행을 가는 비행기 안에서 신랑이 신부에게 말했다.
신랑 : 난 사실 한 쪽 눈이 보이지 않는 장애인이오.
신부 : 왜 그런 얘기를 진작하지 않았어요. 이건 사기결혼이예요.
신랑 : 당신에게 보낸 첫 연애편지에 그걸 밝혔소.
집에 돌아온 신부는 신랑에게 받은 연애편지를 모두 꺼내어 첫 편지를 찾아내었다.
그 편지의 첫 구절인즉,

"난 당신에게 한 눈에 반했소!"

 신중함이 없는 마음은 마치 개봉된 편지와 같다!

좌불안석(坐不安席)
불안한 자리에 앉음. 불안하거나 걱정스러워 한군데 오래 앉아 있지 못한다는 뜻임

[보건의 날]
베토벤 제3번 교향곡 [영웅] 초연 1805년
세계보건기구(WHO) 발족 1948년
제1회 신문의 날 1957년

 생선들이 축구하는 도시는?　　　　　　　　　대구조기축구회

 에이즈 환자를 물은 모기에 물리면 에이즈에 걸린다?　　X

 북한에선, TV를 뭐라고 할까?　　　　　　　　떼레비

 추울수록 점점 두꺼워지고 따뜻해질수록 얇아지는 것은?　　얼음

에이즈 다큐멘터리!

맹구가 TV에서 에이즈 다큐멘터리를 보고 겁에 질렸다.
맹구 : 엄마, 에이즈가 뭐야?
엄마 : 음……. 아주 무서운 병이란다.
맹구 : 그럼, 죽는 거야?
엄마 : 그렇지.
맹구 : 고치면 되잖아?
엄마 : 아무도 못 고치는 병이란다. 이 병에 걸리는 사람은 모두 죽게 된단다.
맹구 : 의사들 아무도 못 고쳐?
엄마 : 그렇단다.
맹구 : 그럼, 안중근 의사도 못 고쳐?
이 때 그 말을 듣고 있던 맹구 형, 영구가 말했다.
영구 : 야, 인마. 윤봉길 의사도 못 고쳤어!

 사악한 양심이라는 병은, 세계 모든 나라의 의사도 고칠 수 없다!

동병상련(同病相憐) 같은 환자끼리 연민을 느낌. 비슷한 처지에 있는 사람끼리 서로 잘 이해하고 안타까워함을 뜻함

1895년 덕수궁에 최초로 전등사용
1899년 서울시내 전화 개통
1973년 프랑스 화가 피카소 사망

	아몬드가 죽으면 어떻게 될까?	다이아몬드 (die-amond)
	네 잎 클로버는 **돌연변이(突然變異)**에 의해 생겨난 것이다?	O
	북한에선, **돌연변이**를 뭐라고 할까?	갑작변이
	아기 때는 초록 옷을 입지만, 늙으면 빨간 옷으로 갈아 입고 떨어지는 것은?	단풍잎

오늘의 유머

미술시간!

미술시간, 똘이의 도화지는 백지 그대로였다.
선생님 : 학생은 지금 무슨 그림을 그리고 있는 거지?
똘　이 : 풀을 먹는 소의 그림이에요.
선생님 : 그런데 풀은 어디 있지?
똘　이 : 소가 다 먹어버렸어요.
선생님 : 그럼, 소는 어디 있지?
똘　이 : 집에 갔어요.
　　　　풀을 다 먹었는데 뭐 하러 계속 여기에 남아 있겠어요?

 땀 흘리지 않는 운동은 효과가 없으며, 풀기 쉬운 문제는 도전할 의미가 없다!

득의만면(得意滿面)
뜻을 이룬 기쁜 얼굴. 즉, 뜻한 바를 이루어 기쁜 표정이 얼굴에 가득함을 뜻함

최초의 일간지 매일신문 창간 1898년
한국-이스라엘, 국교 수립 1962년
청와대 앞길 관광코스로 개방 1993년

 할아버지 할머니가 가장 싫어하는 악기는? 비올라

 은혼식은 결혼 20주년을 축하하는 식이다? X (25주년)

 북한에선, **칼라TV**를 뭐라고 할까? 색떼레비

 돈은 돈인데, 결혼을 해야만 생기는 돈은? 사돈

오늘의 유머

거절!

하루는 5살짜리 철수가 4살짜리 여자 친구인 영희네 집에서 함께 TV를 보고 있었다. 결혼문제로 심각하게 고민하는 젊은 두 남녀가 주인공인 주말 연속극을 지켜보던 철수가 영희에게 말했다.
철 수 : 영희야, 이다음에 크면 나랑 결혼할래?
이 말을 듣고 한참 고민하던 영희가 단호한 어조로 대답했다.
영 희 : 안 돼. 난 우리 가족이랑 결혼해야 돼!
철 수 : 아니, 왜?
영 희 : 우리 엄마도 우리 아빠랑 결혼했잖아!

 사랑은 사람을 눈멀게 만들지만, 결혼은 먼 눈을 뜨게 한다!

명철보신(明哲保身)
밝고 총명하여 자신을 지킴. 즉, 어지러운 세상에서 이치에 밝아 제 몸을 잘 보호함을 뜻함

1963년 한국-콩고민주공화국, 국교 수립
1970년 비틀스 10여년 만에 해체
1999년 독도 유인등대 가동

	고추잠자리를 두 글자로 만들면?	팬티(고추가 잠을 자고 있는 자리)
	야간분만(夜間分娩)을 하면, 병원비가 더 나온다?	O
	북한에선, **미숙아(未熟兒)**를 뭐라고 할까?	달못찬 아이
	젊어서는 푸른 치마를 입고, 늙어서는 다홍치마를 입는 것은?	고추

오늘의 유머

분만실 처세술 5

1) 분만일을 예측해 1주일 동안 면도를 하지 마라.
2) 분만실을 갈 때는 잘 구겨지는 마 소재 양복을 입어라.
3) 문이 열릴 때마다 흰옷 입은 사람에게 달려가 물어라. **"어떻게 됐습니까? 선생님!"**
4) 20분마다 벌떡벌떡 일어나 목덜미를 어루만지며 100보씩 걸어라.
5) 분만이 오래 걸리더라도 병원 밖에 있는 식당으로 맛있는 식사를 즐기러 나가지 말고 내키지 않는 표정으로 샌드위치를 먹어라.

 정직이야 말고 최고의 처세술(處世術)이다!

고고지성(呱呱之聲)
길게 소리 내어 욺. 즉, 아기가 세상에 출산하면서 처음 우는 소리를 뜻함

나폴레옹 퇴위 1814년
민속박물관 개관 1975년
서태지와 아이들 [난 알아요] 발표 1992년

 벼락부자가 되려면 무슨 장사를 해야 할까? — **피뢰침장사**

 비행기에도 **피뢰침(避雷針)**이 있다? — X (피뢰침이 있으면 흡입장치가 됨)

 북한에선, **피뢰침(避雷針)**을 뭐라고 할까? — **벼락촉**

 흰 영감이 땀을 뻘뻘 흘리며 상투를 태우는 것은? — **양초**

오늘의 유머

3번 놀라기!

천국에 가면 3번 놀란다.
1) 드디어 내가 왔구나!
2) 그 분이 안 보이시네?
3) 저 놈이 어떻게 여길 왔지?

지옥에 가도 3번 놀란다.
1) 내가 여길 오게 되다니!
2) 저 분이 어떻게 여길 왔지?
3) 그 놈이 안보이네?

 천국(天國)이라는 단어와 가장 먼 거리에 있는 단어는 **교만(驕慢)**이라는 단어다!

혼비백산(魂飛魄散)
혼백이 날아 흩어짐. 즉, 정신이 달아날 정도로 몹시 놀람을 뜻함

1962년   드라마센터 개관
1971년   서울지하철 1호선 착공
2002년   우리 손으로 만든 고속열차(KTX) 첫 선

 Beautiful에서 철자 't'가 하나 빠지면 단어 뜻은?   티 없이 아름다운

 박하와 민트는 같은 것이다?   O (박하학명 [Mentha]가 영어로 번역되면서 [Mint]로 됨)

 북한에선, 물구나무서기를 뭐라고 할까?   거꾸로 서기

 알파벳은 모두 몇 자일까?   3자

영단어 비틀기!

1) Do you understand?/ 너 물구나무 설 수 있니?
2) How do you do?/ 어쩜 네가 그럴 수 있니?
3) How old are you?/ 하우야, 너 참 많이 늙었구나!
4) I'm fine, and you?/ 나는 파인주스, 너는?
5) May I help you?/ 5월에 내가 너를 도와줄까?
6) What's your name?/ 'What'이 너의 이름이냐?
7) 사오정에게 **"당신은 미국사람입니까?"**를 영작하라고 했다.
   사오정 왈 : Are you made in U. S. A?

 직업에 너무나 몰두하면, 직업에 의해 황폐해지게 된다!

연전필경(硯田筆耕)
벼루와 글씨를 밭으로 경작함. 즉, 글씨를 쓰는 일을 직업으로 삼음을 뜻함

[임시정부수립일]
흥인지문(興仁之門 – 현 동대문) 창건 1397년
로마교황청 한국 승인 1949년
한국-이집트, 국교 수립 1995년

입던 옷을 소금에 절이면 무슨 색이 될까?		염색
우리나라에 있는 **창덕궁**은 유네스코가 지정한 세계문화유산이다?		O
북한에선, **투수(投手)**를 뭐라고 할까?		넣는 사람
운동선수들이 제일 싫어하는 책은?		실책

오늘의 유머

좋은 말도 잘 못쓰면 독설이 된다!

좋은 것 같지만 써서는 안 될 말
1) 선행을 베푸는 목사에게, "당신은 살아 있는 부처님이십니다!"
2) 올해 연세가 아흔 아홉이신 할머니께, "할머니, 백 살까지 사셔야 해요!"
3) 직구밖에 못 던져 좌절하고 있는 투수에게, "당신은 정직한 분이군요!"
4) 매일 구타당하는 아내에게, "남편께서 무병장수 하시기를 빕니다!"
5) 화상 입은 환자에게, "당신의 화끈한 성격이 마음에 듭니다!"
6) 대머리 아저씨에게, "참석해주셔서 자리가 빛났습니다!"
7) 간수가 석방돼 나가는 전과자에게, "언제 한번 꼭 다시 들러주세요!"

 독설(毒舌)처럼 강한 독(毒)이 있는 것은 없다!

적재적소(適材適所)
알맞은 곳 적절한 자리. 즉, 알맞은 인재를 알맞은 자리에 씀을 뜻함

1912년 타이태닉호 첫 출항서 침몰
1977년 부산-제주 카페리호 취항
1978년 세종문화회관 개관

 인삼은 보통 6년 근일 때 캔다. 산삼은 언제 캐는 것이 좋을까? — 보는 즉시

 몸에 이상이 없을 때라도 **해열제(解熱劑)**를 먹으면 체온이 조금 더 떨어진다? — X (체온 강하제가 아니고 체온 조절제임)

 북한에선, **해열제**를 뭐라고 할까? — 열내림약

 흙 속에 사는 아기는? — 인삼

오늘의 유머

아빠 직업에 따른 자녀 성적 오름 형태!

구두 미화원: 반짝하고 오른다.
목욕탕집 자녀: 때를 기다리다 오른다.
백화점 사장 자녀: 파격적으로 오른다.
부동산 중개인 자녀: 불붙기 전에 오른다.
성형외과 의사 자녀: 몰라보게 오른다.
자동차 세일즈맨 자녀: 차차 오른다.
점술가 자녀: 점점 오른다.
채소가게 자녀: 쑥쑥 오른다.
총알택시 기사 자녀: 항상 따블(더블)로 오른다.
한의사 자녀: 한 방에 오른다.
기관사 자녀: 기차게 오른다.

 직업은 귀천이 없다. 하지만 직원은 귀천이 있다!

맹모삼천(孟母三遷) 맹자 어머니의 세 번 이주. 즉, 아들의 교육을 위해서 집을 세 번이나 옮긴 일로, 어린아이의 교육에는 환경이 매우 중요하다는 뜻임.

북한 김일성 출생 1912년
한국-포르투갈, 국교 수립 1961년
도서상품권제도 시작 1991년

 대기만성을 유머로 풀이하면?   대기만 해도 온 몸이 성감대

 하이힐은 여자들의 키 높이를 높이기 위해 개발 되었다?   X (땅의 오물 피하기 위해)

 북한에선, **비중(比重)**을 뭐라고 할까?   견줌무게

 많이 실으나, 적게 실으나 무게가 같은 것은?   신문

살아야 하는 이유!

죽고 싶다는 생각이 들면 하루 동안 아무것도 먹지 말아 보세요. 배고파 죽습니다!
그래도 죽지 않았다면, 앞서 하루 동안 못 먹었던 음식을 쌓아 놓고 다 먹어 보세요. 배 터져 죽습니다!
그래도 죽지 않았다면, 하루 동안 아무 일도 하지 말아 보세요. 심심해서 죽습니다!
그래도 죽지 않았다면, 자신을 힘들게 하는 일에 맞서서 두 배로 일해 보세요. 힘들어 죽습니다!
그래도 죽지 않았다면, 500원만 투자해서 즉석복권을 사서 긁지 말고 바라만 보세요. 궁금해 죽습니다!
그래도 죽지 않았다면, 500원짜리 복권을 잠시 긁어보세요. 반드시 꽝일 겁니다.
그러면 열 받아 죽습니다.
그래도 죽지 않았다면, 홀딱 벗고 거리로 뛰쳐나가 보세요. 쪽팔려 죽습니다!
이상의 방법으로도 죽을 수 없다면……. 아직은 자신이 이 세상에서 할 일이 남아 있기 때문일 겁니다. 그 일을 찾아 하세요!

 배는 항구에 있을 때 안전하지만, 배가 존재하는 진정한 이유는 그것이 아니다!

대기만성(大器晩成) 큰 그릇은 해 질 무렵에 완성됨. 즉, 큰 인물이 될 사람은 오랜 기간의 꾸준한 노력으로 이루어짐을 뜻함

DAY 4월 16일 106/365

958년   과거제 실시
1973년   한국미술 2000년 전 개막
1980년   국내 최초의 양수 발전인 청평양수발전소 1.2호기 준공

소가 웃는 소리를 세 글자로 만들면?	우(牛) 하 하!
녹용(鹿茸)을 복용하면 머리가 둔해진다?	X
북한에선, 링운동을 뭐라고 할까?	고리운동
코에 고리를 단 것은?	소

오늘의 유머

결혼 30주년!

60세 동갑내기 부부가 결혼 30주년을 맞았다.
두 사람은 서로에게 '그동안 고생했다!'며 덕담을 하고 있었는데 천사가 나타났다.

천   사 : 그동안 금실이 좋았으니 소원을 한 가지씩 들어줄게요!~
할머니가 먼저 소원을 말했다.
할 머 니 : 영감과 함께 세계여행을 했으면 좋겠구먼.
　　　　펑~! 천사는 세계일주 여행권 2장을 할머니에게 주었다.
할아버지 : 나는 나보다 서른 살 젊은 여자와 살았으면 좋겠네!
　　　　펑~! 천사는 할아버지를 90세 노인으로 만들어 버렸다.

 부자가 되는 길은 두 가지가 있다. 더 버는 것과 욕심을 덜 내는 것이다!

대우탄금(對牛彈琴)
소를 향하여 비파를 탐. 즉, 어리석은 사람에게 도리를 설명해 주어도 깨닫지 못함을 뜻함

피뢰침 발명한 벤저민 프랭클린 사망　1790년
미터제 택시 등장　1962년
4.19 묘역 국립묘지로 승격　1995년

	미국 프로농구 N.B.A 는 무엇의 약자일까?	N=>농구로, B=>밥 먹고사는, A=>얼라들
	다이아몬드는 다이아몬드로 다듬는다?	O
	북한에선, 골밑 슈팅(농구)을 뭐라고 할까?	윤밑 던져 넣기
	가장 시원하고 화끈한 이야기는?	얼음 공장에 불 난 이야기

오늘의 유머

나이가 들었다고 느낄 때!

1) 철 지난 옷을 입고서도 남의 눈치를 보지 않을 때
2) 택시운전기사 아저씨와 자연스럽게 대화가 통할 때
3) **가요무대**나 **전국노래자랑**이 재미있어질 때
4) 몸에 좋다는 음식이나 약 이야기에 귀가 솔깃해질 때
5) 노래방 선곡목록의 **최신곡**에서 아는 노래를 찾을 수 없을 때
6) 번화한 거리를 돌아다녀도 아는 사람을 한 사람도 만나지 못할 때
7) 미스코리아 선발대회에 나온 여자들이 어리다는 것을 느끼기 시작할 때
8) 군인들을 더 이상 아저씨가 아니라고 느끼기 시작했을 때
9) 크리스마스 이브의 귀가시간이 초저녁일 때
10) 지금까지 한 말을 듣고 고개를 끄덕이며 '맞아! 맞아!' 할 때

 남자는 여자의 생일을 기억하되 나이는 기억하지 말고, 여자는 남자의 용기는 기억하되 실수는 기억하지 말아야 한다!

일구월심(日久月深)
날이 오래고 달이 오래감. 즉, 세월이 흐를수록 바라는 마음이 더욱 간절해짐을 뜻함

1946년 국제사법재판소(ICJ) 발족
1955년 알베르트 아인슈타인 사망
1974년 한국-카타르, 국교 수립

 누룽지를 영어로 표현하면? | 바비 브라운

 삼겹살은 목에 낀 때를 제거하는 데 도움이 된다? | X

 북한에선, **양계장(養鷄場)**을 뭐라고 할까? | 닭공장

 벼슬을 머리에 이고 다니는 동물은? | 닭

오늘의 유머

후한 인심!

한 사우나 라커룸에서 휴대전화가 울리자 옆에 있던 한 아저씨가 자연스럽게 받았다. 휴대전화 성능이 워낙 좋아 옆에 있어도 상대방 목소리가 쩌렁쩌렁 울려 통화 내용을 다 들을 수 있었다.
전화기 : 아빠, 나 엠피쓰리 사도 돼?
아저씨 : 어, 그래…….
전화기 : 아빠, 나 새로 나온 휴대전화 사도 돼?
아저씨 : 그럼~
전화기 : 아빠, 아빠, 나 오토바이 사도 돼?
옆에서 듣기에도 오토바이까지는 무리라고 생각을 했는데,
아저씨 : 너 사고 싶은 거 다 사.
부탁을 다 들어주고 휴대전화를 끊은 아저씨는 주위를 두리번거리며 외쳤다.
"이 휴대폰 누구 거에요?"

 세상에서 가장 좋은 벗은 자기 자신이며, 세상에서 가장 나쁜 벗도 자기 자신이다!

패가망신(敗家亡身)
집이 무너지고 몸이 망함. 즉, 가산을 탕진하여 집안을 무너뜨리고 자신의 신세도 망친다는 뜻임

[4.19 혁명 기념일]
제1회 보스턴 마라톤 대회   1897년
4.19혁명 발발   1960년
한경직목사 별세   2000년

 현모양처를 유머로 풀이하면?   현저하게 히프 모양이 양쪽으로 처진 처녀

 대학을 **상아탑(象牙塔)**이라고 하는 것은 코끼리의 상아를 뜻한다?   X   (학자들이 속세를 떠나서 오로지 학문만을 즐기는 지경을 말함)

 북한에선, **한의사**를 뭐라고 할까?   동의사

 순전히 학생들의 **재수**로 돈 버는 곳은?   재수생 학원

엄마가 없는 이유!

한 남자 아이가 아빠랑 둘이 살고 있었다. 아이는 엄마가 없어서 슬펐다.
그래서 하루는 아빠에게 물었다.
"아빠 왜 나는 엄마가 없어?"

그러자 아빠는 눈을 지그시 감으며 말했다.

"네가 아주 어렸을 때 많이 아팠던 적이 있었단다. 그 때 네 엄마가 의사선생님을 모시러 갔었지. 그리고는…….
아직까지 그 의사 선생님을 모시고 있단다!"

 어머니는 아무리 나이를 먹어도 중년의 자식이 나아지고 있는지 지켜본다!

현모양처(賢母良妻)   현숙한 어미와 여진 처. 즉, 자식에 대해선 어진 어머니이고 남편에 대해선 좋은 아내이어야 함을 뜻함

[장애인의 날], [곡우(穀雨)] 양력 4월 20일 경
1759년 독일 작곡가 헨델 사망
1928년 서울에 시내버스(10대)운행 개시
1981년 제1회 장애인의 날

 봉사활동을 오래하다가 드디어 빛을 본 사람은? — 심봉사 (심청이 아버지)

 선천적인 **시각장애인**도 정상인처럼 색깔이 있는 꿈을 꾼다? — X

 북한에선, **이식수술(移植手術)**을 뭐라고 할까? — 옮겨 붙이기 수술

밝을수록 안 보이고, 깜깜할수록 잘 보이는 것은? — 영화(映畵)

오늘의 유머

개안 수술!

맹인 부부가 결혼 20년 만에 최신 레이저 개안수술(開眼手術)을 받고 눈을 뜨게 되었다. 생전 처음 자신의 눈으로 세상을 보게 된 맹인 부부의 기쁨은 이루 말할 수 없었다. 남편이 막 붕대를 풀고 일어서려는데 옆에 웬 중년 여자의 모습이 시야에 들어왔다. 알고 보니 이제까지 자신을 헌신적으로 돌봐준 아내가 먼저 개안 수술을 마치고 옆에 있었다. 남편은 아내의 손을 잡고 눈물을 글썽이더니 이렇게 말하는 것이다.

남편 : 처음 뵙겠습니다!
아내 : 아, 네~ 말씀은 많이 들었습니다!

 내 인생은 장애물로 가득 차 있는데, 그 중 가장 큰 장애는 바로 나 자신이다!

백년해로(百年偕老)
백년을 함께 늙음. 즉, 부부가 일생동안 의좋게 살아감을 나타내는 뜻임

[과학의 날]
한국은행법 국회통과 1950년
한국여성개발원 개원 1983년
지하철 4호선(상계-당고개) 운행개시 1993년

 미국인 과학자가 우리나라의 고춧가루의 성분을 조사했더니, 이미 밝혀진 성분 외에 두 가지가 더 나왔다고 한다. 이것은? — 눈물, 콧물

 매니큐어 병 속에 구슬을 있는 이유는, 병을 흔들 때 **액(液)**이 잘 섞이라고 있다? — O

 북한에선, **건반악기**를 뭐라고 할까? — 누르개악기

 재수 없으면 받게 되는 술은? — 재수술

검은색 건반!

아　들 : 아버지, 피아노 칠래요.
아버지 : 네 손이 너무 더럽구나. 건반이 더러워지니 손을 씻고 치렴!
아　들 : 안 씻어도 돼요.
아버지 : 왜?
아　들 : 저는 검은색 건반만 칠거예요!

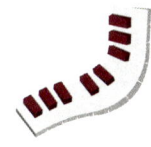

 건강을 유지하는 것은, 자기 자신에 대한 첫 번째 사랑이다!

가동주졸(街童走卒)
길거리의 아이와 뛰는 졸병. 즉, 철없이 뛰노는 아이나 상식 없이 설치고 다니는 어른들을 뜻함

[정보통신의 날]
1970년   박정희 대통령, 새마을운동 제창
1983년   [아기공룡 둘리] 탄생
1993년   명왕성 외곽서 소천체 발견

	환자들을 따라다니는 금은?	엉금엉금
	동물들도 쌍꺼풀이 있다?	0 (꽃사슴, 진돗개 - 쌍꺼풀이 없으면 잡종)
	북한에선, **수영복을** 뭐라고 할까?	헤엄 옷
	귀도 하나, 입도 하나인 것은?	전화기

오늘의 유머

옷 벗는 건 괜찮아!

예쁜 아가씨가 아름다운 작은 호수를 지나다 갑자기 수영을 하고 싶어졌다. 주위를 둘러보고 아무도 없다고 확인한 그녀는 옷을 하나씩 벗기 시작했다. 마지막 옷까지 다 벗고 호수에 막 들어가려는 찰나, 갑자기 수풀 속에서 숨어있던 관리인이 뛰어 나왔다.
"아가씨. 여긴 수영이 금지되어 있소!" 그녀는 옷으로 몸을 가리면서 말했다.
"그럼 옷을 벗기 전에 말해 주셔야죠!" 그러자 관리인이 말했다.

"수영만 금지고 옷을 벗는 건 괜찮아요!"

 남자는 여자에게 보여주기 위해 옷을 입고, 여자는 자신의 만족을 위해서 옷을 입는다!

인지상정(人之常情)
사람의 통상적인 존성. 즉, 사람이 누구나 가지는 보통의 인정을 뜻함

[돈키호테] 저자 세르반테스 사망 1616년
우리나라 최초의 철도, 경인선 기공식 1898년
춘천서 300년 전 미라 출토 1983년

 오락실을 지키는 수호신 용 두 마리는?   일인용과 이인용

 개도 더울 때면 땀구멍으로 체온(體溫)을 조절한다?   X (혀로 온도 조절을 함)

 북한에선, **혈액순환**을 뭐라고 할까?   피돌기

 사람의 욕심을 한 글자로 표현하면?   더

끝없는 욕망!

선생님이 학생들에게 질문했다.
"돈 육천만 원을 가진 사람과 아이 여섯을 가진 사람 중 어느 쪽이 행복할까?"
한 학생이 자신 있게 대답했다.
"아이 여섯을 가진 사람입니다!"
"그 이유는?"

"돈 육천만 원을 가진 사람은 더 많이 갖고 싶어 하겠지만, 아이 여섯을 가진 사람은 그만 가졌으면 할 테니까요!"

 다른 사람을 사랑할 줄도 모르면서 기도만 한다면, 자신의 욕심만 채우는 것이다!

견물생심(見物生心)   물건을 보면 마음이 생김. 즉, 어떤 물건을 보았을 때 갖고 싶은 욕심이 생기는 것으로, 소유욕을 경계하라는 뜻임

1756년 암행어사 박문수 별세
1902년 경의철도 기공
2005년 베네딕토 16세 교황 즉위식

 | 쑤~욱 넣으면 이만 오천 원, 쑤~욱 빼면 이만 원인 것은? | 떡 공임

 | 원숭이는 동물학적으로 이야기 할 때 **다리**가 없다? | O

 | 북한에선, 떡고물을 뭐라고 할까? | 떡보숭이

 | 10명이 잡아당기면 5명이 들어가는 것은? | 양말

오늘의 유머

좋은 소식과 나쁜 소식!

전쟁 100일째 되던 날
장 교 : 제군들. 좋은 소식과 나쁜 소식이 있는데, 어떤 소식을 먼저 듣겠나?
서 병 : 좋은 소식부터 전해주십쇼!
장 교 : 드디어 전쟁 100일 만에 양말과 팬티를 갈아입게 됐다!
사 병 : 우 ~ 와! 얏~호!!
　　　장교님! 그런데 나쁜 소식은 무엇입니까?
장 교 : 나쁜 소식은 양말과 팬티를 옆에 있는 병사와 서로 바꿔 입는다!
　　　실시! => #$&%^

 참을성이 있는 사람은 그가 원하는 것을 이룰 수 있다!

격화소양(隔靴搔痒)
신발을 신은 채 가려운 발바닥을 긁음과 같이 일의 효과를 나타내지 못함을 뜻함

[법의 날]
조선조 마지막 왕 순종 승하 1926년
국제연합(UN) 창립회의 개최 1945년
한국감정원 발족 1969년

	키스는 장수의 비결이다. 그러나 옆집 가서 하면 오히려 수명이 줄어든다. 왜 그럴까?	맞아죽기 때문
	로미오와 줄리엣은 처음 만난 날 키스를 했다?	O
	북한에선, **수제비**를 뭐라고 할까?	뜨더국
	제비는 제비인데, 날지 못하는 제비는?	족제비

오늘의 유머

성폭행 방지법!

학교에서 성교육을 했다.
'성폭행을 당할 위기에 닥쳤을 때, 어떻게 대처할 것인가?' 라는 주제로 한 여학생이 일어나 발표를 하는데, 가장 실효성이 있었다.
"우선 주위에 있는 더러운 오물이나 음식물쓰레기를 집어 듭니다!"
사람들은 모두 그걸 성폭행 하는 사람에게 던질 거라고 생각했다.
하지만……. 그 여학생 왈,

"그리고 그것들을 제 몸에 뒤집어써서 발라버려요. 그러면 성폭행할 생각이 전혀 안 날 거예요!!!"

 성공한 사랑은 호적에 남고, 실패한 사랑은 일기장에 남는다!

거안사위(居安思危)
편안할 때 위험을 생각함. 즉, 편안하고 안전할 때일수록 위험할 때를 대비해 준비함을 뜻함

1412년   경회루 준공
1681년   서울에 지진 발생 (숙종7년)
1960년   이승만 대통령 하야 성명 발표

온도가 가장 낮은 바다는? — 썰렁해

소화가 안 될 땐 밥에 물을 말아 먹으면 도움이 된다? — X

북한에선, 도넛을 뭐라고 할까? — 가락지 빵

먹으면 먹을수록 배가 고픈 것은? — 소화제

오늘의 유머

붕어빵!

막내아들이 미취학 아동일 때 길에서 붕어빵을 샀다.
큰 아들이랑 같이 하나씩 나눠 먹는데, 막내가
"아빠, 붕어빵 하나 더 줘!" "들고 있는 거 다 먹으면 한개 더 줄게!"라고 하자. 막내 아이가 부루퉁한 목소리로 말한다.

"이 붕어빵에는 가시가 들어 있단 말이야!"

 잘못된 길로 접어든 사람에게 필요한 것은 속도를 높이는 것이 아니라 방향을 바꾸는 교육이다!

당리당략(黨利黨略)
당리와 당략을 아울러 이름. 즉, 당의 이익과 당파의 계략을 뜻함

토고, 프랑스로부터 독립   1960년
광화문 네거리에 충무공 동상 제막   1968년
분당-일산 신도시 건설 발표   1989년

 온도가 가장 높은 바다? — 열바다

 지체(遲滯)와 정체(停滯) 중 더 막혀 있는 것은 지체이다? — X

 북한에선, **계집아이**를 뭐라고 할까? — 에미나이

 책인데, 도저히 읽을 수 없는 책은? — 속수무책(束手無策)

오늘의 유머

이럴 땐 남자가 불리하다!

1) 여자가 남자 화장실에 들어가면 애교로 봐준다. 그러나 남자가 여자 화장실에 들어가면 변태로 낙인찍힌다.
2) 여자가 바지를 입으면 발랄하고 활동적으로 봐준다. 그러나 남자가 치마 입으면 간호사가 달려온다.
3) 여자가 맘에 드는 남자를 쫓아가면 적극적인 여자다. 그러나 남자가 맘에 드는 여자를 쫓아가면 스토커로 낙인찍힌다.
4) 여자가 10살 연하의 남자와 결혼하면 '봉 잡았다! 능력 있다!' 고 부러워한다. 그러나 남자가 10살 연하의 여자와 결혼하면 '나쁜 놈이다! 도둑놈이다!' 하며 온갖 욕을 다 얻어먹는다.

 결혼은 어쩔 수 없이 적응해야 되는 이민이고, 연애는 자유로운 여행이다!

남남북녀(南男北女)   남쪽은 남자가 북쪽은 여자. 즉, 남한은 남자들이 북한보다 준수하게 생겼고, 북쪽은 여자들이 남한보다 아름답다는 것을 뜻함

[이충무공탄신일]
1406년 덕수궁 준공(태종 6년)
1993년 [천상의 시인] 천상병씨 별세
2004년 광주광역시 지하철 개통

 혹시나에서 **빌어먹을**로 끝나는 것은? — 복권

 서울 광화문 네거리에 있는 이순신장군 동상은 칼을 **왼손**에 쥐고 있다? — X

 북한에선, **내습성(耐濕性)**을 뭐라고 할까? — 누기견딜성

할아버지와 염소에게는 있지만 할머니에게는 없는 것은? — 수염

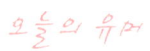

정말 이상한 일!

신문을 읽고 있던 똘이가 누나에게 말했다.
똘이 : 누나, 참 이상하단 말이야.
누나 : 또 뭐가 이상해?
똘이 : 신문에는 항상 유명한 사람이 죽었다는 이야기만 실리지,
         유명한 사람이 태어났다는 것을 볼 수가 없잖아?
누나 : 크으…….

 훌륭한 사람은 만들어 지는 것이지, 태어나는 것은 아니다!

동량지재(棟樑之材) 기둥과 들보가 될 재목. 즉, 해당 분야에서 중책을 맡을 만 훌륭한 인재 또는 한 집이나 한 나라의 큰일을 맡을 만한 사람을 뜻함

윤봉길 의사, 상해 홍구공원서 일왕 생일 경축식에 투탄   1932년
고리원자력발전 1호기 상업운전 시작   1978년
시화지구 간척사업 착공   1987년

 달리던 차가 사고 났다를 세 글자로 만들면?   붕~ 어~ 빵!

 용광로에서 나온 쇳물(1535℃)도 자석에 붙는다?   X (768℃ 이상의[큐리온도]에서는 자석 성질을 띨 수 없음)

 북한에선, **탈골(脫骨)**을 뭐라고 할까?   뼈 어김

 물고기는 물고기인데, 뼈가 없는 물고기는?   붕어빵

오늘의 유머

따질 것을 따져야지!

시골 영감이 서울구경을 하다가 배가 출출해서 길가에서 **붕어빵**이라고 써 붙인 포장마차에 들렀다. 한데 나온 붕어빵에 붕어가 들어있지 않자, 기분이 상한 시골 영감은 버럭 화를 내며 소리쳤다.
"여보게, 주인 양반. 붕어빵에 붕어가 하나도 보이지 않으니, 어찌된 거요?"라고 따졌다. 그러자 주인 왈~

"참, 영감님도. 아니, **천사의 집**이라고 써 붙인 집에 가면 천사가 삽니까?"

 성공이란 천재성의 결과이기보다 지속적인 상식이 작용한 것이다!

어불성설(語不成說)
말이 안 됨. 즉, 말이 이치에 맞지 않음을 뜻함

1945년 히틀러 자살
1978년 12해리 영해법 공포, 발효. 대한해협은 3해리로 규정
1996년 주한미군으로부터 AFKN 채널 환수

 이혼을 하지 않으려면 어떻게 해야 하나? → 결혼하지 않는다

 구기 종목 중 가장 큰 공을 쓰는 경기는 **축구**이다? → X (농구공, 약 7cm 더 큼)

 북한에선, **골키퍼**를 뭐라고 할까? → 문지기

 어떤 장사라도 무릎을 꿇어야만 하는 경기는? → 씨름

오늘의 유머

아내의 전공!

술좌석에서 마누라 이야기를 하고 있었다.
"자네 부인이 화학과를 나왔다지?" "응!"
"뭐 살림에 도움이 되는 게 있나?" "있고말고!"
"그래? 한 가지만 말해봐!"

"어제 저녁에, 갈비를 까만 숯으로 만드는데 성공을 했다네!"

 기술자(技術者)들은 전문적인 것에 얽매어 기발한 발상을 하지 못한다!

경당문노(耕當問奴) 농사짓는 일은 노비에게 물음. 즉, 어떤 일을 하는데 있어서, 그 방면의 전문가에게 물어보는 것이 옳고 효과적임을 뜻함

[근로자의 날]
세계최초의 만국박람회 개최 1851년
남산 3호 터널 개통 1978년
서울대공원 개장 1984년

 남태평양 나라들의 여자들은 머리에 꽃을 잘 꽂는다. 처녀는 오른쪽, 유부녀는 왼쪽에 꽂는다. 가운데 꽂는 여자는? — **맛이 간 여자**

 선글라스를 늘 끼고 있으면 눈에 해롭다? — **O** (동공이 습관적으로 열려 있어 눈이 쉽게 피로해짐)

 북한에선, **사무직 근로자**를 뭐라고 할까? — **근로인테리**

 언제나 무게 잡느라고 바쁜 사람은? — **역도 선수**

저를 딱 절반만 죽여주세요!

한 남자가 해변을 걷다가 빈 병 하나를 발견했다. 그는 그 병을 집어 들고 먼지를 털었다. 그러자 마녀가 나타나, 남자에게 소원 세 가지를 들어주겠다고 말했다. 게다가 그가 소원을 말할 때마다 그의 아내에게는 똑같은 것을 두 배로 주겠다고 덧붙였다.
남자는 아주 좋아하면서 이렇게 소원을 말했다.

소원1 : 먼저 100억 원을 주세요! (아내는 200억)
소원2 : 지상 최고의 빨간색 스포츠카를 1대 주세요! (아내는 2대)
소원3 : 그리고, 마지막으로 저를 딱 절반만 죽여주세요! (아내는 사망)

 사랑은 여자에겐 일생의 역사이지만, 남자에게는 일화에 지나지 않는다!

악인악과(惡因惡果)
악한 원인에 악한 결과. 즉, 나쁜 일을 하면 반드시 나쁜 결과가 따름을 뜻함

1519년 레오나르도 다빈치 사망
1965년 한국-벨기에, 국교 수립
1986년 올림픽대로 개통

☀	일본에서 낚시를 가장 잘하는 사람은?	다나까
✕	**알아야 면장을 하지!**에서 **면장**은 면의 수장(공무원)이다?	X (담장)
	북한에선, **석사**를 뭐라고 할까?	준박사
	사람들이 가장 싫어하는 덩어리는?	웬수 덩어리

대박 상품!

– 과학의 발전으로 이런 물건 만들면 불티난다.
1) 주차 위반 딱지가 달라붙지 않는 유리창.
2) 잠을 자거나 목욕할 땐, 절대 울리지 않는 전화기.
3) 시어머니 잔소리를 음악으로 바꾸는 보청기.
4) 여자의 속옷이 보이는 투시 안경.
5) 흑심을 가진 사내가 끌고 가려하면 움직이지 않는 하이힐.

 정사(情事)란 혁명(革命)과도 같아서 시작만 멋지다!

원화소복(遠禍召福) 화를 멀리하고 복을 불러들임. 즉, 평소에 말과 행동을 조심히 하여 복은 받고 화는 면한다의 뜻임

제1회 세계유도선수권대회 개막(일본 동경) 1956년
테레사 수녀 내한 1981년
고양 세계꽃박람회 개최 1997년

| 궁색한 변명을 늘어놓는 사람들이 많이 보는 책은? | 궁여지책 |

| 원숭이에게도 **지문(指紋)**이 있다? | O |

| 북한에선, **지문(指紋)**을 뭐라고 할까? | 손가락무늬 |

| 내용은 별것 없는데 등장인물이 많은 책은? | 전화번호부 |

오늘의 유머

책과 여자 친구의 공통점!

1) 표지(얼굴)가 선택을 좌우하지만, 정작 중요한 것은 내용이다.
2) 아무리 노력해도 이해가 안 되는 부분이 많다.
3) 수준에 맞춰야 부담이 없다.
4) 푹 빠지면 무아지경에 이른다.
5) 남에게 빌려주지 않는 게 좋다.
6) 세월이 흐르면 색이 바랜다.
7) 표지가 안 좋으면 포장지(화장)를 씌우는 것이 낫다.

강도는 돈 아니면 생명을 요구하지만, 여자는 둘 다를 요구한다!

손자삼우(損者三友) 사귀면 손해(損害)가 되는 세 가지 친구. 즉, 언제나 안이한 길만을 가는 사람. 아첨하는 사람. 성의가 없는 사람을 뜻함

1899년　국내최초로 동대문-흥화문 간 전차 개통식
1904년　파나마 운하(길이 81km 폭 30~60m) 착공
1977년　일본 요미우리신문 서울 지국 폐쇄 및 국내 배포 금지

	세상에서 제일 큰 컵은?	월드컵
	뱀은 뒷걸음질 칠 수 있다?	X
	북한에선, **볼펜**을 뭐라고 할까?	원주필(圓珠筆)
	어른은 못 타는데도, 어른이 있어야만 움직이는 차는?	유모차

뉴 머피의 법칙!

1) 손이 닿기 어려운 부위일수록 가려움의 정도가 심하다.
2) 큰맘 먹고 세차를 하면 꼭 비가 온다.
3) 버터를 바른 빵을 떨어뜨리면, 꼭 버터가 발라진 쪽이 바닥을 향해 떨어진다.
4) 우산을 깜빡하고 가져오지 않은 날에는 비가 오고, 우산을 가져온 날에는 비가오지 않는다.
5) 공부를 안 하면 몰라서 틀리고, 어느 정도 하면 헷갈려서 틀린다.
6) 급해서 택시를 기다리면 빈 택시는 반대쪽에서 나타난다. 그리고 기다리다 못해 건너가면 먼저 있던 쪽에서 자주 온다.
7) 찾는 물건은 항상 마지막으로 찾아보는 장소에서 발견된다.
8) 바겐세일에 가보면 꼭 사려는 물건은 세일 제외 품목이다.
9) 보험에 들면 사고가 안 나고, 사고 난 사람은 꼭 생명보험에 안 든다.
10) 공중화장실에서 제일 짧은 줄에 서면 꼭 안에 있는 사람이 장기체류한다.

 남자는 자기 애인을 친구 애인과 비교하고, 여자는 자기 애인을 아버지와 비교한다!

계란유골(鷄卵有骨)
달걀에도 뼈가 있음. 즉, 공교롭게 일이 방해되거나 꼬임을 뜻함

[어린이날], [입하(立夏)] 양력 5월 5, 6일 경
감옥의 명칭을 형무소로 개칭   1923년
[어린이날] 제정   1946년
해병대 발족   1949년

	마요네즈와 참기름을 섞으면 어떻게 될까?	엄마한테 혼난다
	어린이날이 처음 제정될 당시, 어린이날은 5월 1일이었다?	0
	북한에선, 어린이날을 뭐라고 할까?	국제 아동절 (6월 1일)
	장난꾸러기 어린이들이 좋아하는 불은?	까불까불

오늘의 유머

슬라이드!

소아과 전문의가 어느 대학의 강단에서 질병을 앓고 있는 어린이의 슬라이드를 보여 주면서 어린이 질병에 대한 강의를 하고 있었다. 그런데 어떤 학생이 장난으로 영사기에서 슬라이드 몇 장을 슬쩍 빼내고 대신 여자 누드사진 몇 장을 끼워 넣었다. 강의 중에 갑자기 누드사진이 나타났는데도 강사는 조금도 놀라지 않고 강의를 계속했다.

"이 사진은 그 아이가 병을 완전히 치료하고 어른이 되었을 때의 모습입니다!"

 내 자식들이, 나에게 해 주길 바라는 것과 똑같이 부모에게 행동하라!

금성탕지(金城湯池)
쇠로 만든 성과 그 둘레를 뜨거운 물로 채운 못. 즉, 철통같은 수비태세를 뜻함

1952년 서울-부산간 민간전화 개통
1981년 공정거래위원회 발족
1999년 임진각에 21톤 [평화의 종] 건립

사업 중에 가장 알찬 사업을 하는 사람은?	양계장 주인
눈 오는 날보다 비오는 날에 교통사고가 더 많이 난다?	O
북한에선, **콘택트렌즈**를 뭐라고 할까?	접촉안경
감을 줄 알면서도 풀 줄 모르는 것은?	눈

오늘의 유머

피라미드의 위력!

　병태는 한 달째 교회에 나오지 않는 친구 철수가 걱정돼 목사님을 찾아가 말했다. "목사님께서 철수의 마음을 좀 돌려주세요. 벌써 철수가 교회에 안 나온 지 한 달이 넘었습니다!"
목사님이 알겠다며 철수의 집을 찾아갔는데, 철수는 피라미드판매 조직에 빠져 있었다. 목사님은 몇 시간 동안 간곡하게 철수를 설득했고, 철수도 나름대로 자기의 생각을 이야기했다. 다음 날 병태가 목사님을 찾아가서 물었다.
"목사님, 어떻게 됐나요? 철수가 교회에 나온다고 하나요?"
목사님은 입을 다물고 허공만 쳐다보았다.
"목사님, 왜 아무 말씀도 안 하세요? 다음 주부터는 열심히 나온다고 하나요?"
드디어 목사님이 묵묵히 닫고 있던 입을 열었다.
"병태야. 너, 자석요나 정수기 한 대 살 생각 없니?"

 남자는 태어나면서부터 뭔가 맞지 않는 옷을 입도록 강요당한다!

부화뇌동(附和雷同)　천둥소리에 같이 어울림. 즉, 큰소리에 같이 일정한 주견이 없이 남의 의견에 덮어 놓고 좇아 행동함을 뜻함

독일 작곡가 브람스 탄생 1833년
울산정유공장 준공 1964년
포항제철 광양제철소 1기 준공 1987년

 물가 상승과 관계없이 깎아 주는 곳은?   이발소

 구기 종목 중 가장 작은 공을 사용하는 경기는 골프이다?   X (탁구)

 북한에선, **수중발레**를 뭐라고 할까?   예술헤엄

 머리를 얻어 맞아야 말을 듣고 쏙 들어가는 것은?   못

오늘의 유머

골프와 주일예배!

어떤 남자가 일요일에 친구와 함께 골프를 치러 가기로 했다. 그런데 그 친구가 약속시간보다 30분이나 늦게 도착했다. 남자는 화가 나서 친구에게 말했다.
"왜 이렇게 늦은 거야?"
"사실은 주일예배를 빠진다는 게 너무 부담되는 거야. 그래서 동전을 던져 앞면이 나오면 교회를 가고, 뒷면이 나오면 골프를 치기로 했지. 그래서 늦은 거야."
"결국 뒷면이 나왔다는 이거군!"

"아냐! 계속 앞면이 나오기에, 뒷면이 나올 때까지 던졌지!"

 자신의 본분을 다 하는 것이, 진정 예배하는 자세이다!

반계곡경(盤溪曲徑)   소반 같은 좁은 시내와 꾸불꾸불한 지름길. 즉, 정당하고 평탄한 방법으로 하지 않고 그릇되고 억지스럽게 함을 뜻함

[어버이날]
1902년   경의선(서울-개성) 기공
1973년   어버이 날 제정
1993년   남북한 첫 직교역 실시(설탕, 소주 교환)

 우리나라에서 가장 오래된 산아제한 표어는? → 무자식 상팔자!

 조선시대 **호패(주민등록증)**는 16세 이상 모든 남녀가 소지했다? → X (남자만)

 북한에선, **아버지**를 뭐라고 할까? → 아바이

 훌륭한 부모가 되기 위해 꼭 있어야 할 것은? → 자식

오늘의 유머

그래야만 하는 이유 2 가지!

어떤 아침. 엄마가 아들을 깨웠다.
엄마 : 애, 일어나서 학교 가야지?
아들 : 싫어요. 학교 가기 싫단 말이에요!
엄마 : 그럼 학교가기 싫은 이유를 두 가지만 말해봐.
아들 : 아이들이 다 저를 싫어해요. 그리고 선생님들도 다 저를 싫어해요!
엄마 : 그건 이유가 안 돼. 어서 일어나 거라.
아들 : 그럼 제가 학교에 가야 되는 이유를 두 가지만 대보세요.
엄마 : 좋아. 넌 지금 55세이고, 그 학교 교장이잖니!

 실천이 없으면 목표가 필요 없고, 부모님이 안 계시면 효심이 필요 없다!

견마지양(犬馬之養)
개나 말의 봉양. 즉, 부모를 존경하는 마음이 없이 봉양만 하는 것은 효도가 아님을 뜻함

거제도 포로수용소 폭동　1952년
미국 FDA, 먹는 피임약 [에노비드10] 승인　1960년
넬슨 만델라, 남아공 최초의 흑인 대통령으로 선출　1994년

☀	'미꾸라지가 용이 되었다'를 네 글자로 표현하면?	돌연변이
✕	주사위는 1부터 6까지의 숫자가 적힌 여섯 개의 면으로 되어 있는데, 이때 마주보는 주사위의 양면의 합은 항상 7이 된다?	0
🇰🇵	북한에선, 주민등록증을 뭐라고 할까?	공민증
🇰🇷	얼굴은 6개이고, 눈은 21개인데, 밤낮 뒹구는 것은?	주사위

오늘의 유머

학생 등급구별법!

1등급: 선생님과 친구들이 모두 좋아한다
2등급: 친구들이 좋아한다
3등급: 매점 아줌마만 좋아한다
4등급: 동네 오락실 아저씨만 좋아한다

 좋은 책을 읽지 않는 사람은 문맹(文盲)보다 더 나을 게 없다!

오경등화(五更燈火)
등잔불에 다섯 번 고침. 즉, 등잔불에도 밤새워 열심히 공부함을 뜻함

1948년   초대 국회의원 선거
1993년   여성 에베레스트 등정대(대장 지현옥), 한국최초로 정상 정복
1999년   [아낌없이 주는 나무]의 작가 셸 실버스타인 사망

 서울에서 지역난방이 가장 잘 되어 있는 구는?   중구(중구난방)

 자전거와 자동차의 타이어 펑크는 겨울보다 여름에 많이 난다?   O

 북한에선, **중앙난방(中央煖房)**을 뭐라고 할까?   구획난방

 물체에 열을 가하면 부피가 커지는데, 오히려 쭈그러드는 것은?   오징어

오늘의 유머

고급스런 처방!

의사가 부인에게 지켜야 할 사항을 설명했다.
"첫째, 따뜻한 물로 목욕을 자주 하세요!"
"그리고 둘째는, 따뜻한 옷으로 몸을 보호하세요!"
의사의 말을 들은 여자는 쏜살같이 집으로 돌아와 남편에게 심각한 목소리로
지시사항을 전했다.

"여보, 의사 선생님이 그러시는데,
첫째는 온천에서 1개월간 쉬고, 둘째는 밍크코트로 체온을 보호해야 된대요!"

 아첨은 우리들의 허영심 덕택에 통용되는 가짜 금이다!

견강부회(牽强附會)   굳세게 끌어당겨 모음. 즉, 가당치 않은 말을 억지로 끌어다 붙여 조건이나 이치에 맞도록 함을 뜻함

[입양의 날]
한국-콩고, 단교   1965년
뮤지컬 [캐츠] 런던서 첫 개막   1981년
인도 인구 10억 돌파   2000년

 요즘여자 과거 있는 사람은 용서해도, 미래가 없는 사람은 용서 못한다. 그러나 과거가 있기 때문에 성공한 사람은?   **암행어사**

 난장판은 질서가 없는 도떼기시장을 말한다?   X   (옛날 과거 시험을 보던 시험장으로 선비들과 하인들이 한꺼번에 모여서 좋은 자리싸움을 하다 보니 난장판이 되었음)

 북한에선, **필통**을 뭐라고 할까?   **필갑통**

 뱃속에 물건을 넣고 다니다가 공부할 때만 열어 주는 것은?   **필통**

오늘의 유머

선비의 고통!

어떤 선비가 과거 시험을 앞두고 밤잠도 못 자며 애를 태우자, 보다 못한 아내가 위로의 말을 했다.
"여보, 당신이 문장을 만드는 일이 무척 고통스러운가 봐요? 마치 제가 아이를 낳을 때와 똑 같아 보여요!"
그러자 선비인 남편이 말했다.
"아니오, 당신이 출산할 때보다 훨씬 더하다오!"
"어째서요?"

"당신은, 뱃속에 있는 것을 낳으면 그만이지만, 나는 애당초 뱃속에 아무것도 없었지 않소?"

 과장은 거짓과 흡사하다!

경국제세(經國濟世)   나라를 다스리고 세상을 구함. 즉, 선비가 학문과 덕행을 연마하는 궁극적인 목적은 나라를 다스리고 세상을 구함을 뜻함

1956년   우리나라 최초의 TV광고 시작
1962년   남산 케이블카 개통
1990년   청소년헌장 발표

	인류 최초로 뼈를 깎는 고통을 격은 사람은?	아담
✖	살모사(殺母蛇)는 새끼가 어미를 잡아먹어서 **살모사**이다?	X (새끼를 낳느라 지친 모습 때문)
	북한에선, **외출복**을 뭐라고 할까?	나들이옷
	발 네 개로 다니는 뱀은?	도마뱀

오늘의 유머

아는 사람이에요?

오래간만에 외출을 나갔던 부부가 늦은 시각에 서둘러 귀가하기 위해서 집 앞 도로를 무단횡단 하고 있었다. 그 때 커다란 트럭 한 대가 쏜살 같이 달려왔고, 두 부부는 하마터면 그 트럭에 치일 뻔하였다. 너무나 놀란 그 트럭 운전기사는 신경질적으로 경적을 울려대며 별별 소리를 다 지껄여댔다.
"야! 이 머저리, 병신, 얼간이, 쪼다, 나쁜쉐이, 미친놈아! 눈은 어따 두고 다녀, 똑바로 뜨고 건너지 못해! 그~냥 콱!!!"
그러자 그 말을 들은 아내가 자기 남편을 물끄러미 쳐다보며 말했다.
"여보, 저 사람 아는 사람이에요?" "아니!"
"어머, 모르는 사람인데 어쩜 그렇게 당신에 대해서 잘 알고 있어요?"

 할 수 없다!와 하지 않겠다!는 말은 같은 뜻으로, 욕설이나 거짓말보다 더 많은 해를 끼친다!

실사구시(實事求是)
사실에 근거하여 구함. 즉, 공리공론을 떠나 정확한 근거로 진상을 찾고 구함을 뜻함

도산 안창호 주도 민족운동단체 [흥사단] 창립 1913년
세계최초의 항공우편 우표, 미국에서 발매 1918년
가락동농수산물시장 개장 1988년

 억수 같은 폭우가 쏟아지는 곳은? **비무장 지대**

 행주산성(幸州山城)의 **행주**와 행주치마의 **행주**는 한문(漢文)으로 똑같다? **X**

 북한에선, **대걸레**를 뭐라고 할까? **밀걸레**

 닦으면 닦을수록 더러워지는 것은? **걸레**

문화재 사랑!

어느 초등학교 수업시간, 선생님이 [**퇴적암, 화강암,** ○○**암**]이라고 적힌 돌을 세 개 들고 와서는 [○○**암**]이라는 돌의 이름을 적어내도록 했다.
 잠시 후 모두 답을 써서 제출하고, 그 자리에서 채점하시던 선생님이 몹시 화가 난 얼굴로 큰 소리를 쳤다.
"유방암이라고 쓴 녀석 누구야? 앞으로 나와!"
"그리고 쵥불암이라고 쓴 녀석도 같이 나와!"
두 학생을 벌주신 후 교실을 나가며 중얼거렸다.

"그래도 석굴암은 봐줬다……!"

 인간은 패배했을 때 끝나는 것이 아니라, 포기했을 때 끝나는 것이다!

자포자기(自暴自棄)
스스로 해치고 버림. 즉, 절망상태에 빠져서 자신을 포기하고 돌아보지 않음을 뜻함

1811년   파라과이, 스페인으로부터 독립
1963년   숭례문(남대문) 해체 중건
1998년   한글판 조선왕조실록 발견

 영웅호걸이 여자를 좋아하는 이유는? — 호(好)걸(Girl) 이기 때문

 아침, 점심, 저녁 중 한문으로 된 단어는 **점심**이다? — O (點心)

 북한에선, **응접실(應接室)**을 뭐라고 할까? — 손님맞이방

 바다에서 배가 가라앉고 있는데도, 사람들이 구조하려고 하지 않은 이유는? — 잠수함

오늘의 유머

킹크랩!

한 손님이 킹크랩(바다가재)이 먹고 싶어, 가장 큰 것으로 주문을 했다. 그런데 요리접시를 보니 왕발이 하나밖에 없었다(왕발이 살이 많다).
손   님 : 웨이터, 이 가재는 왕발이 하나밖에 없는데, 어떻게 된 거야?
웨이터 : 손님, 그 녀석이 싸운 것 같은데요.
그러자 손님 왈,

"그럼 이긴 녀석으로 가져와!"

 폭풍 속에서 선원의 항해 기술이 드러나고, 전쟁터에서 군인의 용기가 발휘된다!

전화위복(轉禍爲福) 화를 바꾸어 복으로 함. 즉, 궂은일을 당하였을 때 그것을 잘 처리하여 오히려 좋은 일이 되게 하는 것을 뜻함

[스승의 날]
세종대왕 탄생 1397년
한국-네팔, 국교수립 1974년
스승의 날 부활(1973년 중단) 1982년

여러 가지 마크 중에서 제일 큰 마크는?	덴마크
북한 인민학교 어린이들은 1학년 때부터 졸업할 때까지 같은 담임선생님과 공부한다?	O
북한에선, **버라이어티쇼**를 뭐라고 할까?	노래 춤 묶음
말 없이 가르치기만 하는 선생님은?	책

오늘의 유머

사제지간!

수업 중 교실 안이 너무 시끌벅적 하자 반장이 소리 질렀다.

"야! 공부하기 싫은 사람은 밖으로 나가!"

그러자 그 말을 들은 선생님이 책을 들고 조용히 밖으로 나가버렸다……

 내 생애 최고로 행복한 날은 미래에 있다. 단, 오늘에 최선을 다하고 있을 때!

백면서생(白面書生)
글만 읽은 하얀 얼굴. 즉, 오로지 글만 읽어 세상일에 경험이 없는 사람을 뜻함

1929년　제1회 아카데미상 시상식
1961년　5·16 군사정변
1970년　서울대교(현 마포대교) 개통

 천재지변을 유머로 풀이하면? — 천 번을 봐도 재수 없고, 지금 봐도 변함없는 사람

 다이아몬드는 불에 타지 않는다? — X (900℃ 이상의 온도에서 탐)

 북한에선, **관광안내원**을 뭐라고 할까? — 관광강사

 천재 남편과 바보 아내가 결혼하면 어떤 아이가 태어날까? — 갓난아기

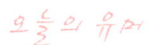

사랑의 유람선!

— 한 여자가 사랑의 유람선을 탔다. 그리고 일기를 썼다. 하루에 한 줄씩.

월요일 : 관광 유람선을 탔다.
화요일 : 갑판에서 선장을 만났다.
수요일 : 선장과 저녁 식사를 같이 했다.
목요일 : 선장이 잠자리를 요구했으나, 완강히 거절했다.
금요일 : 선장이 자기의 요구에 응하지 않으면 1,000명이 탄 배를 침몰시키겠다고 협박했다.
토요일 : 배에 탄 1,000명의 승객을 모두 구했다.

 바보는 방황(彷徨)을 하고, 현명한 사람은 여행(旅行)을 떠난다!

천재지변(天災地變)
하늘의 재앙과 땅의 변화. 즉, 사람으로서는 피하거나 어찌 할 수 없는 거대한 힘을 뜻함

신사임당 사망 1551년
서대문-청량리간 전차개통식 1899년
북한 세계보건기구(WHO)에 가입 1973년

 조족지혈을 유머로 풀이하면?   조기축구회에 나가 족구하구 지랄하다 피본다

 허리나 복부가 차가운 사람은 빨간 팬티를 입는 것만으로도 따뜻해진다?   O

 북한에선, 팬티를 뭐라고 할까?   빤스(으뜸 가리게X)

 새 중에서 가장 경망스런 새는?   촉새

오늘의 유머

참새 시리즈!

포수가 대학교 전기 줄에 있는 참새를 잡으려고 총을 겨냥하고 있었다. 그런데 이상하게도 참새 50마리가 모두 노란 팬티를 입고 있는 것이었다. 호기심 많은 포수가 참새들에게 물었다.
"야. 너희들 왜 전부 노란 팬티만 입고 있냐?"
그러자 참새들이 이구동성으로 말했다. "우리 과 팬티인데요!"
그런데 자세히 보니 딱 한 마리만 파란 팬티를 입고 있었다. "야. 넌 왜 파란 팬티야?"
파란 팬티 참새 왈, "저는 과 대표인데요!"
그런데 과대표 뒤에 숨어 있던 참새는 아예 팬티를 입지 않고 있었다. "얘. 넌 왜 노팬티야?"
그러자 노팬티 참새의 대답,
"전 회비를 못 냈걸랑요!"

 기회는 새와 같아서 날아가기 전에 잡아야 한다!

조족지혈(鳥足之血) 새 발의 피. 즉, 필요한 분량이나 크기에 비해 너무도 적은 보잘 것 없는 분량이나 크기를 뜻함

[5.18 민주화운동 기념일]
1970년   한국-캄보디아, 국교수립
1980년   5·18 광주 민주화운동
2004년   국제올림픽위원회(IOC) 성전환 선수 올림픽 출전자격 인정

☺	가장 험악하고 무서운 놀이판은?	이판사판
✕	전라도 **광주**와 경기도 **광주**는 한자(漢字)도 똑같다?	O
	북한에선, **과거(過去)**를 뭐라고 할까?	어제날
	알은 알인데, 사람을 죽일 수 있는 알은?	총알

아직 끝나지 않았다!

노 인 : 신부님, 죄를 지었습니다. 광주 민주화 운동 때, 대학생 한 명을 다락방에
　　　　숨겨주었습니다.
신 부 : 그건 죄가 아닙니다. 의로운 일을 한 겁니다.
노 인 : 그런데, 숨겨주면서 일주일에 삼만 원씩 받기로 하고 숨겨주었습니다!
신 부 : 저런, 하지만 고해하셨으니 됐습니다!
노인 : 그런데 신부님!
　　　　그 학생에게 광주 민주화 운동이 끝났다고 아직 얘기를 안 해주었는데요!

▶ 운동을 하면 하루가 짧아지지만, 인생은 길어진다!

필유곡절(必有曲折)
반드시 곡절이 있음. 즉, 어떠한 일에는 그 일이 생기게 된 원인과 까닭이 있음을 뜻함

[발명의 날]
세종대왕 측우기 발명   1442년
제1회 미스코리아 선발대회   1957년
신행주대교 재개통   1995년

 소가 동쪽으로 머리를 돌리고 있으면 꼬리는 어느 쪽일까? — 아래쪽

 라면이 꼬불꼬불한 이유는 기름에 튀겨서 생긴 모양이다? — X (직선이면 쉽게 부셔지고 포장이 불편해서 꼬불꼬불하게 제조한 것임)

 북한에선, **라면**을 뭐라고 할까? — 꼬부랑국수

 눈은 하나인데, 다리가 셋인 것은? — 카메라

발명왕!

맹구가 실험실문을 박차고 나오며 외쳤다.
"이 야호! 드디어 성공이다!"
맹구는 너무나 기뻐 여자 친구 영순이에게 달려가 자랑했다.
"영순아, 드디어 내가 이 세상의 모든 물질을 녹여 버릴 수 있는 새로운 물질을 발명했어!"
잠자코 듣고 있던 영순이가 말했다.

"그래? 참 대단한 일을 했구나! 맹구야. 그런데 너 그거 어디다 담을래?"

 책은 발명을 돕고, 발명은 사람을 돕는다!

책상퇴물(冊床退物)   책상에 있는 한물간 물건. 즉, 책상에 앉아 글만 읽거나 궁리만 하고 있어서 세상 돌아가는 물정에는 어두운 사람을 뜻함

1927년 사우디아라비아, 영국으로부터 독립
1977년 [파리-이스탄불]간 오리엔트 특급열차 마지막 운행
1994년 세기의 퍼스트레이디 [재클린 케네디] 사망

 우리나라 최초로 기둥서방을 둔 여자는? — 지하여장군

 교황이 붉은 제복을 입는 것은 인자하게 보이기 위함이다? — X (예수의 고통을 상기시키려함)

 북한에선, **제왕절개 수술(帝王切開手術)**을 뭐라고 할까? — 애기집 가르기

 피는 피인데, 헌혈을 할 수 없는 피는? — 커피

오늘의 유머

성형수술!

맹구가 영구에게 걱정을 늘어놓았다.
"영구야, 초등학교 동창 녀석인 병팔이가 성형수술을 한다기에 200만 원을 빌려줬는데 큰일이야!"
"왜?"
"그 녀석의 얼굴이 변해서 찾을 수가 없어!"

 나이를 먹으면, 여자는 화장에 의존하게 되고 남자는 유머에 의존하게 된다!

창상지변(滄桑之變)
푸른 바다가 뽕밭이 됨. 즉, 시절이나 계절의 변화가 무쌍하거나 무상함을 뜻함

[소만(小滿)], [부부의 날]
FIFA(국제축구연맹) 창립 1904년
대한극장 철거 2000년
[부부의 날] 제정 2004년

DAY
5월 21일
141/365

 세상에서 가장 규모가 작은 시장은?   **벼룩시장**

 사우나에서 땀을 많이 흘리면 **다이어트 효과**가 있다?   **X**

 북한에선, **대중목욕탕**을 뭐라고 할까?   **공동욕탕**

 우리나라에서 김이 제일 많이 나는 곳은?   **사우나탕(목욕탕)**

오늘의 유머

컴퓨터의 성!

컴퓨터는 여성? 남성? 아무래도 여성 같다.
1) 창조주(만든 사람)를 제외하고는, 누구도 속 깊은 이론을 알 수 없다.
2) 매우 하찮은 실수까지, 그의 메모리에 저장되어 나중에 영향을 끼친다.
3) 컴퓨터끼리 하는 대화는 이해하기 힘들다(여성들의 대화도^^).
4) 한 번 빠져들면 월급의 반은 그것의 액세서리를 추가로 구입하는 데 쓰인다.

 컴퓨터가 업그레이드가 안 되면 외면당하듯이, 사람도 업그레이드가 안 되면 외면당한다!

해어지화(解語之花)
말을 알아듣는 꽃. 즉, 현종 때 양귀비를 일컫는 뜻임

1963년　한국-오스트리아, 국교수립
1984년　서울 지하철 2호선 전 구간 개통
2005년　북한 화물선 21년 만에 남한에 입항

스튜어디스를 한국어로 표현하면?	비행소녀
일찍 자고 일찍 일어나면 체중(體重)이 빠진다?	O
북한에선, 긴장도(緊張度)를 뭐라고 할까?	켕김도
닿아도 감전이 되지 않는 전기는?	무전기

오늘의 유머

국민이 원하는 건?

어느 나라의 약간은 푼수 같은 대통령이 수해 지역을 헬기를 타고 시찰하던 중, 갑자기 재미있는 생각이 났는지 같이 탄 보좌관에게 말했다.
"내가 만약에 100$을 떨어뜨리면, 그 돈을 주운 국민은 정말 좋아하겠지?"
– 아부로 잔뼈가 굵은 보좌관 한 명이 거들었다.
"100$을, 10$짜리 10장으로 떨어뜨리면, 열 명이 좋아할 것입니다!"
– 그러자 아부에는 더 일가견이 있는 다른 보좌관이 말했다.
"그것보다는 1$짜리 100장으로 바꿔서 떨어뜨리면 100명이 대통령께 감사하며 좋아할 것입니다!"
– 이렇게 아부에 아부를 계속하고 있는데, 조종사가 중얼거렸다.
"내가 만약에 헬기를 추락시키면, 온 국민이 춤을 추며 좋아하겠지?"

 말에 의한 상처는 칼에 의한 상처보다 더 깊고 심하다!

설망어검(舌芒於劍)
혀끝은 칼날보다 날카로움. 즉, 사람의 말은 칼보다 날카롭게 예리하다는 뜻임

38선 월경 금지 1946년
2002년 아시안게임 부산개최 확정 1995년
노무현 대통령 서거 2009년

DAY
5월 23일
143/365

 기초적인 바둑을 가르치는 학교가 있는 역은? — 오목교역

 바둑돌 흰색과 검은색은 크기가 똑같다? — X (검은색은 축소색, 흰색이 확대색이라 검은 색이 조금 더 큼)

 북한에선, **구설수(口舌數)**를 뭐라고 할까? — 말밥

 가로줄과 세로줄이 만나는 곳에서 줄타기하며 싸우는 것은? — 바둑

오늘의 유머

돌!

맹구가 아빠와 바둑을 두었으나 만방으로 지고 말았다. 그런데도 싱글벙글 이다.
"아빠, 바둑이 너무 재미있어요!"
"맹구야. 세 판을 내리 깨지고도 뭐가 재미있어. 이~ 돌아!"
아빠는 맹구를 무시하다 못해 아들을 돌로 여긴 것이다. 그래도 맹구의 의지는 꺾이지 않았다.
"그래도 바둑을 두면서 배운 게 한 가지 있어요!"
"뭘 배웠는데?"
"비록 돌(돌 머리) 일지라도, 돌끼리 뭉치면 대단한 힘을 발휘한다는 걸 깨달았어요!"

 경쟁자(競爭者)를 친구로 삼는 것은 통쾌한 일이다!

대동단결(大同團結) 크게 한가지로 모임. 즉, 여러 집단이나 사람이 어떤 목적을 이루려고 크게 한 덩어리로 뭉침을 뜻함

1408년 조선 태조 이성계 승하
1974년 팔당댐 준공
2004년 조흥은행 마지막 주총 개최

군함과 바둑돌 중, 바둑돌이 더 무거운 이유는?	군함은 물에 뜨는데, 바둑돌은 물에 가라앉음
이발소 간판의 빨강은 **동맥**, 파랑은 **정맥**, 흰색은 **붕대**를 뜻한다?	O
북한에선, **이발사**를 뭐라고 할까?	까까쟁이
손님보다는 주인이 깎아 주려고 애쓰는 곳은?	이발소

한다면 합니다!

- 달수가 새로 생긴 이발소에 들어갔다.

이발사 : 어서 옵쇼! 어떻게 해드릴까요?
달 수 : 면도만 하려고 하는데, 상처 내는 일은 없겠죠?
이발사 : 염려 마세요, 손님. 그런 일은 없겠지만, 만일 상처를 내면 제가 10만 원을 벌금으로 내겠습니다!
달 수 : 정말, 10만 원을 벌금으로 주나요?
이발사 : 정말 드린다니 까요. 방금 전에 나간 손님도 30만 원이나 받아 가셨는데요!

 실수를 전혀 하지 않으려는 사람은 아무 것도 이룰 수 없다!

철두철미(徹頭徹尾)
머리에서 꼬리까지 관통함. 즉, 시작부터 끝까지 철저하게 투철함을 뜻함

[방재의 날]
베이브 루스, 714호 홈런 기록   1935년
부산항만관리청 발족   1973년
시인 피천득 별세   2007년

 100m 달리기에서 꼴찌를 추월해서 들어오면 몇 등일까?　　**꼴찌는 추월 못함**

 재미있는 얘기를 여럿이 들으면 더 재미있다?　　**O** (대뇌의 변연계 영향)

 북한에선, **단거리 달리기**를 뭐라고 할까?　　**짧은 거리 달리기**

 꼬집어도 아픈 줄 모르는 사람은?　　**인형**

고 3의 기도!

한 고3 학생이 수능 시험일을 얼마 남지 않자, 시간이 부족함을 느꼈다. 그래서 하나님께 간절히 기도를 했다.
"하나님! 제발 한 달, 아니 보름이라도 좋으니, 조금만 더 시간을 주시옵소서!"
그러자 학생의 간절한 기도에 감동했는지 하늘에서 음성이 들려왔다.

"너는 그 동안 아주 착하게 살아 왔구나. 내 너를 불쌍히 여기고, 또한 기도가 아주 간절하니, 특별히 1년이란 시간을 더 주겠노라~!"

 예상되는 사건에 대한 공포는 미리 그 공포를 가상 체험하면 제거된다!

하대세월(何待歲月)
어찌 세월을 기다릴까. 즉, 세월을 기다리기가 몹시 지루함을 뜻함

1898년　군산, 청진, 마산항 개항
1993년　한국-에리트레아, 국교 수립
1999년　과학실험위성 [우리별3호], 인도 샤르기지에서 발사

 정치인들이 좋아하는 아주 비싼 귀금속은? — 비자금

 외국 동전의 **초상화(肖像畵)**가 얼굴 반쪽만 있는 이유는 제작비를 절감하기 위해서이다? — O

 북한에선, **나무늘보**를 뭐라고 할까? — 게으름뱅이

 금은 금인데, 항상 손에 쥐고 다니며 사고 팔 수 없는 금은? — 손금

오늘의 유머

비문!

한 시골 마을에, 평생을 독신으로 살면서 순결을 지킨 할머니가 있었다.
죽을 날이 얼마 남지 않았음을 예감한 할머니는 마을 장의사에게 가서 자신의 묘비 문을 다음과 같이 새겨달라고 했다.
'처녀로 태어나, 처녀로 살다가, 처녀로 죽다!'
얼마 후, 이 할머니는 돌아가셨고, 장의사는 좋은 비석을 골라 석공에게 묘비명을 새겨달라고 부탁했다. 석공은 매우 게으른 사람이라, 퇴근할 시간이 되자 빨리 집에 가고 싶자, 묘비명이 쓸데없이 길다고 생각하고, 탁월한 압축력으로 원문 17자를 5자로 줄여서 비석에 새겨 넣었다.
미 개 봉 반 납!

 독신의 이점은 결혼기념일을 기억하지 않아도 된다는 것이다!

하로동선(夏爐冬扇)
여름의 화로와 겨울의 부채. 즉, 때와 장소를 구별 못하는 쓸모없는 재능을 뜻함

한강 인도교(구교) 기공식 1917년
경인고속도로 기공 1967년
새 플라스틱 주민증 갱신 1999년

 우리나라 정치인이 가장 좋아하는 영화 주인공은, 로보캅으로 조사되었다. 가장 좋아하는 이유는? — 철면피

 돼지는 하늘을 우러러 볼 수 없다? — O (목뼈의 구조상 볼 수 없음)

 북한에선, **괜찮다**를 뭐라고 할까? — 일없다

 항상 꿀만 찾아도 꿀 한 번 못 얻어 먹는 것은? — 돼지

일목요연!(一目瞭然)

일본의 외무장관을 역임한 **이누가이**는 한쪽 눈이 없었다. 어느 날 국회 국정보고에서 한 야당의원이 "장관은 한쪽 눈 밖에 없으면서 국제정세를 어떻게 보려고 하시오?"라며 빈정거렸다. 남의 신체상의 약점을 갖고서 빈정거리는 의원에게 그는 미소를 지으면서 태연하게 대답했다.

"예, 저는 한 쪽 눈 밖에 없어서, 국제정세(國際情勢)를 일목요연하게 볼 수 있지요!"

아주 좋다고 하면 혀보다 좋은 것이 없고, 아주 나쁘다 하면 혀보다 나쁜 것이 없다!

일목요연(一目瞭然)

한 눈에 밝게 함. 즉, 한 번 보고도 훤히 알 수 있을 만큼 분명하다는 뜻

1905년　경부선 철도 개통식
1981년　[국풍 81] 개막
1986년　올림픽공원 준공

	제비족에게 최초로 당한 여자는?	놀부 마누라
✕	돼지 저금통은 우리나라에서 처음 만들었다?	X (영국)
	북한에선, **플라타너스**를 뭐라고 할까?	방울나무
	방울은 방울인데, 흔들어도 소리 나지 않는 방울은?	땀방울

오늘의 유머

결혼기념일 선물!

결혼기념일에 남편이 아내와 외식자리에서 말했다.
"여보, 결혼기념일 선물로 뭘 갖고 싶어?"
아무 대답도 하지 않는 아내에게 남편이 다시 한 번 말했다.
"뭐가 갖고 싶어? 옷? 새 차? 다이아몬드? 어떤 거야, 어서 말해봐?"
그러자 부인이 냉정한 눈빛으로 대답했다.
"난 이혼을 원해요!"
그러자 남편의 얼굴이 하얗게 변하더니 말했다.

"뭐라고? 그렇게 비싼 건 안 돼!!"

 아내의 잔소리를 명심보감(明心寶鑑)으로 알고 살면 이혼 당하지 않는다!

월하빙인(月下氷人)
달 아래 얼음인간. 즉, 부부의 인연을 맺어 준다는 전설속의 사람을 뜻함

임진왜란 중 옥포대첩 거북선 완성, 첫 참전   1592년
파리서 고려금속활자로 인쇄된 직지심경 발견   1972년
한국인 첫 에베레스트 등정에 성공한 고 고상돈씨 동상 제막   2005년

 아빠가 일어나면, 엄마는 책보는 곳은 어디일까?　　　　　　　노래방

 접는 부채를 세계 최초로 만든 나라는 일본이다?　　　　　　　X (한국)

 북한에선, **철새**를 뭐라고 할까?　　　　　　　　　　　　　　계절조

 맞으면 노래하는 구멍 뚫린 세모는?　　　　　　　　　　　　트라이앵글

청혼방법!

기자가 인기가수와 탤런트, 그리고 비리가 있는 정치인을 선정해 청혼방법을 물었다.
가수에게 먼저 물었다. **"부인께 어떤 방법으로 청혼을 했나요?"**
가수는 향기로운 노래를 이용해 청혼을 했다고 말했고, 탤런트는 타고난 눈물 연기로 부인을 꼬드겼다고 실토했다.
기자가 마지막으로 정치인에게 물었다. **"부인을 어떤 방법으로 꼬드겼나요?"**
정치인은 세 가지 공약을 내세워 부인을 쟁취했다는 말을 했다.
기자가 물었다.
"그 세 가지 공약사항을 이 자리에서 밝힐 수 있나요?"
정치인이 대답했다.
"기억이 안 납니다!"

 악당은 상대를 기만 한 것이 아니라, 자신의 양심을 기만 한 것이다!

유야무야(有耶無耶)
있기도 하고 없기도 함. 즉, 있는지 없는지 모르게 희미함을 뜻함

1431년　프랑스 성녀 잔 다르크 화형
1981년　라만 방글라데시 대통령 피살
2003년　프랑스 콩코드, 마지막 운항

	소금 장수가 제일 좋아하는 사람은?	싱거운 사람
	목소리의 저음(低音)은 노력하면 어느 정도 낮아진다?	X (선천적)
	북한에선, 역반응(逆反應)을 뭐라고 할까?	거꿀반응
	열에는 한 개, 백에는 두 개, 천에는 세 개가 있는 것은?	ㅇ

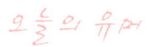

신장상담?

어느 종합병원 화장실에서 볼일을 보던 남자가 벽에 쓰인 글씨를 봤다.
신장상담 010 - xxx - xxxx
남자는 전화번호를 자신의 핸드폰에 저장 해 놓고 집으로 돌아가 전화를 걸었다.
"여보세요. 거기 신장 상담하는 곳 맞죠?"
상대편에서는 아주 친절한 목소리로 전화를 받았다.
"예~ 맞습니다!"
그러자 남자는 안심하며 고민을 털어놓기 시작했다.
"제가요……. 키가 150cm 인데요. 더 클 수 있을까요?"

 성장은 25세 전후에 마무리되지만, 인격적 성장은 평생에 걸쳐서 이뤄진다!

교학상장(敎學相長)　배우고 가르치면 더 길어짐. 즉; 배우는 것뿐만 아니라 가르쳐 보아야 학문을 성장시킬 수 있음을 뜻함

[바다의 날]
전국에서 첫 반상회 1976년
제1회 바다의 날 1996년
2002 한일월드컵 개막 2002년

☺	사람이 물에 빠졌을 때 구명보트로 몇 명까지 구할 수 있나?	**아홉 명**
✖	바다에서도 **음주운항(飮酒運航)**을 단속한다?	O
🇰🇵	북한에선, **연해(緣海)**를 뭐라고 할까?	**곁바다**
🇰🇷	백 명을 태울 수 있는 배가 오십 명을 태웠는데 가라앉은 이유는?	**잠수함**

오늘의 유머

안전사고!

– 바닷가에 놀러온 한 꼬마가 엄마에게 물었다.
꼬마 : 엄마, 수영해도 돼요?
엄마 : 안 돼. 물이 너무 깊어서 위험해!
– 꼬마는 엄마를 다시 졸랐다.
꼬마 : 엄마. 하지만 아빠는 수영하고 있는데….
– 그러자 엄마가 대답했다.

"아빠는 보험을 들어 놨단다!"

▶ 해변을 떠날 용기가 없다면 결코 새로운 바다를 발견할 수 없다!

토영삼굴(兎營三窟)
토끼집은 입구가 세 개. 즉, 자신의 안전을 위하여 미리 몇 가지 술책을 마련함을 뜻함

1961년   ROTC 창설, 1기생 전국 16개 대학에서 모집
1990년   한국 네트워크, 인터넷에 처음 연결. 한국 인터넷시대 개막
2005년   청계천 통수식

 정직한 정치인, 청렴한 변호사, 산타클로스 할아버지, 양복 입은 신사가 보석을 감정하고 있었는데, 순간 정전이 된 후 보석이 없어졌다. 누가 가져갔을까? | **양복 입은 신사** (나머지 세 사람은 현존하는 인물이 아님)

 하마(河馬)는 육식동물이다? | X (초식)

 북한에선, 클로즈업을 뭐라고 할까? | 큰 보임새

 술은 술인데, 어린이가 배워도 되는 술은? | 무술

오늘의 유머

동물원에 처음 간 북한 어린이!

- 김만철과 리영철 두 학생이 선생을 찾아왔다.
김만철 : 선생님 영철이가 방금 내 뺨을 때렸습네다!
선 생 : 리영철! 와 친구를 때린?
리영철 : 만철이가 1년 전에 나를 보고 하마라고 놀려서 한 대 먹였습네다!
선 생 : 아니, 1년 전에 먹은 욕을 와 오늘에서야 분풀이를 핸?
리영철 : 저는 지금에야 처음으로 동물원에 와서 하마를 보았습네다!

 행동이 없는 교육은 무의미하고, 교육이 없는 행동은 위험하다!

금시초문(今時初聞) 지금에서야 처음으로 들음. 즉, 상대로부터 그동안 전혀 몰랐던 소식이나 소문 등을 전해 들었음을 뜻함

사탕배급제 실시   1940년
금산 위성통신지구국 개국   1970년
잠수함 장보고함 취역   1993년

DAY
6월 2일
153/365

 문어의 손과 발을 구별하려면?   몽둥이로 머리를 때려서 머리로 올라오는 것이 손

 낙타의 등의 혹은 태어날 때부터 있다?   X (자라면서 생김)

 북한에선, **몰매**를 뭐라고 할까?   무리매

 어린이들이 많이 사는 도시는?   삼척 (삼척동자)

정신병 테스트!

– 한 정치인이 정신병원 원장에게 어떻게 정상인과 비정상인을 결정하느냐고 물었다.

"먼저 욕조에 물을 채우고. 욕조를 비우도록 차 숟가락과 찻잔과 바가지를 줍니다!"

"아하……. 알겠습니다! 그러니까 정상적인 사람이라면 숟가락보다 큰 바가지를 택하겠군요?"

그러자 원장 왈.

"아닙니다. 정상적인 사람은 욕조 배수구 마개를 뽑아냅니다!"

 현명해지기란 무척 쉽다! 머릿속에 떠오른 말 중, 바보 같다고 생각되는 말을 하지 않으면 된다!

거일명삼(擧一明三) 하나를 들어 세 개를 이해함. 즉, 하나를 들어 세 개를 아는 대단히 현명하고 이해가 빠른 것을 뜻함

1786년 　추사 김정희 출생
1936년 　총독부 발행 조선민력에 음력을 폐지하고 양력 발행을 결정
1969년 　호남 정유공장 준공

 63빌딩 옥상에서 아버지와 두 아들이 떨어졌는데 3명 모두 살았다. 죽지 않고 산 이유는?　　　아버지=> 제비족, 큰아들=> 비행청소년, 작은아들=> 덜 떨어진 놈

 63빌딩보다 **남산타워**가 더 높다?　　　X (63빌딩=249m, 남산타워=236.7m)

 북한에선, **부랑자**를 뭐라고 할까?　　　꽃제비

 도둑고양이와 도둑이 좋아하는 금은?　　　살금살금

넓어지는 기계!

시골 할아버지가 서울 구경을 와 63빌딩에서 엘리베이터라는 것을 난생 처음 보게 됐다. 하도 신기해서 엘리베이터 앞을 기웃거리고 있으려니까 웬 늙은 할머니가 그 안으로 들어가는 것이었다. 그런데 이게 웬 일인가? 조금 후에 거기서 젊은 아가씨가 나오는 게 아닌가. 그걸 본 할아버지.

"아깝다! 우리 할망구 데리고 와서 태웠어야 하는 건데~!"

 현재 가지지 못한 것에 대한 집착은, 시간 낭비이고 에너지 낭비일 뿐이다!

거일반삼(擧一反三) 하나를 들어 세 가지를 돌이킴. 즉, 하나를 알면 다른 것 까지도 유추해서 반성하거나 깨달음을 뜻함

최초의 공중욕탕 평양에서 개설　1920년
우리나라 첫 태양광 발전소가 [아차도]에 준공　1980년
중국 천안문사태 발생　1989년

 만두 장수가 가장 듣기 싫어하는 말은?　　　　　　　　아이고 속 터져!

 목의 **성대(聲帶)**가 아플 때 소금물로 헹구면 좋다?　　　X (자극을 주어 좋지 않음)

 북한에선, **벼락부자**를 뭐라고 할까?　　　　　　　　　갑작부자

 열 한 사람이 노래하며 가고, 한 사람이 누워서 가는 것은?　상여(喪輿)

오늘의 유~

용서!

모기가 죽어서 하나님 앞에 갔다.
피 터져 죽은 것이 너무나 억울한 모기가 하나님께 하소연했다.

"하나님~ 사람들은 파리는 죽이지는 않고 그냥 손으로 쫓기만 하는데, 왜 우리는 꼭 창자가 터지게 때려 죽이나요? 너무 불공평한 일입니다 너무 억울합니다. 흑 흑 흑!"

그러자 하나님 말씀하시길…….

"파리는 항상 손으로 싹싹 빌고 있잖니!"

 역경은 부자를 만드는 게 아니라, 사람을 슬기롭게 만든다!

불변숙맥(不辨菽麥) 콩과 보리를 구별하지 못함. 즉, 콩과 보리도 구별하지 못할 만큼 세상 물정에 매우 어두움을 뜻함

[환경의 날]
1910년 [마지막 잎새], 미국 소설가 오 헨리 사망
1973년 제1회 세계환경의 날
1981년 AIDS(후천성면역결핍증) 미국에서 첫 발견

 한국 최초 그룹 다이빙에 성공한 팀은? — 삼천궁녀(낙화암)

 화장실의 **화장**이란 글자와 화장술의 **화장**이란 글자는 한자(漢字)도 똑같다? — O (化粧)

 북한에선, **화장실**을 뭐라고 할까? — 위생실

 혼자만으로도 만원(滿員)이 되는 곳은? — 화장실

화장실의 표어!

1) 한발만 앞으로 오세요. 기분까지 좋아집니다!
2) 남자가 흘리지 말아야 할 것은 눈물만이 아닙니다!
3) 흘리지 마세요. 흘린다는 것은 당신의 것이 짧다는 것입니다!
4) 아름다운 사람은 머문 자리도 아름답습니다!
5) 만약, 당신이 저를 깨끗하게 사용해 주신다면, 제가 본 것을 아무에게도 말하지 않겠습니다! – 변기 올림 –

 화장실은 일회용이 아니다. 우리가 언제나 다시 찾을 곳이다!

근묵자흑(近墨者黑)
먹을 가까이 하는 사람은 검어짐. 즉, 사람은 주변의 환경이나 친구의 영향을 받게 됨을 뜻함

[현충일], [망종(芒種)] 양력 6월 6, 7일 경
기독교청년회(YMCA) 창설 1884년
제1회 현충일 1956년
카터 미국 대통령 후보. 주한미군 철수계획 발표 1976년

 편식이 아무리 심한 사람이라도 어쩔 수 없이 먹는 것은? — 나이

 애국가에 나오는 **남산**은 서울 중구 회현동에 있는 남산이다? — X (앞에 있는 산을 남산 뒤에 있을 산은 **북산**이라 함)

 북한에선, **뮤지컬**을 뭐라고 할까? — 가무이야기

 담은 담인데, 군인들이 좋아하는 담은? — 무용담

오늘의 유머

작곡가 이름?

맹구가 면접을 보러 갔다.
면접관 : 자네, 애국가를 작곡한 사람이 누군지 아나?
맹　구 : 혹시 첫 자가 **안자** 이고 끝 자는 **태자**가 아닌가요?
　- 아는 사람이 하나도 없어 낙심하던 면접관이 반가워서 말했다.
면접관 : 그래 맞아. 어서 마저 말해보게.
맹　구 : (자신 있는 큰소리로 대답했다.)
　　　　안단테요!

 신은 보통사람을 가장 좋아하시고 사랑하신다. 그래서 보통사람을 가장 많이 만드셨다!

백의민족(白衣民族)
흰옷을 입는 민족. 즉, 예로부터 흰옷을 즐겨 입은 우리나라를 뜻함

1954년　국립중앙혈액은행 발족
1954년　세계최초 컴퓨터 개발자 앨런 튜링 자살
1982년　5개 시중은행 공동으로 신용카드 발급

 23.5도 기울어져 있는 역은?　　　　　　　　　　지축역

 몸에 때가 많으면 가렵다?　　　　X (때는 각질층의 일부로 피부를 가렵게 하지 않음)

 북한에선, **소형택시**를 뭐라고 할까?　　　　발바리차

 윗니보다 아랫니가 더 많은 것은?　　　　　　피아노

오늘의 유머

삼순이의 슬픔!

삼순이는 이름 때문에 어렸을 때부터 항상 놀림을 받았다. 어느 날 이름이 촌스럽다고 놀림을 받은 삼순이가 울면서 택시를 탔다.

택시기사 : 아니, 다 큰 처녀가 왜 길에서 울고 다녀?
삼 순 이 : 글쎄 친구들이 자꾸 이름 가지고 놀려서 그래요.
　　　　　저는 그게 평생 스트레스거든요. 훌쩍 훌쩍~
- 그러자 택시기사가 말했다.

"이름이야 뭐 아무러면 어때? 삼순이만 아니면 되지!"

 욕심을 부리지 않는 사람은 행복하다. 왜냐하면 실망 할 것이 없기 때문이다!

인사유명(人死留名)　사람이 죽으면 이름을 남긴다. 즉, 호랑이는 죽어서 가죽을 남기듯이 사람은 죽어서 이름을 남김을 뜻함

사육신 처형 1456년
숙종 사망 1720년
구총독부건물 해체결정 1994년

| 컴퓨터와 함께 살고 있는 동물은? | 마우스 |

| 컴퓨터는 2진법으로 0과 1만을 쓴다? | O |

| 북한에선, 설명문을 뭐라고 할까? | 알림문 |

| 가죽을 먼저 벗기고, 털을 나중에 뽑는 것은? | 옥수수 |

오늘의 유머

빌 게이츠 묘비문!

컴퓨터의 황제 빌 게이츠! 그가 세상을 떠났다.
석 공 : 묘비명을 무엇으로 할까요?
친 구 : 음~ 어떤 것이 좋을까요?
석 공 : 컴퓨터의 황제 여기 잠들다!
 아니면, 빌 게이츠! 컴퓨터 역사에 영원히 기억되리…….
친 구 : 아냐……. 뭔가 부족해. 음~ 뭐가 좋을까?
석 공 : 이렇게 하면 어떨까요?
친 구 : 그래. 그게 좋겠군!
 내용인 즉, X년 X월 X일 빌 게이츠님께서 [로그아웃] 하셨습니다!

 인생은 일을 함으로써 값어치가 있다. 빈곤한 휴식은 죽음을 의미한다!

인생무상(人生無常)
인생은 항상 있지 않음. 즉, 인생은 영원하지 않고 덧없음을 뜻함

1781년 증기기관차 발명가 스티븐슨 출생
1968년 로마 폭군황제 네로 자살
1996년 제35차 세계광고대회 서울서 개막

 기러기는 거꾸로 해도 **기러기**다. 그럼 쓰레기통을 거꾸로 하면? — 쏟아진다

 기러기가 V자 대형으로 날아가는 이유는 에너지를 절약하기 위함이다? — O

 북한에선, **생활필수품**을 뭐라고 할까? — 인민소모품

 거꾸로 서면 셋을 손해 보는 숫자는? — 9

오늘의 유머

제한속도!

순찰차가 수녀들이 타고 있던 차를 세웠다. 이유는 너무 저속으로 달리고 있었기 때문에 뒤 차량들이 너무 밀려있었기 때문이다.

경 찰 : 안녕하세요? 수녀님. 왜 그렇게 느린 속도로 달리세요?
수 녀 : 안내판을 보니 [40]이라고 쓰여 있기에 제한속도인줄 알았어요.
경 찰 : 하하하! 그건 제한속도가 아니고 도로의 번호입니다.
수 녀 : 아! 미안합니다. 몰랐어요!
- 그런데 경찰이 뒷좌석을 보자 세 명의 수녀가 공포에 질린 창백한 표정으로 쪼그리고 앉아 기진맥진 해 있었다. 이상하게 생각한 경찰이 물었다.
경 찰 : 뒷쪽의 수녀님들에게 무슨 일이 있는 겁니까?
수 녀 : 글쎄요……. 조금 전에 [140]번 도로에서 이 길로 접어들었는데……. 그래서 그런가?

 믿어주지 않으면, 거짓에 익숙해진다!

유취만년(遺臭萬年)
냄새를 만년동안 남김. 즉, 더러운 이름을 오래도록 남김을 뜻함

[6.10 민주항쟁기념일]
10환을 1원으로, 2차 화폐개혁 1962년
6·10 민주화항쟁 1987년
전쟁기념관 개관 1994년

 고진감래를 유머로 풀이하면? **고생을 진탕하고 나면 감기몸살 온다**

 고양이 머리에 봉지를 씌우면 뒤로 간다? O

 북한에선, **팔레트(미술)**를 뭐라고 할까? 갤판

 쥐는 쥐인데, 고양이를 보고도 무서워하지 않는 쥐는? 박쥐

오늘의 유머

미술 숙제!

미술 시간이었다. 선생님이 인물화 한 장을 그려 오라는 숙제를 냈다. 맹구는 누구를 그릴까 고민하다가, 친구인 짱구를 그리기로 했다. 다음 미술 시간, 맹구는 만족한 마음으로 미술 숙제를 제출했다. 그런데 선생님이 그 그림을 보고 하는 말,
"맹구야. 그림이……. 이게 뭐야? 얼굴이 너무 크고, 목은 너무 짧아. 그리고 코와 입이 삐뚤어졌어. 30점이야!"
맹구는 너무 억울했다. 다음날 맹구는 **짱구**를 데리고 선생님에게 갔다.
짱구를 유심히 본 선생님 말씀,
"음……. 점수가 잘못됐다. 맹구야, 넌 100점이다!"

 자신의 생각대로 살아야 한다. 그렇지 않으면 결국 자기가 사는 대로 생각하게 된다!

고진감래(苦盡甘來)
쓴 것이 가고나면 단 것이 옴. 즉, 고생 끝에는 낙이 찾아옴을 뜻함

1923년 경성무선전신국 설치
1979년 한국-쿠웨이트, 국교수립
1980년 음주측정기를 이용한 음주운전 단속 시작

 군계일학을 유머로 풀이하면? — 군대에서는 계급이 일단 학력보다 우선이다

 나침반(羅針盤)을 세계 최초로 발명한 나라는 중국이다? — O (중국인은 풍수보기를 즐겼음)

 북한에선, 패스워드를 뭐라고 할까? — 통과암호

 영희네 집은 자매만 8명인데, 이름이 첫째부터 빨희. 주희. 노희. 초희. 파희. 남희. 보희였다. 나머지 한 명 막내의 이름은? — 영희

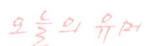

돈 되는 할머니!

빅토리아 여왕의 손자 중, 낭비벽이 심한 손자가 있어서 여왕으로부터 항상 노여움을 사고 있었다. 그 손자가 여왕에게 문안을 빙자하여 자기의 생일을 알리고, 생일 선물로는 돈이 가장 환영받을 선물이 될 것이라는 것을 암시하는 편지를 썼다.

이 요구에 대하여 여왕은 직접 친필로 손자에게, 사치는 큰 죄악이며 검소한 생활이 가장 유익하다는 충고의 회신을 보냈다.

그러자 얼마 후 손자로부터 회신이 왔다.

"친애하는 할머님! 충고의 편지 잘 받았습니다. 저는 할머님의 사랑어린 친필 충고편지를 5만 파운드 받고 팔았습니다. 감사합니다!"

 게으름에 대한 하늘의 보복은 두 가지가 있다. 하나는 자신의 실패요, 다른 하나는 그가 하지 않은 일을 한 옆 사람의 성공이다!

군계일학(群鷄一鶴)
닭 무리 중의 학 한 마리. 즉, 평범한 사람 가운데의 뛰어난 사람을 뜻함

6.25전쟁 13일전, 한국은행 창립 1950년
5백 원짜리 새 주화 발행 1982년
한국과학기술원(KAIST)에서 한국과학기술연구소(KIST) 분리 독립 1989년

구명보트를 콩글리시로 만들면?	ship 새끼
사람은 자신의 호흡을 멈춰 자살(自殺)을 할 수 없다?	O
북한에선, 파고(波高)를 뭐라고 할까?	물결높이
실패하면 살고, 성공하면 죽는 것은?	자살

오늘의 유머

기도!

바다 한가운데서 배가 좌초되었다. 배가 파도에 휩쓸려 가라앉기 시작하자 선장은 소리쳤다.
"누구 기도할 줄 아는 사람 없나?"
"제가 기도할 줄 압니다!"하고 한 사나이가 앞으로 나왔다.
"좋아. 그렇다면 자네는 기도를 해주게!"하고 선장이 말했다.
– 그 사나이가 기도를 시작하자 선장은 다시 외쳤다.
"나머지 사람들은 시간이 없다! 어서 구명조끼를 입고, 구명보트에 올라타라! 서둘러라!"

 결국에 가서는 별 볼일이 없고, 가장 영양가 없는 의리는 돈에 대한 의리다!

구절양장(九折羊腸) 아홉 번 구부러진 양의 창자. 즉, 양의 창자처럼 매우 구불구불하여, 일이나 앞길이 매우 험난함을 뜻함

1398년 목화 전래자 문익점 사망
2002년 미군장갑차에 치여 여중생 2명 사망
2006년 한국 축구 대표 팀, 토고를 2대1로 꺾어 월드컵 사상 첫 원정 승리

☀	닭 중에서 가장 빠른 닭은?	후~다~닭
✖	햇볕이 내리쬐일 때, 흰 양산과 검은 양산 중 검은 양산이 더 시원하다?	O
	북한에선, **주름치마**를 뭐라고 할까?	양산치마
	털 있는 것이 맨 몸뚱이만 있는 것을 낳고, 맨 몸뚱이만 있는 것이 털 있는 것을 낳는 것은?	계란

오늘의 유머

선물!

어느 날, 다섯 명의 자녀를 둔 아버지가 장난감을 사 가지고 들어왔다.
아버지 : 엄마 말씀을 제일 잘 듣는 사람한테, 이 장난감을 선물로 주겠다.
아이들 : 에 이~~, 줄 생각이 없으시구나!~
아버지 : 진짜로, 엄마 말씀을 제일 잘 듣는 사람한데 선물로 준다니까!
아이들 : 에이, 그럼 아빠잖아요!

 과거는 역사다. 미래는 신비다. 오늘은 선물이다. 그래서 우리는 **현재**를 선물(Present)이라고 부른다.

- **반신반의(半信半疑)**
  반은 믿고 반은 의심함. 즉, 얼마쯤 믿으면서도 한편으로는 의심함을 뜻함

양귀비 자살 1756년
오류기 제정 1914년
한국 포르투갈 1 : 0 승. 사상처음 월드컵 16강 진출 2002년

 펭귄이 다니는 고등학교는?   냉장고, 냉동고

 펭귄은 **조류(鳥類)**다?   O

 북한에선, **보너스**를 뭐라고 할까?   가급금

 땅딸보가 날마다 정장을 입고 걷기 운동을 하는 것은?   펭귄

공모!

어려운 고비에 처한 회사의 경영진은 100만 원의 상금을 걸고 회사 경비를 절약하기 위한 아이디어를 모집했다.

그런데 일등상은, 다음과 같은 아이디어가 받았다.

'앞으로, 이런 아이디어 공모에는 상금을 10만 원으로 줄여야 합니다!'

 경영자는 부하에 대한 봉사자이기도 하다. 상사 대하듯 부하를 대하면 많은 부하를 얻는다!

물실호기(勿失好機)
좋은 기계를 잃지 않음. 즉, 좋은 기회를 놓치지 않고 잡음을 뜻함

918년   고려건국
1949년 군인용 담배 [화랑] 제조
1996년 버스카드제 실시

 학이나 왜가리들이 한 발을 들고 물위에 서 있는 이유는?   두 다리를 다 들면 물에 빠지니까

 학이나 왜가리들이 한 발을 들고 물위에 서 있는 이유는, 적 출현 시 빠르게 도망치기 위한 것이다?   X (체온조절)

 북한에선, 수학여행을 뭐라고 할까?   배움 나들이

 학은 학인데, 날지 못하는 학은?   수학

검둥개들의 소원!

사람과 마찬가지로, 동물들도 없는 것에 대한 소망을 갖고 있다. 그래서 흰 개는 검정개를 좋아하고, 검정개는 흰 개를 좋아해서 점박이가 태어난다.
검둥개 100마리가 우르르 길을 가다 요술램프를 발견하여 뚜껑을 열자 램프는 동화에서처럼 '펑!' 하면서 마법사가 나와 말했다.
"너희들의 소원을 한 가지씩만 들어주겠다. 단 같은 말을 쓰면 효력이 없다~! 선착순 집합!!!" 1번 발바리부터, 100번 멍구까지 한 줄로 집합했다. 첫 번째 검둥개부터 소원을 말했다. '전, 백견이 되고 싶어요!' 두 번째, '전~요~, 하얗게요~~!' '전, 흰 개요!' '흰눈 같이요!' '흰 백설기 같이요!' '백색 강아지요!' '하얀 눈처럼 이요!' ~~
그렇게 모두가 소원을 말하여, 다 하얀 개로 바뀐 놈들은 너무 좋아서 어쩔 줄 몰라 하며 뒹굴고, 뛰고 야단이 났다. 99까지는 그럭저럭 잘 갔으나, 마지막 100번째 검둥개인 멍구가 소원을 빌 차례가 되었는데 도무지 생각이 나질 않았다. 마법사가 독촉하며 말했다. "그래, 넌 뭘 원하느냐?" 그러자, 다른 개들이 날뛰는 모습을 쳐다보고 있던 멍구는 열 받다 못해 성질 난 목소리로 이렇게 외쳤다.
"저 자식들, 전부 다 까만 개로 바꿔 주세요!"

 수확할 희망이 없다면 농부는 씨를 뿌리지 않으며, 이익을 얻을 희망이 없다면 상인은 장사를 시작하지 않는다!

이전투구(泥田鬪狗)
진창에서 싸우는 개, 즉, 명분이 서지 않는 일로 몰골사납게 싸움을 하는 것을 뜻함

국내 최초 TV방영 시작 1956년
제1회 소년체전 개막 1972년
정주영 현대그룹 명예회장, 소떼와 함께 방북 1998년

 소변금지 구역에서 대변을 보면 어떤 판결이 나올까? **무죄**

 장(腸)의 **숙변(宿便)**은 정기적으로 청소해주면 건강에 좋다? **X** (숙변은 없음)

 북한에선, **냉장고**를 뭐라고 할까? **랭동고**

 넷은 다섯으로, 다섯은 넷으로 적혀 있는 책은? **옥편**
(四와 五의 획수)

쵸능력!

맹구 : 엄마, 나는 이상한 초능력을 가졌나 봐요!
엄마 : 그래?
맹구 : 내가 어젯밤에 소변을 보려고 화장실 문을 열었더니, 글쎄 불이 자동으로 켜지잖아요. 그리고 문을 닫으니까 불이 자동으로 꺼졌어요!
엄마 : 아이고! 내가 못 살아. 너 또 냉장고에다 오줌을 쌌구나!!!

 지불 능력도 없으면서 물건을 사는 사람은, 가난의 씨를 뿌리는 사람이다!

시종일관(始終一貫)
처음과 끝이 하나로 이어짐. 즉, 일의 처음부터 끝까지 변함이 없는 것을 뜻함

1925년   제1회 전국중등학교야구연맹전 개최
1950년   신장이식수술 세계최초로 성공
1992년   한글 로마자 표기법 단일안 합의

 새우와 고래가 1:1로 싸우면 새우가 이긴다. 왜 그럴까?   새우는 깡이고, 고래는 밥이니까

 물의 습도는 100이다?   X (공기 중의 수분함량을 습도라 함)

 북한에선, **기생동물(寄生動物)**을 뭐라고 할까?   붙어살이동물

 젊어서부터 허리가 구부러진 것은?   새우

지참금!

땡전 한 푼 없는 청년이 돈 많은 사업가의 딸과 결혼을 하고 싶어 사업가를 찾아가 우격다짐으로 결혼을 승낙해달라고 졸랐다.

사업가 : 만약 내 딸에게 거액의 지참금을 준다면, 그 대가로 자네는 나에게 무엇을 주겠나?

청　년 : 네, 그럼 저는 영수증을 드리겠습니다!

 결혼과 우정을 구분하는 가장 중요한 특징을 꼽는다면 그것은 섹스이다!

무지막지(無知莫知)
아는 것이 없고 깨닫는 것이 없음. 즉, 하는 짓이 매우 무지하고 또 우악스럽다는 뜻임

[건설의 날]
건설부 신설   1962년
제4차 경제개발5개년계획 발표   1976년
한국 월드컵 우승후보 이탈리아 2 : 1 승. 꿈의 8강 달성   2002년

 사과를 한 입 크게 베어 먹고 나면 어떤 사과로 변할까? — 파인애플

 이브는 낙원에서 사과를 땄다? — X (당시 중동지방엔 사과나무가 없었음)

 북한에선, **과일주스**를 뭐라고 할까? — 과일단물

 내가 잘못했을 때 먹어야 하는 과일은? — 사과

소년의 깊은 뜻!

평소에 대통령을 미워하고, 목사님을 존경하는 소년이 있었다.
그런데, 그 소년이 몹쓸 전염병에 걸려 죽을 입장에 놓이자 아버지가 아들에게 눈물을 흘리며 말했다.
"아들아, 너에게 기도해 줄 분을 모셔야겠는데 누굴 부를까?"
"대통령을 모셔와 주세요!" "아니? 네가 존경하는 목사님은 어쩌고?"
그러자 소년이 말했다.

"목사님께 전염병을 옮길 수는 없잖아요?"

 열의는 전염병이다. 스스로가 불타고 있어야 상대를 불태울 수 있다!

정문일침(頂門一鍼)
머리의 정수리에 침을 놈. 즉, 정신을 차리도록 하는 따끔한 한 마디의 충고를 뜻함

DAY 6월 19일 170/365

1937년 [피터팬] 저자 제임스 배리 사망
1975년 제1회 세계 여성대회 개최
2004년 [이승복 장학회] 설립 창립총회

☺	한 입 베어 먹은 파인애플을 한 번 더 베어 먹으면 어떤 사과로 변할까?	더 파인애플
✖	파인애플은 나무가 아닌 **풀**에서 열리는 과일이다?	O
(북한)	북한에선, **소꿉친구**를 뭐라고 할까?	송아지동무
(한국)	반쪽 자른 사과와 제일 비슷한 것은?	다른 반쪽

오늘의 유머

정치인 10계명!

1. 주면 받는다. 2. 안 주면 눈치 준다.
3. 그래도 안 주면 줄 때까지 괴롭힌다. 4. 받으면 절대로 봐준다.
5. 이 세상에서 정치인 욕하는 사람이 제일 나쁘다고 생각한다.
6. 언제나 뉴스에 귀 기울인다(빨리 튀어야 하니까).
7. 여행보따리를 수시로 확인한다(계절별로 옷이 달라야 하니까).
8. 언제나 큰 손수건을 준비한다(갑자기 잡혔을 때 얼굴가림용).
9. 늘 오늘이 마지막이란 기분으로 신변정리를 해둔다.
10. 단골 병원을 만들어 병 보석 자리를 봐둔다.

 자리에 연연할수록 받는 대접은 점점 더 나빠진다!

공리공론(空理空論)
빈 이론과 논의. 즉, 실천이 따르지 아니하는 헛된 이론이나 논의를 뜻함

주민등록법 시행　1962년
중앙선 전철 개통　1973년
태백선 전철 개통(제천-고한)　1974년

서울발 모스크바행 비행기가 중국과 러시아 국경에서 추락해 산산조각 났다. 국제법상 생존자들은 어디에 묻어야 할까?　　생존자를 묻으면 안 됨

육포와 **조미 오징어**를 같이 먹으면 발암물질이 생긴다?　　O

북한에선, **브레이크(제동장치)**를 뭐라고 할까?　　정거대

더울수록 키가 커지고, 추울수록 키가 작아지는 것은?　　온도계

오늘의 유머

Q & A

Q. 인디언들 중에 가장 높은 사람은 누구일까요?　　A. 추장
Q. 그렇다면 추장보다 더 높은 사람은 누구일까요?　　A. 고추장
Q. 그렇다면 고추장보다 더 높은 사람은 누구일까요?　　A. 초고추장
Q. 그렇다면 초고추장보다 더 높은 사람은?　　A. 태양초고추장

재능은 없는데 욕구만 높은 사람들은 툭하면 세상을 탓한다!

곡고화과(曲高和寡) 굽은 것이 높으면 화답하는 사람이 적음. 즉, 사람의 재능이 너무 높으면 따르는 무리들이 더욱 적어지는 것을 뜻함

[하지(夏至)] 양력 6월 21일 경
1904년   서울에 공중변소 설치
1947년   국제올림픽위원회(IOC) 한국 참가 승인
1948년   미국 [콜롬비아]사 LP레코드 첫 공개

 지난 20세기 100년 동안 태양계의 가장 큰 변화는? — 금성이 LG로 바뀜

 천둥소리와 지구의 자전 속도 중, 더 빠른 것은 천둥소리다? — X (자전속도=29.8 Km/sec, 천둥속도=340m/sec)

 북한에선, **허풍쟁이**를 뭐라고 할까? — 꽝포쟁이

 빛을 보고 큰 소리로 우는 것은? — 천둥

오늘의 유머

과장의 극치!

마을의 정자에서 두 농부가 서로 자랑을 늘어놓았다.
"내 조카는 어찌나 발이 빠른지, 술만 취했다 하면 총알과 경주하는 버릇이 있어. 그래서 한 번은 경주에서 총알보다 약 100미터나 빨리 들어왔지!"
이 말을 들은 다른 농부,
"여보게, 내 마누라에게 그 정도의 속도는 아무것도 아니야. 어느 정도냐 하면, 전등 스위치를 끄고, 방안이 미처 어두워지기 전에 발가벗고 내가 있는 침대 이불 속으로 들어온다니까!"

 거짓말 한마디 하면 지탄을 받지만, 거짓말 한 권 하면 작가가 된다!

침소봉대(針小棒大)
작은 바늘 침을 큰 몽둥이라 함. 즉, 작은 일을 크게 만들어 허풍떨며 과장함을 뜻함.

우리나라 첫 올림픽선수단 런던으로 출발　1948년
남해대교 개통　1973년
한국, 아시아 첫 월드컵 [4강 신화] 달성. 승부차기 스페인에 5 : 3 승리　2002년

 우리나라에서 가장 오래된 공중 화장실은?　　전봇대

 지구의 자전 속도와 공전속도 중, 공전 속도가 더 빠르다?　　O (자전속도=29.8 Km/sec, 공전속도=30km/sec)

 북한에선, **초인종(招人鐘)**, 벨(bell)을 뭐라고 할까?　　전기종

 지구의 값은 얼마일까?　　만원

눈이 웬수!

어느 날, 술에 취한 난봉꾼이 한바탕 싸움을 하고, 아내 몰래 집으로 기어 들어왔다. 집에 들어 온 난봉꾼은 화장실로 가서, 싸우다 생긴 상처에 반창고를 조심스럽게 붙이고는 살그머니 방으로 들어가 잠에 골아 떨어졌다.
다음날 아침, 아내가 난봉꾼을 흔들어 깨웠다.
"여보. 당신 또 어제 술 먹고 싸웠구려!"
"아니야. 난 싸우지 않았어!"
화가 난 아내가 말했다.

"그럼, 화장실 거울에 잔뜩 붙어 있는 반창고는 뭐예요?"

 주정뱅이가 게으름뱅이라면, 틀림없이 가난뱅이다!

두주불사(斗酒不辭)
말술을 사양하지 않음. 즉, 술을 매우 잘 먹어 말술도 사양하지 아니함을 뜻함

1967년　경기도청 수원으로 이전
1973년　박정희 대통령 [6·23선언]
1981년　우리나라 최고의 태극기 91년 만에 귀환.
　　　　- 미국인 [윌리암 롤스턴]씨 정부에 기증

 우리나라 최초의 기둥서방은? — 천하대장군

 역사상 가장 큰 권력과 부를 누렸던 중국 진시황제는 **불로초(不老草)**를 구해 먹고 환갑(60세)을 넘게 살았다? — X (49세)

 북한에선, **손가방**을 뭐라고 할까? — 들가방

 물속에 사는 엿장수는? — 게, 가재

오늘의 유머

무서운 세상!

경매장에서 한 남자가 천만 원이 든 가방을 잃어버렸다. 어쩔 줄 모르던 남자는, 마지막으로 안내방송을 부탁했고, 잠시 후 장내에 아나운서의 목소리가 들렸다.
"한 신사 분이 1천만 원이든 가방을 잃어버리셨습니다. 가방을 줍거나 있는 곳을 알고 계시는 분은 사무실로 연락을 주십시오. 가방을 찾아주시는 분께는 2백만 원을 사례하겠다고 합니다!"
그러자 맨 뒷줄에서 어떤 사나이가 외쳤다.

"2백 10만 원!"

 세대차이보다 더 무서운 것은 수준차이이다!

각자도생(各自圖生)
각자 살길을 꾀함. 즉, 제각기 살길을 위하여 여러 가지로 궁리하고 꾀함을 뜻함

개신교, 우리나라에 처음 도입　1886년
일제, 한국 경찰권 완전박탈　1910년
구마고속도로 기공　1976년

 노처녀가 승용차보다 더 끌고 다니고 싶어 하는 차는?　　유모차

 상어는 **아가미**가 있다?　　O (생선이기 때문)

 북한에선, **공항(空港)**을 뭐라고 할까?　　항공역

 고래와 상어 중 어느 것이 더 큰 생선일까?　　상어
(고래는 생선이 아님)

오늘의 유머

오늘은 특별한 날!

한 사나이가 택시를 타고 운전기사에게 말했다.
"공항으로 빨리 갑시다. 11시 비행기에 탑승 못하면 큰일 나요!"
운전기사가 시계를 보고 말했다.
"손님, 벌써 11시 5분입니다. 비행기는 이미 떠났다고요!"
사나이가 말했다.
"보통 때라면 그렇지만, 오늘은 특별한 날입니다!"
"무슨 날인데요?"

"내가 그 비행기의 조종사란 말이오!"

 사소한 일들이, 큰일만큼이나 차이를 만들어 낼 수 있다!

초미지급(焦眉之急)
눈썹에 붙은 급한 불. 즉, 눈썹에 불이 붙은 것과 같이 매우 위급한 상황을 뜻함

[6.25 사변]
1905년   낙동강철교 준공
1950년   6.25전쟁 발발
2009년   팝황제 마이클잭슨 사망

	현역군인이 가장 좋아하는 대학교는?	제대 (제주대학교)
❌	프랑스와 영국의 백년전쟁은 **백년**이 걸렸다?	X (1339~1453년)
	북한에선, **상이군인(傷痍軍人)**을 뭐라고 할까?	영예군인
	그대로 있으면 둘인데, 없어지면 하나가 되는 것은?	휴전선

오늘의 유머

언론의 자유!

남한군인 : 우리 남한에서는 내가 청와대 앞에 가서, 청와대 안에 있는 대통령을 어떻게
          생각하는지 의견을 말할 수 있고, 또 비판도 할 수 있어!
북한군인 : 그거이 뭐이 어쨌다는 기야? 우리 북한에서도 얼마든지 그럴 수 있디~!
남한군인 : 정말 그럴 수 있어?
북한군인 : 고럼, 정말이디~. 우리두 거저, 평양에 있는 공산당 관저 앞에 가스리,
          청와대 안에 있는 대통령에 대해 어떻게 생각하는지 얼마든지 비판할 수 있디~!

 돈도 권력도 없이 좋아진 사람은, 평생 친구가 되는 경우가 많다!

언감생심(焉敢生心) 감히 마음을 먹을 수 없음. 즉, 어떤 일에 대해 감히 자신이 원하는 그런
마음을 품을 수 없음을 뜻함

김구, 경교장에서 암살 1949년
전력부족으로 20시 이후 TV방송 중단 1967년
고리원자력발전 1호기 최초 발전 1977년

 다른 사람이 미치지 않으면 자기가 미치는 사람은? 정신과 의사

 술을 마신 후 커피를 마시면 잠이 깬다? X (착각현상)

 북한에선, **자습**을 뭐라고 할까? 자체학습

 군대만 가면 무서워서 벌벌 떠는 상사는? 불상사

인과응보!

어느 중학교의 한 교실. 국어수업을 하면서 선생님이 이런 질문을 했다.

"불교에서는 인과응보라 하여 자기가 한 일에 대해서는 꼭 그에 따른 응보가 주어진다고 한다. 예를 들어서 하찮은 벌레를 죽이면 후에 벌레로 태어나고, 개를 죽이면 개로 태어나는 것이다!"

그러자 맹구가 갑자기 손을 번쩍 들고 일어나서 질문을 던졌다.

"선생님! 그럼 사람을 죽이면 사람으로 태어납니까?"

 향유(香油)는 살아있는 자에게만 도움이 되지만, 선행은 죽은 후에도 남는다!

인과응보(因果應報)
원인에 대한 응당한 보상. 즉, 자신의 행위에 따른 결과가 현세와 내세에서 생기는 일을 뜻함

1970년　경부고속도로 완공
1984년　88올림픽고속도로 개통
1990년　서울지하철 5호선(방화동-고덕동) 착공

	질문	답
	화가들이 완성한 그림의 제일 밑에 서명이나 낙관을 찍는 이유는?	아래위가 헷갈리지 말라고
	조선시대 궁중 **화가(畵家)**를 뽑을 때, 사군자 중 대나무를 잘 그리는 사람을 선정했는데 이는 대나무가 그리기 어렵기 때문이다?	X (절개와 지조를 강조)
	북한에선, **도화지**를 뭐라고 할까?	그림종이
	머리로 먹고 입으로 내 뱉는 것은?	주전자

오늘의 유머

의사가 싫어하는 사람

1) 치과 의사가 싫어하는 사람은?　　　답 : 이 없으면 잇몸으로 산다는 사람
2) 산부인과 의사가 싫어하는 사람은?　답 : 무자식 상팔자라는 사람
3) 한의사가 싫어하는 사람은?　　　　답 : 밥이 보약이라는 사람
4) 모든 의사들이 싫어하는 사람은?　　답 : 앓느니 죽겠다는 사람

그러나 모든 의사들이 싫어하는 '**앓느니 죽겠다는 사람**'을 좋아하는 의사는?
　　:
　　:
답: 장의사

 죽음을 두려워하는 나머지, 삶을 시작조차 못하는 사람이 많다!

생불여사(生不如死)
삶이 죽음만 못함. 즉, 살아 있는 것이 몹시 힘들고 곤란한 지경에 빠져 있음을 뜻함.

조선조 22대왕 정조 승하　1800년
북한 공산군 서울 점령　1950년
한강 인도교 폭파　1950년

 한 명의 야당정치인과 두 명의 여당정치인이 대화하고 있다를 4자 성어로 만들면? 　일석이조(一石二鳥)

 조선의 수도 한양엔 궁으로 들락거리는 남문 세 개중, 동남쪽에 위치한 광희문을 **수구문**이라고 불렀는데, 이 문은 외빈을 맞이하는 문이었다?　X (시신이 나가는 문)

 북한에선, **운동화**를 뭐라고 할까?　헝겊신

 위로 먹고 옆으로 싸는 것은?　맷돌

도보 여행하는 두 정치인!

도보 여행을 하는 정치인 두 사람이 숲 속을 가다가 커다란 곰을 만났다. 그러자 한 정치인이 등산화를 벗고 운동화를 꺼내 신기 시작했다.

"무얼 하고 있는 거야? 운동화를 신어봤자 곰보다 빨리 뛸 수는 없어!"

그러자 다른 정치인이 얘기했다.

"누가 곰보다 빨리 뛴댔어? 너보다 빨리 뛰기만 하면 돼!"

 인생은 여행과 같아서 목적지를 정하지 않으면 방랑자가 된다!

일석이조(一石二鳥)
돌 하나로 새 둘을 잡음. 즉, 한 가지 일로 두 가지의 이익을 얻음을 뜻함

1987년 노태우 민정당 대표, 6.29선언 발표
1995년 삼풍백화점 붕괴
2001년 해군-해병대 여성 장교 국내 첫 탄생

안경이 들어가 있으면 **안경집**, 모래가 들어가 있으면?	닭똥집
아폴로11호 달 착륙 후, 암스트롱이 첫 발을 디딘 것은 **왼발**이다?	O
북한에선, **왕따**를 뭐라고 할까?	모서리주기
비행기와 자전거 중 비행기가 더 가벼운 이유는?	비행기는 뜨고 자전거는 못 뜸

오늘의 유머

먼저 하세요!

남편 : 여보, 당신 아직도 나를 사랑해?
아내 : 그래요, 사랑해요.
남편 : 내가 죽으면, 나를 위해서 울어 줄 거야?
아내 : 그야 물론이죠.
남편 : 그럼 어떻게 우나, 어디 한 번 울어봐.
아내 : 그럼, 우선 당신이 먼저 죽어보세요!

 겁쟁이는 죽음에 앞서서 여러 차례 죽지만, 용기 있는 자는 한번밖에 죽지 않는다!

우문현답(愚問賢答)
어리석은 질문에 현명한 답. 즉, 질문은 어리석었어도 답은 현명한 것을 뜻함

미국식품의약국(FDA) 제정　1906년
태릉선수촌 개관　1966년
KBS [이산가족찾기] 생방송 시작　1983년

 1천만 서울 시민이 한 마디씩 한다면 어떻게 될까? → 천만의 말씀

 노른자가 노랄수록 영양가가 더 높다? → X

 북한에선, **손도장, 지장(指章)**을 뭐라고 할까? → 수장(手章)

 고체를 깨면 액체가 되고, 그 액체를 다시 가열하면 고체가 되는 것은? → 계란

오늘의 유머

수상한 경력!

중위가 상사에게 말했다.
"상사! 훈련병 789번의 입대 전 경력을 한 번 알아봐!"
"왜 그러십니까, 중위님?"
"아 글쎄, 그 친구는 사격을 하고 나서 언제나 손수건을 꺼내 총에 묻은 지문을 닦는 버릇이 있단 말이야!"

 걸작은 거꾸로 걸어놔도 걸작이다!

지상명령(至上命令)
지극한 명령. 즉, 절대로 복종해야 할 명령을 뜻함

1883년 　인천항 개항
1983년 　금융실명거래제 실시
1987년 　전국 전화 완전자동화

 앉아 있으면 다리가 저린 역은? → 오금역

 돼지 족발은, 뒷발보다 앞발이 더 맛있다? → O (체중을 더 많이 받아 육질이 좋고 연골이 잘 발달되어 있음)

 북한에선, **치통(齒痛)**을 뭐라고 할까? → 이쏘기

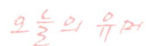 늘 포장마차가 다니는 곳은? → 장기판

오늘의 유머

치과에서…….

아이들은 특히 치과에 가기 싫어한다.
환자 : 의사 선생님. 우리 아이 이 하나 빼는 데 얼마지요?
의사 : 2만 원입니다.
환자 : 아니, 일 분도 채 안 걸리는데, 그렇게 많이 받아요?
의사 : 원하시면 천천히 뽑아 드릴 수도 있습니다!

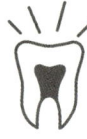

 돈 걱정 때문에 하고 싶은 일을 줄여야 한다면 여행은 고생길이다!

고주일척(孤注一擲) 고독한 주인이 모두 던짐. 즉, 노름꾼이 최후에 나머지 돈을 다 걸고 모험을 하는 일로, 전력을 기울여 어떤 일에 모험을 하는 것을 뜻함

서울특별자유시, 서울특별시로 승격　1949년
헤밍웨이 사망　1961년
지하철 8호선 완전개통　1999년

 천국에 가려면 어떻게 해야 할까?　　　　　　　　　　일단 죽어야 한다

 돼지 족발 앞발 중, 왼쪽 발이 오른쪽 발보다 더 맛있다?　X (왼쪽발이 운동을 더 많이 함)

 북한에선, 지하도(地下道)를 뭐라고 할까?　　　　　　　땅속건늠굴길

 돼지가 뀐 방귀를 세 글자로 만들면?　　　　　　　　　돈가스

오늘의 유머

모델하우스!

돈독이 올라 있는 악질 건설업자 한 사람이 죽어서, 천국과 지옥의 심판대 앞으로 가게 되었다. 심판관은 천국과 지옥을 보여 주면서 가고 싶은 곳을 택하라고 했다. 그런데 지옥은 그가 지금껏 상상하고 있었던 것과는 달리 사람들 모두가 춤추고 즐거워하고, 반면 천국은 조용하고 하루 종일 기도만 해, 너무 재미없을 것 같았다. 그래서 악질 건설업자는 지옥을 선택했다. 그런데 이게 웬일, 아까 본 지옥과는 달리 사람들이 너무나 고통스러운 얼굴을 하고 있었다. 그는 심판관에게 따졌다.
"아니, 이게 어떻게 된 일이오? 아까 본 것과는 다르지 않소?"
그러자 심판관의 말,
"인마! 아까 그건 모델하우스였어!!!"

 광고는 적어도 제품만큼 좋아야 한다!

권선징악(勸善懲惡)
선은 권장하고 악은 혼냄. 즉, 우리 생활의 커다란 지침으로 선은 장려하고 악은 징계함을 뜻함

1961년   반공법 공포
1979년   한국종합전시장(KOEX) 개관
1997년   성수대교, 붕괴 2년 8개월 만에 재개통

 이산가족의 꿈을 실현하는 역은? — 상봉역

 좁은 방이나 만원 버스를 타고 가다 보면 많은 사람들이 연거푸 하품을 하는 것을 볼 수 있는데, 이것은 하품이 전염되기 때문이다? — X (산소가 부족한 환경 때문)

 북한에선, **가출(家出)**을 뭐라고 할까? — 탈가(脫家)

 서양으로 가면 서 있고, 동양으로 가면 누워 있는 숫자는? — 일 (1, 一)

오늘의 유머

불쌍한 아빠!

어느 날 맹구 가족이 모여 가족회의를 시작했다.
맹구 아빠는 먼저 이달분 가계부를 보여주며 말했다.
"이번 달에도 지출초과야. 모두들 반성하고 어떻게 해야 되겠는지 의견을 말해봐!"
그러자 맹구 가족들은 아빠만 남겨두고 옆방으로 들어가서 의견을 모았다.
잠시 후 맹구가 가족들의 의견이라며 결론을 말했다.

"아빠 수입이 너무 적어요. 다음 달부터는 50만 원씩 더 벌어 오세요!"

 남의 밥을 먹어봐야 부모 은덕 안다!

호구지책(糊口之策)
입에 풀칠하는 책략. 즉, 겨우 끼니를 이어가기 위한 방책을 뜻함

미국, 독립선언 1776년
필리핀, 미국으로부터 독립 1946년
7.4 남북공동성명 발표 1972년

이구동성을 유머로 풀이하면?	코를 풀면서 방귀뀌기
세계에서 가장 흔한 이름은 **무하마드**이다?	O
북한에선, **점퍼(jumper)**를 뭐라고 할까?	외투저고리
큰 소리로 방귀를 뀌고 하늘로 올라가는 것은?	로켓

오늘의 유머

당나귀 얼굴!

압둘라가 점심 식사 모임에 초대되었다. 그가 아랍 식으로 외투를 벗어 놓고 손을 씻으려고 화장실에 갔다가 돌아와 보니 그의 외투 위에 누가 장난으로 당나귀 그림을 그려 놓았다. 그는 주위를 둘러보며 큰 소리로 물었다.

"이 외투에 얼굴을 닮은 사람이 누구요?"

 못난이의 얼굴을 보고 싶으면 먼저 자신의 얼굴을 거울에 비추어 보라!

이고위감(以古爲鑑)
옛 것을 오늘의 거울로 삼음. 즉, 옛 성현의 말씀을 거울로 삼아 행동함을 뜻함

1900년 　한강철교 준공
1950년 　한국군, 제1군단 창설
2001년 　국제식품규격위원회, 김치를 국제규격식품으로 승인

	젖먹이 아이들이 가장 좋아하는 역은?	수유역
	애드벌룬에 주입하는 **헬륨 가스**는 아무리 마셔도 인체에 해가 없다?	O
	북한에선, **돌풍(突風)**을 뭐라고 할까?	갑작바람
	감은 감인데, 어른들보다 아이들이 더 좋아하는 감은?	장난감

오늘의 유머

대통령 기념우표!

어떤 나라 대통령의 초상이 인쇄된 기념우표가 발행되었다. 대통령은 자신의 얼굴이 있는 우표가 잘 팔리는지를 확인하고자 우체국엘 갔다.

대통령 : 내 얼굴이 인쇄된 기념우표가 잘 팔립니까?
직　원 : 네~, 그런데 우표가 잘 붙지 않는다고들 하네요.
대통령 : 우표 뒤쪽에 침을 뱉어 발라 붙여보니 잘 붙던데……
직　원 : 그게 아니라, 사람들이 침을 뱉을 때 우표 뒤쪽이 아니라 앞쪽에 뱉어서 그렇습니다!

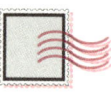

 웃음소리가 나는 집엔 행복이 와서 들여다보고, 고함 소리가 나는 집은 불행이 와서 들여다본다!

관존민비(官尊民卑)
관리는 높고 백성은 낮음. 즉, 관리는 높고 귀하나 백성은 낮고 천하다는 사고방식을 뜻함

권율장군 사망 1599년
유네스코(UNESCO) 한국지부 설치 1953년
한국-모로코, 국교 수립 1962년

DAY
7월 6일
187/365

하늘에서 갑자기 우박이 쏟아지면 어떻게 되나?	골 때린다
우박은 직경 5mm 이상인 얼음덩이를 말한다?	O
북한에선, **넓은 하늘**을 뭐라고 할까?	하늘바다
박은 박인데, 농사에 해로운 박은?	우박

오늘의 유머

발 사이즈!

출근 시간에 지하철 안은 발 디딜 틈도 없을 만큼 초만원이었다.
지하철 '푸시맨'이 소리를 질렀다.

"발 하나만 올려 놓을 자리 좀 만들어 주십시오!"

그러자 지하철 안에서 어떤 사람이 소리를 질렀다.

"발 사이즈가 어떻게 되나요?"

 틀림없는 세계 공통어가 하나 있다. 그것은 '하 하 하!' 라는 웃음소리이다!

교주고슬(膠柱鼓瑟) 아교풀로 비파나 거문고의 기둥을 붙임. 즉, 아교풀로 고착시켜 버리면 한 가지 소리밖에 나지 않는다는 뜻으로, 고지식하여 융통성이 없음을 뜻함

[소서(小暑)] 양력 7월 7, 8일 경
1950년   주한유엔군 창설. 한국군, 유엔군에 편입
1950년   미국, 최초의 칼라TV 방송
1970년   경부고속도로 개통

하늘에 해가 없으면 어떻게 되나?	못 말린다
여름철 **장마**는 순수 우리말이다?	O
북한에선, **집중호우(集中豪雨)**를 뭐라고 할까?	무더기비
비는 비인데, 쓸지 못하는 비는?	우비

오늘의 유머

오싹하는 피서법 7 가지!

1) AIDS환자와 4박 5일 동안 캠핑 가기.
2) 롤러스케이트 타고 면도하기.
3) 엘리베이터 안에서 잽싸게 속옷 갈아입기.
4) 동물원에서 호랑이 우리 속에 모자를 던지고 맨 손으로 꺼내오기를 10회 반복하기.
5) 밤 12시에, 불을 켜지 않은 아파트 지하 주차장에서 현금다발 천만 원을 들고 60분 동안 왔다 갔다 하기.
6) 밥할 때, 밥솥에 가는 바늘 10개정도 풀어넣고 밥 지어먹기.
7) 외출할 때마다 가스를 잠그지 않고 나오기.

 무모한 짓을 한다는 것은, 벼랑 끝에서부터 1미터 되는 거리를 시속 100킬로미터로 달리는 것이다!

당랑거철(螳螂拒轍)
사마귀가 바퀴를 거부함. 즉, 자기 힘은 생각지도 않고 무모하게 대항함을 뜻함

한산도 대첩 1592년
백제 무령왕릉 발굴 1971년
김일성 북한 주석 사망 1994년

 하늘에 별이 없으면 어떻게 되나? — 별 볼일 없다

 제비와 같은 철새는, 목적지의 방향을 찾을 때는 지형과 기류를 이용한다? — X (해와 별자리)

 북한에선, 형광등(螢光燈)을 뭐라고 할까? — 반디빛 등

 처마 밑에 달린 집은? — 제비집

정말 이해할 수 없었던 녀석들……

1) 다음날 시간표 물어보려고, 학교에서 집으로 전화하던 놈.
2) 앞문으로 들어왔다 자기반 아닌 걸 알고 뒷문으로 들어와 엎어져 자던 옆 반 놈.
3) 등교도 제일 일찍 하고, 청소도 열심히 하고, 꽃에 물도 자주 주며 선생님 말씀 제일 잘 들었지만, 반에서 늘 꼴찌 하던 놈.
4) 학교로 휴대폰 충전기 들고 와 충전하며 자던 놈.
5) 자기 생일이라고 학교 쉬던 놈.
6) 자기네 집 형광등 나갔다고 학교 꺼 떼어 내어 가려던 놈.
7) 선생님은 자기를 포기했지만, 자기는 선생님을 포기 안하겠다고 우기던 놈.

 실수하기 싫으면 메모하라. 메모란 잃어버린 기억을 찾아주는 신비한 마술이다!

일어탁수(一魚濁水) 물고기 한 마리가 물을 흐리게 함. 즉, 한 사람의 악행으로 인하여 여러 사람이 그 해를 받게 되는 것을 뜻함

 660년　신라와 백제의 황산벌 전투
1966년　한미행정협정(SOFA) 조인
1989년　한국-이라크, 국교수립

 곤충은 암컷, 수컷으로 나뉘는데, 유독 수컷만 있는 곤충은?　　고추잠자리

 거미는 곤충이다?　　X (절지동물)

 북한에선, **서커스**를 뭐라고 할까?　　교예(較藝)

 공중에서 줄타기 곡예를 하면서 먹고사는 것은?　　거미

오늘의 유머

마누라의 수다!

전화가 걸려왔다 하면 2시간이나 통화를 하는 아내가 끊을 때 하는 말,

"자세한 얘기는 만나서 하자!"

그런데, 이런 아내가 30분 만에 전화를 끊자 남편이 의아해 물었다.

"웬일이야? 잡았다하면 2시간씩 하던 전화를 30분 만에 끊게~"

" 으 응~ 잘 못 걸려온 전화였어!"

 가장 나쁜 결점은, 자신의 결점을 모르는 것이다!

자괴지심(自愧之心)
자신을 부끄럽게 여김. 즉, 자신의 부족함을 스스로 부끄럽게 여기는 마음을 뜻함

바하마, 영국으로부터 독립　1973년
남북적십자사, 1차 실무회담(판문점)　1974년
[한국-일본-홍콩]간 해저 광케이블 개통　1990년

신혼부부들이 좋아하는 곤충은?	잠자리
밀레의 **만종**에 그려져 있는 두 사람은 부부다?	O
북한에선, **커튼**을 뭐라고 할까?	창문 주름막
문은 문인데, 신혼부부가 좋아하는 문은?	허니문

부부형태!

10대 부부 : 뭣 모르고 산다(환상 속에서).

20대 부부 : 신나게 뛰면서 산다(서로 좋기만 하다).

30대 부부 : 한눈팔며 산다(권태기라고 고독을 씹으면서).

40대 부부 : 마지못해 산다(헤어질 수 없어서).

50대 부부 : 서로가 가여워서 산다(흰머리 잔주름이 늘어나서).

60대 부부 : 서로가 필요해서 산다(등 긁어 줄 사람).

70대 부부 : 서로가 고마워서 산다(같이 살아 준 세월이).

부부가 헤어지면 남이 된다. 남남이면 그나마 다행이고, 상당수는 원수가 된다!

금슬지락(琴瑟之樂)
크고 작은 거문고를 연주함. 즉, 부부의 사이가 아름답고 조화롭고 애틋함을 뜻함

1947년 서울대 제1회 졸업식
1983년 서울시, 보신탕집·뱀집 등 도심영업 금지
1987년 세계인구 50억 돌파

로댕의 **생각하는 사람**은 무엇을 생각하고 있을까?	내 팬티 누가 가져갔나?
로댕의 **생각하는 사람**은 눈을 뜨고 있다?	O
북한에선, **구름다리**를 뭐라고 할까?	허궁다리
구름을 깨뜨리면 무엇이 될까?	조각구름

오늘의 유머

영원한 맞수!

언덕에서 철길을 바라보던 맹구와 사오정.

사오정 : 맹구야, 철길은 갈수록 좁아지는데, 저 큰 기차가 잘도 가네?
맹　구 : 야, 이 바보야. 기차도 멀어질수록 쪼그라들잖아!

 서투른 자의 생각은 시간 낭비일 뿐 아무 쓸모가 없다!

유유상종(類類相從)
같은 무리끼리 서로 상대함. 즉, 같거나 비슷한 사람끼리 왕래하며 사귐을 뜻함

제헌국회, 대한민국 헌법 의결   1948년
차범근, 서독 축구팀 프랑크푸르트팀 입단   1979년
[형광닭] 국내서 유전자 변형 성공, 치료용 단백질 대량생산 길 열려   2004년

DAY 7월 12일
193/365

 씨름 선수들이 죽 늘어서 있다를 3자로 만들면? — 장사진

 만리장성(萬里長城)의 보초는 그 성에서 태어나 자라서 거기에서 결혼하고 죽었으며, 그 성에 장사를 지냈다? — O

 북한에선, 자동차의 **전조등(前照燈)**을 뭐라고 할까? — 앞등

 열심히 밥을 퍼 주고도, 정작 자기는 밥 한 술 못 얻어 먹는 것은? — 밥주걱

오늘의 유머

일심동체!

부부가 외식을 하려고 차를 타고 시내로 나갔다. 식당에 앉자마자 아내가 말했다.
"어머나, 이 일을 어쩌지? 깜빡 잊고 가스 불을 안 끄고 나왔네!"
아내가 허둥거리자 남편이 느긋하게 말했다.

"여보, 전혀 걱정하지 마. 나도 깜박 잊고 수도꼭지를 틀어 놓은 채 나왔으니까 절대로 불이 날 염려는 없어!"

 사소한 일에도 충실한 사람은 반드시 성공한다!

부창부수(夫唱婦隨)
남편이 창을 하면 아내도 따라 함. 즉, 남편의 뜻에 아내가 따름을 뜻함

1930년　제1회 월드컵 우루과이서 개막
1930년　월드컵 1호골 - 프랑스 축구선수 [루시엥 로랑]
1973년　신라 금관 발견

 사찰(절) 중에서 가장 무서운 사찰은? → 세무사찰

 국가 원수는 최고 통치자이므로 **예포(禮砲)**를 21발, 부통령이나 총리 및 장관에게는 그보다 적은 수의 예포를 쏜다? → O (낮에만 쏜다)

 북한에선, **전당포**를 뭐라고 할까? → 편의금고

 절은 절인데, 힘을 많이 들여 어렵게 지은 절은? → 우여곡절

여자들의 착각 베스트 5

1) 모르는 남자가 말을 걸어오면, 자기한테 꽤나 관심 있는 줄 안다.
2) 모르는 남자가 우연하게 자기와 같은 방향으로 걸어가면, 자기한테 관심이 있어 따라오는 줄 안다.
3) 외제차 탄 남자는 다 돈이 많은 줄 안다.
4) 근육 맨 남자는 다 힘이 좋은 줄 안다.
5) 자기 남자만은 늑대가 아닌 줄 안다.

 착각하지 말자, 기회는 찾아오는 것이 아니라 찾아내는 것이다!

염량세태(炎凉世態)
뜨겁고 차가운 세태. 즉, 권세가 있을 때는 아부하고 몰락하면 푸대접하는 세상 인심을 뜻함

이준 열사 분사(憤死) 1907년
조치훈 본인방 10연패 달성 1998년
체세포 돼지복제(複製) 국내 첫 성공 2002년

술과 커피는 안 팝니다를 4자 성어로 만들면?	주차금지
음주 운전자와 차에 동승하고 있어도 책임이 있다?	O
북한에선, **젤리**를 뭐라고 할까?	단묵
안 마셔도 취하는 술은?	최면술

오늘의 유머

남자들의 착각 베스트 5

1) 자기 정도면 꽤나 괜찮은 남자인 줄 안다.
2) 얼굴이 좀 못생긴 여자는 작업들어가기가 아주 쉬운 줄 안다.
3) 애인이 없는 여자는 다 자기 꺼인 줄 안다.
4) 여자들이 싫다고 하면 다 튕기는 줄 안다.
5) 여자들이 원하는 건 뭐든지 다 해줄 수 있는 줄 안다.

 필요한 존재가 되지 못한다는 것은 남자에게 있어서 천천히 찾아오는 죽음과도 같다!

언어도단(言語道斷)
말문이 막힘. 즉, 어이가 없어 말도 나오지 않을 정도라는 뜻임

1950년 국군, 제2군단 창설
1953년 창경원 일반 공개
1976년 잠수교 개통

 공처가와 애처가의 공통점은? — 남자

 태풍(颱風)의 이름은 모두 남자 이름만으로 짓는다? — X (남녀 혼용)

 북한에선, 헤어드라이어를 뭐라고 할까? — 머리건조선풍기

 태풍에 날아가 버린 산의 이름은? — 풍비박산

의견!

어느 대기업 회장이 자신의 기업에서 유망주인 남자 사원 2사람과 여자 사원 1사람을 불렀다. 점심시간이 되어 회장과 세 사람은 자장면 집으로 갔다. 직원들 모두 배가 고팠는데 회장만 자장면 한 그릇을 시켰다. 그러면서 회장이 하는 말,
"이 자장면을 돈 안 들이고 먹을 수 있는 사람, 의견 말해 봐요!"
남사원1 : 전 회장님이 먹다 남은 것을 먹겠습니다.
남사원2 : 전 회장님이 먹다 흘린 것을 주워 먹겠습니다.
회   장 : 으음, 알뜰하군. 다른 의견은?
여직원은 머뭇머뭇 거렸다.
여 직 원 : 회장님. 입 닦지 마세요!!!

 조소나 비난으로는 결코 상대의 의견을 바꾸게 할 수는 없다!

동상이몽(同床異夢) 같은 잠자리에서 꾸는 서로 다른 꿈. 즉, 겉으로는 같이 행동하지만 속으로는 서로 다른 생각을 하고 있음을 뜻함

북한 도발에 의한 DMZ 교전　1997년
탈옥수 신창원, 순천서 검거　1999년
대한제국의 마지막 황세손 이구(李玖)씨 사망　2005년

DAY
7월 16일
197/365

삶은 계란을 영어로 표현하면?	Life is egg
일본은 공휴일이 일요일과 겹치면 그 다음날 쉰다?	O
북한에선, 달력을 뭐라고 할까?	력서
일요일이 되면 빨간 옷을 입는 것은?	달력

오늘의 유머

회화!

문 : 영문과에 다니는 23세의 늦깎이 학생입니다. 학교에서 중간고사 시험 대신에, 즉석 회화로 본다고 합니다. 교수님과 일대 일로 회화를 해야 학점을 딸 수 있습니다. 하지만, 저는 회화에 관해서는 문외한입니다. 어떻게 해야 좋을까요?

답 : 교수님에게 "Can you speak korean?" 이라고 물으십시오. 그러면 분명히 "Yes!" 라고 대답할 겁니다.
그 다음부터 우리말로 대화 하십시오!

 강한 사람이란, 자신을 억누를 수 있는 사람과 적을 벗으로 바꿀 수 있는 사람을 말한다!

언문일치(言文一致)
말과 글이 일치함. 즉, 실제로 쓰는 말과 글로 적은 말이 동일한 것을 뜻함

[제헌절(制憲節)]
1948년 제헌절 제정
1969년 여의도 국회의사당 기공
1969년 미국 우주선 아폴로 11호 발사

	헌법을 아무리 뜯어 고쳐도 새 법이 안 되는 이유는?	헌법이니까
	자동차 운전 시, 맨발로 운전하면 도로교통법상 위반이다?	X
	북한에선, **합성어**를 뭐라고 할까?	합친말
	법적으로 바가지요금을 받아도 되는 사람은?	바가지 장수

오늘의 유머

생각은 자유!

법 적용에 있어서 자기 멋대로인 한 검사가 있었다.

피고 : 검사님! 만약에 제가 검사님께 "**천하에 나쁜 자식아!**"라고 욕하면 어떻게 됩니까?

검사 : 명예훼손죄로 3년을 더 구형할 수 있지!

피고 : 그러면 제가 검사님을 "**천하에 나쁜 자식!**"이라고 생각하면 어떻게 됩니까?

검사 : 생각은 자유니까 상관없지!

피고 : (큰 소리로) 그럼 저는 검사님을,
　　　"**천하에 나쁜 자식!**"이라고 생각합니다!

검사 : !?!?!?

 법은 모두가 지키기로 한 약속입니다!

언중유골(言中有骨)
말 중에 뼈가 있음. 즉, 말은 순한 것 같으나 속뜻은 비꼬거나 헐뜯는 요소가 들어 있음을 뜻함

백제 멸망 660년
침몰한 타이태닉호 수중촬영에 성공 1986년
윤보선 전 대통령 별세 1990년

DAY
7월 18일
199/365

 훔친다!의 과거형은 **훔쳤다!**이다. 그렇다면 미래형은? 　　교도소

 교도소에서 나올 때, 두부를 먹는 이유는 배고픔을 달래기 위해서이다? 　X (영양보충, 깨끗한 삶의 시작을 뜻함)

 북한에선, **교도소(矯導所)**를 뭐라고 할까? 　　교화소(敎化所)

 손님이 없을수록 좋은 곳은? 　　교도소

지금은 탈옥 중!

감옥에 들어간 죄수가, 어제는 이가 아프다고 이를 빼고, 오늘은 맹장이 아프다고 맹장제거 수술을 했다. 그런데 내일은 또 편도선을 떼어 낸다는 것이었다. 한 방의 죄수가 하도 이상해서 물었다.
"견딜만한데 왜 자꾸 제거수술을 받는 거야?"
그러자 그 죄수가 귀에 대고 조용히 말했다.

"어, 내 몸이 지금 하나씩 하나씩 감옥을 빠져 나가는 중이야!"

 느린 것은 죄가 아니다. 그러나 게으른 것은 죄다!

암중비약(暗中飛躍)
어두운 가운데 날고 뜀. 즉, 비밀한 가운데 맹렬히 활동함을 뜻함

1455년 세조, 단종 폐위하고 즉위
1965년 이승만 전 대통령 하와이서 별세
1985년 부산 지하철 1호선 개통

백화점 사장 아들이 성적을 올리는 방법은?	파격적으로
도마뱀의 꼬리가 잘리면 약간의 피가 나온다?	X
북한에선, **어묵**을 뭐라고 할까?	튀긴고기떡
밤이나 낮이나 쉼 없이 가기만 하는 것은?	세월

오늘의 유머

불안감!

"사장님, 전 절대로 휴가 갈 생각이 없습니다. 제발 그냥 출근하게 해주세요. 네?"

그의 말을 듣고 사장이 어이없어 하며 물었다.

"도대체 왜 그러나?" 그 남자가 이렇게 말했다.

"이유가 둘 있습니다. 우선 제가 없는 동안 일이 제대로 되지 않을지 모른다는 불안감 때문이고, 두 번째는 제가 없어도 아무 지장이 없이 일이 잘 될지도 모른다는 불안감 때문입니다!"

 사람은 나이가 들면 대접받고 싶어 한다. 하지만 그런 생각이 오히려 마음을 늙게 만든다!

진퇴양난(進退兩難)
나아갈지 물러설지 어려움. 즉, 이러기도 저러기도 어려워 입장이 곤란한 것을 뜻함.

미국 아폴로 11호 암스트롱 인류 최초 달 착륙   1969년
브루스 리(이소룡) 사망   1973년
고리원전 1호기 준공   1978년

DAY
7월 **20**일
201/365

 가장 기분 좋은 춤은?　　　　　　　　　　　　　　　　안성맞춤

 아폴로 11호가 달에 착륙(1969년 7월 20일 현지) 후, 선보였던 성조기의 소재는 [면(棉)]이었다?　　　X (나일론)

 북한에선, **초승달, 그믐달**을 뭐라고 할까?　　　　　　갈구리 달

 아기를 업고 하늘로 치솟는 것은?　　　　　　　　　　우주선 로켓

우체국에서…….

맹구가 부모님께 장문의 편지를 보내려고 우체국에 들렀다.
우체국직원 : 손님 이 편지는 중량 초과예요. 우표 한 장을 더 붙이세요!
맹　　　구 : 우표를 한 장 더 붙이면 편지가 가벼워지나요?

 능력을 알아 볼 수 있는 능력은 아주 드문 능력이다!

이율배반(二律背反) 두 가지 법이 서로 반대 됨. 즉, 꼭 같은 근거를 가지고 정당하다고 주장되는 서로 모순되는 두 명제를 뜻함

1831년   벨기에, 네덜란드로부터 독립
1951년   당인리발전소 5000kw 발전 시작
1993년   우리나라 위성방송 전송방식 [디지털]로 결정

 남녀평등을 유머로 풀이하면? — 남자나 여자나 모두 등이 평평하다

 열대어가 입을 맞추는 것은 애정의 표현이다? — X (수컷끼리의 싸움)

 북한에선, **임기응변(臨機應變)**을 뭐라고 할까? — 경우맞춤

 경마장에서 하는 장난은? — 말장난

오늘의 유머

여대생 기숙사!

대학생활을 시작하는 첫 날, 기숙사 사감이 학생들 앞에서 몇 가지 규정을 설명했다.
"이곳은 금남구역이고, 남자기숙사는 금녀구역입니다. 이 규정을 어기는 학생은 최초 적발 시 3만 원의 벌금을 내야 합니다!"
사감은 계속 말을 이었다.
"만약 규정을 어기다가 두 번째로 적발되면 벌금이 10만 원으로 오릅니다. 세 번째 적발 시에는 벌금이 30만 원이에요. 혹시 의문사항 있으면 질문하세요!"
그 때 한 남학생이 질문했다.

"그러면 한 학기 자유이용권은 얼마죠?"

 하루 24시간, 1천 4백 40분이 주어져있다. 그 공급은 한정되어 있지만, 그 이용은 무한한 것이다.

남녀평등(男女平等)
남녀의 등급은 같음. 즉, 남자나 여자나 인권과 인격에 있어서 차이가 없이 동등하다는 뜻임

유전학자 [멘델] 출생 1822년
경제기획원 신설 1961년
종합경제재건 5개년 계획 발표 1961년

김밥과 햄버거가 달리기경주를 하면 누가 이길까?	햄버거 (패스트푸드니까)
독수리는 새끼가 태어나면, 낭떠러지에서 떨어뜨려 날개 짓을 하도록 유도한다?	X
북한에선, **햄버거**를 뭐라고 할까?	고기겹빵
낮에는 거꾸로 매달려 자고, 밤이면 활개치고 다니는 것은?	박쥐

오늘의 유머

맹구의 알바!

신앙심이 돈독한 맹구가 패스트푸드점 알바를 하는데, 오전과 오후로 나누어 두 군데를 다닌다. 일명 투 잡. 그런데 손님이 들어오자 무심결에 내뱉은 말,

"어서 오세요. 맥도리아입니다!"

며칠 후, 교회에서 열심히 새벽기도를 마친 후, 맹구가 아르바이트하러 갔는데, 손님이 들어오자 또 무심결에 내뱉은 말,

"주님. 무엇을 드릴까요?"

다음엔 잘 해야지!는 안 된다. 지금 잘하지 않으면 다음을 약속 받을 수 없다!

비몽사몽(非夢似夢) 꿈이 아닌 것도 같고 꿈인 것도 같음. 즉, 꿈인지 생시인지 알 수 없는 어렴풋함을 뜻함

[대서(大暑)] 양력 7월 23일 경
918년 왕건, 고려 건국
1931년 소파 방정환 별세
1982년 국제포경위원회, 포경전면금지를 결정

 사람이 열 받으면 혈압이 올라가고 얼굴이 벌게지는데, 돼지가 열 받으면 어떻게 될까? **바비큐**

 개발바닥에도 땀이 난다? **X** (개발바닥에는 땀샘이 없음)

 북한에선, **제자리걸음**을 뭐라고 할까? **선자리걸음**

 똑같이 걸어가는데, 앞뒤 자리가 자꾸 바뀌는 것은? **발걸음**

오늘의 유머

생존전략!

전국 각 시도를 대표하는 개들이 복날을 즈음해 전국 대회를 열고 살아남기 위한 10가지 수칙을 채택했다.
1) 아무나 보고 짖지 않는다.
2) 땅에 떨어진 음식이나 모르는 사람이 주는 음식을 함부로 먹지 않는다.
3) 복날에는 주인이라도 함부로 믿고 따라가지 말고, 특히 눈을 마주치지 않는다.
4) 밖으로 나돌아 다니지 않는다. 불가피하게 나가더라도 영양탕집 앞은 피해간다.
5) 미견계(?)를 쓸 수 있으니 예쁜 강아지를 봐도 눈길을 주지 않는다.
6) 기온이 30도 이상 올라가면 야산으로 가출하고 25도 이하로 떨어진 후 귀가한다.
7) 성이 '변' 가인 개는 특히 조심한다. 만인의 표적이다.
8) 만약 잡히면 입에 거품을 물고 길길이 뛰면서 미친척한다.
9) 다른 개가 잡혀가는 것을 목격하더라도 의협심을 발휘해 도와주면 안 된다(함께 개죽음을 당할 수도 있다).
10) 이상의 수칙은 초복 열흘 전부터 말복 열흘 뒤까지 지킨다.

 개는 잘 짖는다고 좋은 개가 아니고, 사람은 말을 잘 한다고 현인이 아니다!

토사구팽(兎死狗烹) 교토사주구팽(狡兎死走狗烹)]의 준말로, 토끼 사냥이 끝나면 토끼를 잡던 사냥개도 잡음을 뜻함

초대 대통령 이승만, 부통령 이시영 취임　1948년
정부, 탄핵재판소 구성　1951년
타이거 우즈, 브리티시 오픈 우승 (최연소 그랜드슬램 달성)　2000년

 낮말은 새가 듣고 밤말은 쥐가 듣는다. 그럼 낮말, 밤말 모두 듣는 것은?　**박쥐**

 하루살이는 정말 하루만 살고 죽는다?　X (보통 2~3일, 길게는 15일 정도)

 북한에선, **평영(수영)**을 뭐라고 할까?　**가슴 헤엄**

 이 세상에서 제일 수명이 짧은 동물은?　**하루살이**

편안한 복장!

아버지가 딸에게 말했다.
"네가 지난번 데려온 남자가 아주 내 마음에 들었어. 그래서 내일 저녁 식사라도 같이 하자고 했다!"
"어머. 아빠 그러셨어요?"
"그 친구 혹시 불편할까봐 복장은 편안하게 직장에서 일할 때 입는 옷으로 입고 오라고 했지!"
그러자 딸이 놀라며 말했다.

"아빠! 그 사람 직업이 수영 코치예요!"

 같은 물이라도 독사가 먹으면 독이 되고, 젖소가 먹으면 우유가 된다!

천의무봉(天衣無縫)　하늘의 옷은 꿰맨 자국이 없음. 즉, 천사의 옷은 바느질한 흔적이 없다는 뜻으로, 문장이 매우 자연스러워 조금도 꾸민 자국이 없음을 뜻함

1964년 최초의 국악관현악단 창립
1978년 시험관 아기 탄생
2000년 야구선수 김기태, 국내최초로 6타수 6안타 기록

☀	닭 중에서 가장 비싼 닭은?	코스닥(닭)
✕	비아그라를 2배로 먹으면 효과가 2배로 나타난다?	X
🇰🇵	북한에선, 교미(交尾)를 뭐라고 할까?	쌍붙이
🇰🇷	돈은 돈인데, 가장 더러운 돈은?	떼돈

오늘의 유머

주식투자와 결혼의 공통점!

1) 희망찬 기대를 가지고 시작한다.
2) 해도 후회하고 안 해도 후회한다.
3) 결과를 누구도 예측할 수 없다.
4) 술자리에 가장 많이 등장하는 화젯거리다.
5) 겉모습으로 항상 사람을 속게 한다.
6) 결혼은 우량아를, 주식투자는 우량주를 원한다.
7) 큰 이익을 얻었으면 10개월간 쳐다보지도 않는다.
8) [증자]를 한다.
9) 겨우 종목을 고르고 나면 단점이 보이기 시작한다.
10) 자기는 이미 하고서 님에게는 절대로 하지 말라고 한다.

 선행은 결코 실패하지 않는 유일한 투자이다!

적소성대(積小成大)
작은 것을 쌓아 크게 만듦. 즉, 작은 것도 쌓으면 크게 이루어짐을 뜻함

노근리 양민학살 사건 1950년
한국-요르단, 국교수립 1962년
북한에 제공될 쌀 육로로 첫 수송 2005년

 빈속에 삶은 계란을 먹으면 몇 개까지 먹을 수 있나? 1개 (1개를 먹고 나면 빈속이 아님)

 남대문의 원래 이름은 **숭례문**이다? O

 북한에선, **해수욕**을 뭐라고 할까? 바다 물미역

 늙을수록 젊어 보이는 것은? 사진

아내의 힘!

아내 : 여 어~봉~. 당신은 왜 내 사진을 항상 지갑 속에 넣고 다녀?
남편 : 응, 아무리 골치 아픈 일이라도, 당신 얼굴을 보면 씻은 듯이 잊게 되거든…….
아내 : 당신에게 내가 그렇게 사랑스럽고 소중한 존재인가보지?
남편 : 그럼! 당신 사진을 볼 때마다, 나 자신에게 이렇게 얘기하거든,

"이것보다 더 큰 문제가 어디 있을까?" 하고 말이야…….

성공은 행복의 열쇠가 아니다. 그러나 행복은 성공의 열쇠다!

가계야치(家鷄野稚)
집의 닭을 미워하고 들의 꿩을 사랑함. 즉, 아내를 소박하고 첩을 좋아함을 뜻함

1953년 6·25전쟁 휴전협정 조인
1985년 63빌딩 준공
2003년 미국 코미디언 [밥 호프] 별세

소주는 25도, 맥주는 4도, 양주는 45도이다. 이걸 모두 마시면 몇 도일까?	졸도
맥주를 많이 마시면 배가 나온다?	X
북한에선, **알랑방귀**를 뭐라고 할까?	간씬질
술은 술인데, 장사꾼이 좋아하는 술은?	상술

오늘의 유머

도서관에서…….

두 친구가 함께 도서관에서 공부하던 중, 한 친구가 말했다.
"야. 나 큰일 났다. 속이 안 좋아서 방귀가 계속 나와!"
이 이야기를 들은 친구는, 옆에 앉아서 감당해야 할 생각을 하니 심란했다.
연달아 계속 뀌어대는데, 게다가 소리는 또 얼마나 신기하던지 규칙적으로 높낮이 없이
'부우웅… 부우웅… 부우웅…'
주위에서는 그게 무슨 소린지 모르는 듯했고, 속을 아는 친구는 웃음을 참느라 무진 애를 쓰고 있었는데, 갑자기 대각선 쪽에 앉아 있던 사람이 성큼성큼 다가와 짜증 섞인 목소리로 하는 말,
"저기요. 휴대폰 좀 꺼주실래요?"

의기소침(意氣銷沈)해지지 않게 만드는 최고의 무기는 미소이다!

주마간산(走馬看山)
말을 달리면서 산을 봄. 즉, 바빠서 자세히 보지 못하고 지나침을 뜻함

이탈리아 작곡가 비발디 사망   1741년
페루, 스페인으로부터 독립   1821년
제1차 판문점 정전회담 개최   1953년

 세상에서 가장 덩치가 큰 소녀는 누구일까?   **태평양**

 사람의 세포는 개미의 세포보다 크다?   **X** (크기가 아닌 양의 차이)

 북한에선, **일개미**를 뭐라고 할까?   **로동개미**

 개미의 목구멍보다 작은 것은?   **개미 먹이**

아담과 이브!

아담이 하나님께 말했다.
"하나님. 이브는 정말 예뻐요. 왜 그렇게 예쁘게 만드셨어요?"
"그래야, 네가 이브를 좋아할 것 아니냐!"
그러자 다시 아담이 물었다.
"근데요……. 이브가 좀 멍청한 것 같아요!"
그러자 하나님 왈…….

"그래서 이브가 널 좋아하는 것이니라~!"

 부부는 가위와 같다. 둘이 떨어진다면 송곳으로도 못 쓰고, 칼로도 못 쓴다!

천려일득(千慮一得) 천 번 생각하면 한가지 얻음. 즉, 바보 같은 사람이라도 많은 생각을 해보면 한 가지 쓸 만한 것이 있음을 뜻함

1836년 파리 개선문 완공
1948년 한국, 첫 하계올림픽 출전
1966년 제2차 경제개발5개년계획 발표

 사람은 빵만으로 살 수 없다는 사실을 입증해 주는 사람은? — 빵집 아저씨 (빵 판 돈으로 쌀산다)

 빵은 순수한 우리나라 말이다? — X (포르투갈어)

 북한에선, 냉면을 뭐라고 할까? — 찬국수

 아무리 배가 고파도 먹지 못 하고, 몸에 걸고 다녀야 하는 빵은? — 멜빵

부부의 변천사?

20대 : 위아래로 포개서 잔다.

30대 : 마주 보고 잔다.

40대 : 천장 보고 잔다.

50대 : 등 돌리고 잔다.

60대 : 딴 방에서 잔다.

70대 : 어디서 자는지 모르고 잔다.

80대 : 한사람은 방에서 자고, 한사람은 산(山)에서 잔다.

 부부금실이 좋은 사람은 신뢰해도 좋다!

경경고침(耿耿孤枕)
환하고 고독한 잠자리. 즉, 생각이 많고 근심에 쌓여 잠을 못 이루는 외로운 잠자리를 뜻함

한국 최초의 한자전(漢字典) 발간   1909년
문고본 대명사 [펭귄북스] 출간   1935년
IBM·모토로라·애플 3사 [파워PC동맹] 체결   1991년

 당신이 바위 옆에서 사진을 찍으면?   가족사진

 남극을 갈 때도 **비자**가 필요하다?   X (영토가 아님)

 북한에선, **코치**를 뭐라고 할까?   지도원

 남극 펭귄과 북극 펭귄이 함께 살 수 있는 방법은?   동물원에 간다

비싼 외도!

어떤 국회의원에게 보좌관이 말했다.
"나쁜 소식부터 들려 드릴까요? 아니면 끔찍한 소식부터 들려드릴까요?"
"나쁜 소식부터 들어봅시다!"
"부인께서 무려 1억 원짜리 사진을 구입했어요!"
"정신 나간 여편네……. 도대체 어떤 사진이기에 그렇게 비싼 돈을 주고 산거야? 그럼, 끔찍한 소식은 또 뭔가?"

"그 사진이 의원님과 여비서의 불륜장면을 찍은 사진입니다!"

 부자의 쾌락은 가난한 자의 눈물에서 얻어지는 때가 많다!

경거망동(輕擧妄動)
가볍게 들고 허망하게 움직임. 즉, 경솔하고 망령된 행실과 버릇없고 교양 없는 행동을 뜻함

1877년　발명왕 토마스 에디슨, 축음기 발명
1948년　이범석, 제1대 국무총리 취임
1992년　신행주대교 공사중 붕괴

 요조숙녀(窈窕淑女)를 유머로 풀이하면? — 요강에 조용히 앉아 일을 보는 여자

 떡 하나 주면 안 잡아먹지~~ 호랑이에게 맛있는 떡을 주면 먹는다? — X (육식동물)

 북한에선, 케이오(KO)를 뭐라고 할까? — 완전 넘어지기

 호랑이에게 덤벼드는 아주 용감한 개의 이름은? — 하룻강아지

오늘의 유머

아줌마와 강아지!

지하철에 어떤 한 아줌마가 강아지를 이동식 케이스도 없이 안고 들어왔다. 그 옆에 있던 아저씨가 아줌마한테 물었다.
"아줌마, 이런 곳에 개를 데리고 오면 어떡해요? 그것도 이동식 케이스도 없이……."
그러자 아줌마가 말했다.
"얘는 내가 친자식처럼 키우는 개란 말 이예요!"
그러자 아저씨가 혀를 차며 말했다.

"쯧쯧~, 어쩌다 강아지를 낳았수?"

 예쁜 여자는 언젠가 싫증이 나지만, 선량한 여자는 결코 싫증이 나지 않는다!

요조숙녀(窈窕淑女)
그윽하고 정숙하고 맑은 여자. 즉, 말과 행동이 얌전하고 아름다운 여자를 뜻함

국제자동전화 개통　1983년
의약분업 본격 시행　2000년
지하철 7호선 전구간 개통　2000년

코가 크면 이것도 크다는데, 이것은?	코딱지
콧구멍이 크면 냄새를 더 잘 맡는다?	O
북한에선, 치사량(致死量)을 뭐라고 할까?	죽는량
풀기만 하고 감을 수 없는 것은?	코

오늘의 유머

냄새 없는 방귀의 진실!

한 남자가 있었다. 그 남자는 고민이 있었다. 방귀를 뀌면 이상하게 소리만 크게 날 뿐 냄새가 전혀 나지 않는 것이었다. 이를 이상하게 여긴 남자는 병원에 갔다.
"선생님, 전 방귀를 뀌면 소리만 크고 냄새가 전혀 나지 않아요. 무슨 병이라도 있는 건 아닌지~!"
"그럼 방귀가 나올 때까지 기다려 보죠!"
시간이 좀 흐르자 큰 소리와 함께 방귀가 나왔다. 그러자 얼굴이 누렇게 변한 의사가 말했다.

"급히 코 수술부터 해야겠네요!"

 돈은 비료와 같다. 뿌리면 도움이 되지만, 쌓아두기만 하면 지독한 냄새가 난다!

군맹무상(群盲撫象)　여러 소경이 코끼리를 어루만짐. 즉, 보통 사람은 모든 사물을 자기 주관대로 잘못 판단하거나 일부 밖에 파악하지 못함을 뜻함

1922년   전화발명가 그레이엄 벨 사망
1980년   컬러TV 국내 시판 개시
1990년   이라크의 쿠웨이트 침공으로 걸프전 발발

☺	권투선수들의 코는 어떤 코일까?	주먹코
✗	스컹크는 자기 방귀 냄새에 기절할 수 있다?	O
🇰🇵	북한에선, **방부제**를 뭐라고 할까?	썩음막이약
🇰🇷	코는 코인데, 숨도 쉬지 못하고, 냄새도 못 맡는 코는?	그물코

오늘의 유머

국회의원과 코털의 공통점!

1) 잘 보이지 않는다.
2) 대체로 지저분하다.
3) 쉽게 뽑히지 않는다.
4) 뽑기 전엔 귀찮게 한다.
5) 뽑을 때 잘 뽑아야 한다.
6) 좁은 공간에서 많이 뭉쳐 산다.
7) 안에 짱박혀(?) 있는 것이 안전하다.
8) 잘못 뽑으면 후유증이 엄청 오래간다.
9) 더러운 것을 파다 보면, 따라 나올 때도 있다.
10) 한 놈을 잡았는데, 여러 놈이 딸려 나올 때도 있다.

 돈으로 해결되지 않는 문제가 별로 없다고 말하면 기발하기보다 불경스럽다!

오비삼척(吾鼻三尺)
내 코가 석자. 즉, 곤경에 처하여 자기 일도 감당할 수 없어 남을 도울 수가 없음을 뜻함

군사정전위 본부 판문점에 설치 1953년
산림청 신설 1966년
시사만화가 안의섭 화백 별세 1994년

 10층 건물에서 엘리베이터가 추락했는데, 아무도 다치지 않은 이유는?   탑승객이 없었음

 하품과 트림은 동시에 할 수 있다?   ○

 북한에선, **에스컬레이터**를 뭐라고 할까?   계단승강기

 슬프지도 않은데 커다란 입을 벌리고 눈물 흘리는 것은?   하품

오늘의 유머

눈탱이가 밤탱이!

한 남자가 월급을 몽땅 쓰고 들어와 아내에게 큰소리를 쳤다. "남자가 말이야, 사회생활 하다보면 그럴 수도 있지. 뭘 그런 걸 갖고 바가지를 긁고 난리야 난리가!"
화가 난 아내가 잔소리를 끝내고 이렇게 말했다. "여보, 한 이삼일쯤 나를 보지 않는 건 어떻겠어요?"
남자가 대답했다. "나야 뭐 좋지 뭐!"
그 후 남자는 정말로 갑자기 아내를 3일정도 볼 수 없었다.
그런데……
4일째 되던 날, 부풀어 오른 자리가 가라앉으면서, 왼쪽 눈가로 아내를 약간 볼 수 있을 정도가 되었다…….

 세상에서 가장 장엄한 광경은, 불리한 역경과 싸우고 있는 인간의 모습이다!

목불인견(目不忍見)
참고 볼 수 없음. 즉, 몹시 딱하거나 참혹하거나 처참하여 차마 눈뜨고 볼 수 없음을 뜻함

1914년 　제1차 세계대전 발발
1964년 　월남파병안 국회통과
1997년 　세계 최고령자 프랑스의 [잔 칼망] 할머니 122세로 사망

☀	겉옷을 벗기면 속옷이 나오고, 속옷을 벗겨 빨면 흐물흐물해지는 것은?	껌
✖	고슴도치가 **교미(交尾)**를 하면 피투성이가 된다?	X
	북한에선, **원피스**를 뭐라고 할까?	달린 옷
	바느질은 하지 않는데, 바늘 없이는 못 사는 것은?	고슴도치

오늘의 유머

교수님들의 전공분야로 본 싸움 구경!

1) 경영학과= 인석들아, 싸우면 손해야!
2) 경제학과= 으이그, 돈 안 되는 놈들!
3) 영문학과= 파이팅!
4) 행정학과= 야, 빨리 경찰 불러!
5) 식물학과= 그래, 박터지게 싸워봐라!
6) 사진학과= 야, 니들 다 찍혔어!
7) 신방과= 니들 남들이 보고 있다!
8) 법학과= 이놈들, 니덜 다 구속감이다!
9) 식품영양학과= 니들 뭘 처먹었냐?
10) 의상학과= 얌마 들아, 옷 찢어져!
11) 응용통계학과= 꼭 이틀에 한번 꼴이네!
12) 생물학과= 저런 썩을 놈들!

남자를 남자답게 만드는 것은, 싸움도 아니고 군대도 아닌 한 여자의 손길이다!

방휼지쟁(蚌鷸之爭)
조개와 도요새의 싸움. 즉, 서로 버티고 물러서지 않고 싸움을 뜻함

엥겔스 사망 1895년
마릴린 먼로 사망 1962년
국내최초의 방송통신위성 [무궁화1호] 발사 1995년

8월 5일
217/365

	성경에 나오는 약인데 하루에 두 알 먹어야 되는 약은?	**구약과 신약**
	혀에 침이 묻어 있지 않으면 **맛**을 느낄 수 없다?	**O**
	북한에선, **투피스**를 뭐라고 할까?	**나뉜 옷**
	손이 시리지 않아도 껴야 하고, 언제나 한 짝뿐인 장갑은?	**야구글러브**

오늘의 유머

천국의 야구 선수!

유난히 친한 투수와 포수가 있었다. 두 사람은 하늘나라에도 야구 경기가 있는 지 없는 지 항상 궁금했다. 그래서 누구든지 먼저 죽어서 하늘나라에 가는 사람이 어떻게 해서든지 살아 있는 친구한테 그 유무를 알려주기로 약속했다. 그러던 어느 날 포수가 사고로 먼저 세상을 떠났다. 몇 주일 후 죽은 포수가 투수에게 약속했던 대로 연락을 취해왔다. "이보게나. 좋은 소식과 나쁜 소식, 두 가지가 있다네!" "좋은 소식은 뭔가?" "좋은 소식은 하늘나라에도 야구 경기가 있다는 것이네!" "그럼, 나쁜 소식은 뭔가?"

"나쁜 소식은 내일 자네가 여기서 공을 던지게 되어 있다는 것일세!"

인간이란, 아는 것이 적으면 적을수록 많이 지껄여댄다!

지기지우(知己之友)
자기를 아는 만큼 알아주는 친구. 즉, 자기의 속마음과 가치를 잘 알아주는 참다운 친구를 뜻함

1610년 허준, 동의보감 25권 완성
1945년 히로시마에 원폭 투하
1993년 93대전엑스포 개막

	만 원짜리와 천 원짜리 지폐가 길에 떨어져 있으면, 어느 것을 주워야 할까?	둘 다
	간(肝)이 크면 용감하다?	X
	북한에선, **목돈**을 뭐라고 할까?	주먹돈
	모양은 사각형이지만 온 세상을 돌아다니는 것은?	지폐

오늘의 유머
간 큰 아버지!

아버지 : 아들아. 너, 내가 정해주는 여자하고 결혼해야 한다.
아　들 : 안 돼요. 신부는 제가 골라야 해요.
아버지 : 하지만 상대는 빌 게이츠의 딸이야.
아　들 : 그렇다면 좋아요!
아버지는 빌게이츠를 찾아갔다.
아버지 : 당신 딸의 남편감 있어요?
빌게이츠 : 우리 딸은 아직 너무 어린데요.
아버지 : 하지만 이 청년은 세계은행 부총재입니다.
빌게이츠 : 그렇다면 좋습니다!
이제 아버지는 세계은행 총재를 찾아갔다.
아버지 : 부총재로 천거할 청년이 있습니다.
총　재 : 하지만 부총재는 이미 남아도는 실정입니다.
아버지 : 하지만 이 청년은 빌 게이츠의 사위입니다.
총　재 : 아 그래요. 그렇다면 좋습니다!

 두 도둑이 저승에 갔다. 한 도둑은 남의 재물을 훔쳐서 지옥엘 갔고, 한 도둑은 남의 슬픔을 훔쳐서 천당에 갔다!

· **개문납적(開門納賊)**
문을 열고 도둑을 맞아들임. 즉, 스스로 재앙을 불러들임을 뜻함

[입추(立秋)] 양력 8월 6 ~ 9일 경
김유신 사망   673년
제17회 세계잼버리대회 개막(강원도 고성), 129개국 2만여 명 참가   1991년
제1회 서울 로봇 축제(국립서울과학관)   2005년

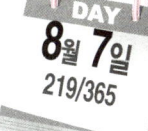

 천고마비를 유머로 풀이하면?   하늘을 우러러 고약한 짓을 하면 온 몸이 마비된다

 입추의 여지가 없다 에서 **입추**는 가을에 들어선다는 말이다?   X (송곳을 세움)

 북한에선, **도시락**을 뭐라고 할까?   곽밥

 아무리 만원 버스라도 늘 앉아서 가는 사람은?   운전기사

오늘의 유머

시내버스에서…….

정류장에서 꾸물대며 도대체 떠날 생각을 않는 버스 운전기사에게 화가 난 승객이 따졌다.

손   님 : 이봐요, 운전기사! 이 똥차 언제 떠날 거요?

운전기사 : (여유 있게)
         똥이 차야 떠나죠!

 대화는 사상의 배출구일 뿐 아니라, 성품의 출구이다!

천고마비(天高馬肥)
하늘은 높고 말은 살찜. 즉, 가을 하늘의 높고 맑음과 풍성한 수확의 아름다운 정경을 뜻함

1955년　증권시장 개장
1969년　무용가 최승희 사망
1975년　한국-싱가포르, 국교수립

기절할 때 부는 바람은?	기절초풍
우리 몸에서 힘이 가장 센 근육은 혀다?	O
북한에선, **수화(手話)**를 뭐라고 할까?	손가락 말
어른들이 술자리에서 내밀어야 하는 배는?	건배

오늘의 유머

국회의원에 당선 되면 세 번 놀라는 이유?

1) 나같이 형편없는 사람이 국회의원에 당선된 것.
2) 모든 후보들이 나와 같이 형편없다는 것.
3) 형편없는 사람이 국회의원을 하는데도, 나라가 잘 돌아간다는 것.

 영원히 살 것처럼 꿈을 꾸고, 내일 죽을 것처럼 오늘을 살아라!

교언영색(巧言令色)
교묘한 말과 아첨하는 얼굴. 즉, 간교하고 달콤한 말로 아첨함을 뜻함

손기정, 베를린올림픽서 마라톤 우승   1936년
싱가포르, 말레이시아로부터 독립   1965년
황영조, 바르셀로나올림픽 마라톤 우승   1992년

남존여비(男尊女卑)를 남성우위 유머로 풀이하면?	남자가 존재하는 한, 여자는 비참하다
여름은 25℃ 이상, 한 여름은 30℃ 이상을 말한다?	O
북한에선, 소프라노를 뭐라고 할까?	녀성고음
나오자마자 벽에 머리를 부딪쳐 불을 만들어 내는 것은?	성냥

오늘의 유머

만약에……

여자친구가 생긴 고등학생이 말했다.

"엄마, 여자친구에게 선물을 주려고 하는데……. 만약에 엄마가 지금 16살 소녀라면 뭐가 갖고 싶을 것 같아요?"

그러자 엄마가 비장한 표정으로 대답했다.

"엄마가 만약에 16살 소녀가 될 수만 있다면, 아~무 것도 필요 없다!"

 영원한 미완성은, 완성으로 이끄는 힘이다!

한강투석(漢江投石)
한강에 돌을 던짐. 즉, 아무리해도 전혀 효과가 없음을 뜻함

1959년   우장춘 박사 별세
1961년   한국-카메룬, 국교 수립
1988년   울진 원전1호기(발전용량 95만Kw) 준공

 남존여비(男尊女卑)를 여성우위 유머로 풀이하면? → 남자가 존재하려면 여자의 비위를 맞춰야 한다

 청사초롱은 어두운 밤길을 갈 때, 귀신을 물리치기 위해서 시작되었다? → X (앞길을 비춰 새로운 출발을 상징)

 북한에선, 샤워실을 뭐라고 할까? → 물맞이칸

 걸치면 움직이고, 벗으면 잠만 자는 것은? → 옷

오늘의 유머

싸움의 승자!

아내가 모처럼 사온 새 옷을 입어보고 있는데, 남편이 말했다.

"그걸 예쁘다고 골랐어? 당신은 물건 고르는 눈이 없는 것 같아. 난 그래도 물건 고르는 눈은 있는데!"

아내는 즉시 반박했다.

"맞는 말이네요. 난 물건 고르는 눈이 없어서 당신을 골랐지만, 당신은 물건 고르는 눈이 있어서 나를 골랐으니까요!"

 오늘 아무 일도 하지 않았다는 것이, 실은 뭔가를 한 것이다!

필부필부(匹夫匹婦)
한 사람의 남자와 한 사람의 여자. 즉, 평범한 남녀를 뜻함

조오련, 대한해협 도영에 성공　1980년
한국 최초의 과학위성 [우리별 1호] 발사　1992년
국민학교 명칭을 초등학교로 변경　1995년

 최초로 금연에 성공한 동물은?　　　　　　　　　　　　　호랑이

 메주의 곰팡이 색이 푸르거나 검정색이면 좋은 것이다?　　X (흰색이 좋음)

 북한에선, **의인법**을 뭐라고 할까?　　　　　　　　　　사람비김법

 엄마들이 매일 만나는 거지는 누구일까?　　　　　　　　　설거지

오늘의 유머

비유법!

국어시간에 선생님이 비유법에 대해 설명하고 있었다.

"예를 들어서 [선생님은 장미꽃처럼 예쁘다!] 같은 표현법을 비유법이라고 한단다."

그러자 맹구가 손을 번쩍 들고 말했다.

"선생님, 그건 과장법인데요?"

 침식을 잊을 정도로 미쳐 보지 못한 사람에게 성공이란 먼 나라의 이야기다!

경조부박(輕躁浮薄)
가볍고 방정맞아 들뜸. 즉, 마음이 침착하지 못하고 행동이 신중하지 못함을 뜻함

1981년 IBM PC 첫 등장
1993년 김영삼 대통령, 금융실명제 발표
1999년 남북한 노동자 축구대회 평양서 첫 경기

고등학생들이 좋아하는 무늬는?	땡땡이 무늬
침팬지와 고릴라도 사람처럼 **맹장(盲腸)**이 있다?	O
북한에선, **폐(肺)**를 뭐라고 할까?	숨주머니
모든 사람이 싫어하는 경기는?	불경기

오늘의 유머

진짜 바보는?

어느 마을에 **바보**라고 불리는 소년이 있었다. 동네 아이들은 이 바보 소년을 놀려주기 위해서 손바닥에 50원짜리 동전과 100원짜리 동전을 놓고 맘대로 한 개를 집어가라고 하면, 이 소년은 항상 50원짜리 동전만 집어간다. 어느 날 동네 아이가 바보에게 말했다.
"이 바보야, 50원짜리보다는 100원짜리가 더 크니까 100원짜리를 집어!"
이 말에 바보는 웃으면서 말했다.
"그럼 나는 돈을 못 벌잖아!"
"아니, 왜?"
"내가 100원짜리를 집으면, 너희들이 재미없어서 다시는 이런 장난을 안 할 거잖아!"

 우리가 존중해야 하는 것은 단순한 삶이 아니라 올바른 삶이다!

경적필패(輕敵必敗) 적을 가볍게 여기면 반드시 패함. 즉, 신중하지 못하고 적을 가볍게 업신여길 때에는 반드시 실패함을 뜻함

나이팅게일 사망 1910년
국내 최초로 성전환 수술 1955년
베를린 장벽 설치 1961년

 사업상 목욕을 할 수 없는 사람은?   거지

 성인 남자가 사우나를 자주하면 **정자(精子)**수가 줄어든다?   0

 북한에선, **냉수욕(冷水浴)**을 뭐라고 할까?   찬물미역

 깨끗한 친구를 사귀려면 어디로 가야 하나?   목욕탕

오늘의 유머

음주단속!

맹구가 엄마 아빠하고 차를 타고 가다가 음주운전 단속을 받게 됐다. 맹구 아빠가 불자 '삐이익!' 하고 소리가 났다.
경   찰 : 한계치 초과입니다. 내리시죠.
맹구아빠 : 아니, 뭐라고요? 난 술 안 마셨어요. 기계가 고장이네요. 여보, 당신이 한 번 불어봐!
맹구 엄마가 불자 역시 '**삐이익!**' 소리가 났다.
경   찰 : 아니! 두 분 다 드셨군요. 서까지 가시죠!
맹구아빠 : 이 기계가 고장이라니깐요! 야, 맹구야 너도 한 번 불어봐라!
맹구가 후~! 하고 불자 역시 '**삐이익!**'
맹구 아빠 : 이것 보라고요. 내 참!
경   찰 : 어, 정말 기계가 이상한가보네요. 죄송합니다. 안녕히 가십시오!
그러자 맹구 아빠는 차를 몰기 시작하더니, 회심의 미소를 지으면서 말한다.
"여보, 우리 맹구도 술 먹이길 잘했지?"

   최대의 정신적 범죄는 자기 자신에 대해서 불성실한 것이다!

궁여지책(窮餘之策) 여유가 다하여 세운 책략. 즉, 막다른 골목에서 그 국면을 타개하려고 생각다 못해 짜낸 꾀를 뜻함

1957년   서울시립교향악단 발족
2000년   남북, 서울~판문점~평양 첫 광통신망 개통
2005년   8.15 민족대축전 남.북통일축구경기

누구나 발 벗고 나서야 할 수 있는 일은?	발 씻는 일
사람은 눈을 뜨고 **재채기**를 할 수 없다?	O
북한에선, **스커트(skirt)**를 뭐라고 할까?	통치마
페인트칠하다 페인트를 뒤집어 쓴 사람은?	칠칠맞은 사람

오늘의 유머

구원과 십 원!

어떤 교인이 목사님과 차를 마시며 종교에 대한 담론을 하고 있던 중, 목사님께 빈정대며 질문을 했다.

"목사님! 하나님이 인간에게 구원을 주실 바에야 이왕이면 일 원을 더 보태서 십 원을 주실 것이지 왜 하필 구원만 주셨나요?"

그러자 목사님이 말씀하셨다.

"그 일 원은, 하나님께서 십일조로 미리 떼어 놓으신 겁니다!"

 헌신이야말로 사랑의 연습이다. 헌신에 의해 사랑은 자란다!

애인여기(愛人如己)
사람 사랑하기를 자기만큼 함. 즉, 남을 사랑하기를 자기를 사랑하듯 함을 뜻함

[광복절(光復節)]
서울 지하철 1호선 개통 1974년
새마을호 운행 개시 1974년
독립기념관 개관 1987년

 우리나라의 기(旗)는 태극기, 북한의 기는 인공기, 일본 기는?   우기기

 4대 국경일이란 광복절, 개천절, 제헌절 그리고 **한글날**이다?   X (삼일절)

 북한에선, **공휴일을** 뭐라고 할까?   휴식일

 애국가에 나오는 산은 모두 몇 개?   3개 (백두산, 남산, 화려강산)

아프리카 여행

미국인, 일본인 그리고 한국인 세 명이 아프리카를 여행하다 무단 침입으로 야만인들에게 붙잡혀 곤장 100대씩 맞게 되었다.
다행이 야만인 추장은 이들에게 단 한 가지씩 소원을 들어 주기로 했다.
첫째로 미국인 "제 엉덩이 위에 방석 3장을 올려 주십시오!" 추장은 소원을 들어주었다. 그리고 곤장 100대를 맞았다. 하지만 방석이 너무 얇아 70대째에 방석이 다 찢어져 나머지 30대를 맞곤 아몰아몰한 정신으로 다음과 같이 중얼거리곤 정신을 잃고 말았다. "그래도 나는 창조력이 뛰어난 민족이야."
이 과정을 지켜본 일본인 "제 엉덩이 위에 침대 매트리스 3개를 올려 주십시오!" 일본인의 소원을 들어주고 곤장이 시작 됐다. 일본인은 100대를 맞는 동안 줄곧 웃기만 하다 일어났다. "역시 나는 모방의 기술이 뛰어난 민족이야." 하며 좋아했다. 야만인 추장은 마지막으로 한국인을 향해 물었다.
"자, 네 소원은 무엇이냐?" 한국인은 쓰~윽 웃으며 한마디 했다.

"저 일본 놈을 제 엉덩이 위에 올려주십시오!"

 남을 무시한 자기만족은 초라한 자기 위안일 뿐이다!

간뇌도지(肝腦塗地)
간뇌가 진흙땅에 있음. 즉, 나라를 위하여 목숨을 돌보지 아니하고 힘씀을 뜻함

1946년　서울시, [서울자유시]로 경기도로부터 독립
1949년　한국 세계보건기구(WHO)가입
1977년　엘비스 프레슬리 사망

 남자들 신체 중 필요 없는 부위 젖꼭지다. 그럼에도 있어야 하는 이유? — 앞판 뒤판 구별해야 하니까

 우리나라에서 해가 가장 먼저 뜨는 곳은 **울릉도**이다? — X (독도)

 북한에선, **진정제**를 뭐라고 할까? — 가라앉힘약

 남자들도 입는 치마는? — 앞치마

독도!

맹구가 필기시험에 합격한 후 면접을 보고 있었다. 면접관은 시사상식을 물어보기 위해 맹구에게 물었다.

면접관 : 자네, 일본 사람들이 **독도**를 뭐라고 하는 줄 아나?
맹　　구 : 네, 일본 사람들은 독도를 **자기네 땅**이라고 하는데요.

 현명한 해결책이란, 입장이 아니라 이해관계를 조정하는 것이다!

- **강목팔목(岡目八目)**　산등성이에서 보면 팔방으로 봄. 즉, 당사자보다 제3자의 입장에서 보는 것이 이해득실을 객관적으로 한 눈에 알 수 있음을 뜻함

서울시내 전등 시점식(始點式) 거행 1901년
인도네시아, 네덜란드로부터 독립 1945년
가봉, 프랑스로부터 독립 1960년

 남편과 신문 사이에 끼어 들어오는 전단지의 공통점은? **매일 들어오는데, 쓸데가 별로 없다!**

 머리를 자주 감으면 머리카락이 많이 빠진다? **X**

 북한에선, **꽃다발**을 뭐라고 할까? **꽃묶음**

 머리에 빨간 꽃을 이고, 흰 옷 입고 눈물을 뚝뚝 흘리는 것은? **양초**

오늘의 유머

수술하기 쉬운 사람?

카페에서 외과의사 세 사람이 칵테일을 마시며 대화를 하고 있었다. 대화 내용은 수술하기 쉬운 환자에 대한 것.

의사1 : 나는 도서관 직원들이 가장 쉬운 것 같아. 그 사람들 뱃속 장기들은 질서정연하게 가나다순으로 정렬되어 있거든.

의사2 : 난 전기 기술자가 제일 쉽더라고. 그 사람들 혈관은 전깃줄 피복처럼 색깔로 구분되어 있어.

두 의사의 얘기를 듣고 있던 세 번째 의사 왈,

의사3 : 난 정치인들이 제일 쉽더라고. 뼈대도 없고, 간도 없고, 쓸개도 없어. 게다가 안면도 없잖아?!

 남을 깔보았다고 해서 그만큼 자신의 가치가 올라가는 것이 아니다!

강노지말(强弩之末) 힘찬 화살도 마지막에는 힘이 떨어짐. 즉, 아무리 강한 힘도 마지막에는 결국 쇠퇴하고 만다는 뜻임

1227년   칭기즈 칸 사망
1976년   판문점 도끼만행 사건
2009년   김대중 대통령 서거

 입은 있으나, 말을 잘 못하는 사람은?   손아랫사람

 8만 대장경의 경판 수는 8만 개가 넘지 않는다?   X (81,258판 1511부 6802권)

 북한에선, **모자이크**를 뭐라고 할까?   쪽무늬 그림

 아버지의 아버지의 사돈의 외동딸은?   어머니

오늘의 유머

엽기 문답!

1) 나의 여자 친구는 얼굴이 문근영이고, 몸매는 한채영이고, 미소는 김태희예요. 모자란 게 있다면 뭘까요?   답 : 남자 보는 눈
2) 나의 잘생긴 얼굴을 어디다 쓰지? 좀 가르쳐 줘 봐!
   답 : 펀치머신
3) 야동배우 닮았다는 게 그렇게 심한 말인가요? 아는 여자애한테 야동배우 닮았다고 하니까 바로 연락을 끊네요. 야동배우가 얼마나 예쁜데 생각해줘서 칭찬해줬더니……. 제가 잘못한 건가요?   답 : 찔리나 보죠?
4) 내가 좋아하는 여자에게는 남자 친구가 있다는데……. 하지만 상관없어. 오늘도 힘내야지. 후~훗! 골키퍼 있다고 골이 안 들어가나? 안 그래?
   답 : 골 들어갔다고, 골키퍼 바꾸냐?

 남에게 진흙을 던지는 자는 제일 먼저 자기 자신을 더럽히게 된다!

구시심비(口是心非)   입은 옳고 마음은 아님. 즉, 말로 옳다 하면서 속으로는 비난하는 것으로 겉과 속마음이 다름을 뜻함

증기기관 발명가 제임스 와트 사망   1819년
한국, 국제의원연맹(IPU) 가맹   1964년
사단법인 [흥사단] 설립   1969년

 백설 공주는 무얼 먹고 죽었나?   나이

 백합꽃의 **백**자는 흰 백(白)자이다?   X (일백 백(百))

 북한에선, **짝사랑**을 뭐라고 할까?   외짝사랑

 전화번호부의 숫자를 전부 곱하면?   0

오늘의 유머

쉬운 것과 어려운 것!

세상에서 가장 쉬운 것?
=> 남녀가 사랑에 빠지는 것.

세상에서 가장 어려운 것?
=> 단지 사랑했다는 이유로, 50년 넘게 살아줘야 한다는 것!

 남자는 영화배우 같은 여자와의 사랑을 원하고, 여자는 영화와 같은 사랑을 원한다!

초로인생(草露人生)
풀과 이슬 같은 인생. 즉, 인생의 덧없음을 풀잎의 이슬에 비유한 뜻임

1963년   서울교외선 개통
1977년   원자력발전소 가동
1993년   제1차 대학수학능력시험

 임금의 딸들이 많이 살았던 도시는? — 공주

 우리나라 임금이 언제나 남쪽을 향해 앉은 것은 **풍수지리(風水地理)**에 의한 것이다? — X (중국황제가 남쪽을 향해 앉은 관습 때문)

 북한에선, **원양어선**을 뭐라고 할까? — 먼바다 고기배

 임금들이 좋아하는 비는? — 왕비

오늘의 유머

안 되겠니?

아버지가 큰 딸을 불러 말했다.

"어제 네 남자친구가 너랑 결혼하고 싶다더구나. 난 그 정도면 만족한다. 네 생각은 어떠냐?"

"하지만 아빠, 전 엄마를 남겨두고 혼자 시집가는 게 너무 괴로워요!"

그러자 아버지가 희망에 부푼 눈빛으로 하는 말,

"그래? 그럼 네 엄마도 함께 데리고 가면 안 되겠니?"

 노화를 재촉하는 네 가지 원인은 공포, 분노, 아이들, 그리고 악처이다!

건목수생(乾木水生)
마른 나무에서 물을 얻음. 즉, 엉뚱한 곳에서 불가능한 일을 이루려 함 뜻함

경제기획원, 제5차 경제개발 5개년 계획 발표   1981년
구 중앙청 청사를 개조한 국립중앙박물관 개관   1986년
2003대구 하계유니버시아드대회 개막   2003년

 닭이 뛰어가다 벽에 부딪혔다를 두 자로 표현하면?   닭 꽝

 닭이 아침에 우는 것은 아침이 왔다는 것을 사람들에게 알리기 위해서다?   X (자신에 힘을 과시하기 위함)

 북한에선, 핸들을 뭐라고 할까?   조향륜(操向輪)

 닭은 닭인데, 아무리 요리를 해도 먹지 못하는 닭은?   까닭

오늘의 유머

슬픔 : 분노 : 쇼킹 !

슬픔 : 차 창문이 열려 있는 줄 알고, 담배꽁초를 창문에 던질 때

분노 : 담배꽁초가 떨어져서 내 바지를 태우고 있을 때

쇼킹 : 너무 뜨거워 차 핸들을 놓쳐 가로수 들이받을 때

 프로가 실수하지 않는 것은, 싼 급료를 원하지 않기 때문이다!

방성대곡(放聲大哭)
소리 질러 크게 욺. 즉, 북받치는 슬픔 또는 분노를 참지 못해 울음을 터뜨리는 것을 뜻함

1937년 　서울에 등화관제 실시
1946년 　국립서울대학교 신설
1997년 　산업표준화법 개정돼 KS표시 허가제도가 인증제도로 전환

	처녀가 가장 많이 사는 나라는?	뉴질랜드
✕	식물에게도 **혈액형(血液型)**이 있다?	O
	북한에선, **액세서리**를 뭐라고 할까?	치레거리
	처녀들에게 시집을 구해 주는 사람은?	서점주인

오늘의 유머

슬픔 : 분노 : 쇼킹 2

슬픔 : 술 먹고 핸드폰을 잃어버렸을 때

분노 : 내 핸드폰에 전화하니 통화중일 때

쇼킹 : 10분 후 다시 전화해서 핸드폰 주인이라고 말하니
　　　'그래서?'라고 대꾸 할 때

 내 마음을 바꾸는 것이 내 세상을 바꾸는 지름길이다!

천인공노(天人共怒)
하늘과 땅이 함께 분노함. 즉, 도저히 용서하지 못함을 뜻함

[처서(處暑)] 양력 8월 23일 경
실미도 특수부대원 난동 1971년
천마총서 천마도 발굴 1973년
청계천 광통교 95년 만에 복원 2005년

추위에는 무지 강한 반면, 더위에는 무지 약한 사람은?		눈사람
껌을 최초로 만들어 씹은 사람은 아메리카 인디언들이다?		O
북한에선, **일조량**을 뭐라고 할까?		해쪼임량
발가벗고 동굴 속으로 들어가는 것은?		껌

오늘의 유머

슬픔 : 분노 : 쇼킹 3

슬픔 : 배가 고파 1,000원 들고 시장기를 달래려 꼬치어묵 먹을 때

분노 : 1개에 500원 인 줄 알고 2개를 먹고 나니, 2천 원이라고 할 때

쇼킹 : 사정사정해서 깎았는데, 딴 사람이 먹은 어묵 꼬챙이 2개를 내 것으로 오해 받을 때

 제일 맛있는 음식은 배고플 때 먹는 음식이고, 제일 맛없는 음식은 배부를 때 먹는 음식이다!

애이불비(哀而不悲)
슬픔을 슬퍼하지 않음. 즉, 속으로는 슬퍼하지만 겉으로는 슬픔을 나타내지 아니함을 뜻함

1973년   정부, 일본 요미우리신문 서울지국 폐쇄
1992년   한국-대만, 단교
1992년   한국-중국, 국교 수립

진짜 처녀작은?	사생아
우리나라 사람의 혈액형은 통계적으로 O형이 제일 많다?	X (A형)
북한에선, **승무(僧舞)**를 뭐라고 할까?	중춤
발은 발인데, 하늘에서 춤추는 발은?	깃발

오늘의 유머

그 놈이 그 놈!

다시 태어난다면 지금의 남편이나 아내와 또다시 결혼하겠는가?

이 물음에 90%가 넘는 사람이 아니라고 대답했다는 조사가 있다. 이를 듣고 어떤 목사가 교인들에게 같은 질문을 하며 그런 사람이 있으면 손들어 보라고 했다. 모두 손을 들지 않는데, 어떤 할머니 한 분만 손을 들었다.

"그래, 그렇게 사랑이 깊었습니까?" 했더니
할머니 대답하시기를…….

"다, 그 놈이 그 놈이여!"

   결혼의 성공은 적당한 짝을 찾기보다는 적당한 짝이 되는 것이다!

거안제미(擧案齊眉) 밥상을 눈썹과 가지런히 함. 즉, 밥상을 공손히 들어 남편 앞에 가지고 간다는 뜻으로 '남편을 깍듯이 공경함'을 뜻함

독일 철학자 니체 사망   1900년
경복궁 중앙국립박물관 개관   1972년
영광 원자력발전소 원전 1호기 완공   1986년

	예수님과 부처님의 가장 큰 차이가 있다면 어느 것일까?	헤어스타일
	성경에는, 개에 관한 표현은 있어도 고양이에 관한 표현은 없다?	O
	북한에선, **경련(痙攣)**을 뭐라고 할까?	쥐살
	쥐는 쥐인데, 고양이도 옴짝달싹 못하는 쥐는?	다리에 나는 쥐

오늘의 유머

이유가 있다!

한 연인이 결혼하기 위해 교회로 운전해서 가고 있었다. 그런데 교통사고가 나서 그들은 죽게 되었다. 하늘나라로 간 연인들은 하나님을 만나서 그들을 위해 결혼식을 준비해 달라고 부탁했다. 1년이 지나 하나님은 목사를 데리고 오더니 '이제 결혼할 때가 됐다!'고 하면서 그들을 결혼시켰다. 그러나 몇 달 후 그들은 하나님을 다시 찾아와서는 이젠 이혼하고 싶다고 하자 하나님 왈,

"지금 농담하니? 여기서 신실한 목사를 찾는데 1년이나 걸렸는데, 청렴한 변호사는 어떻게 찾으란 거야?"

지옥 중에서도 가장 고통스러운 지옥은, 천국이 내다보이는 창문이 있는 지옥이다!

화복무문(禍福無門) 화나 복이 오는 문은 정하여 있지 않음. 즉, 자신이 하는 행동과 말에 따라 화가 들어오는 문이 되거나 복이 들어오는 문이 된다는 뜻임

1948년 노동 운동가 전태일 출생
1955년 한국 IMF와 IBRD 가입
2005년 남한 관광객 개성시범관광

흥부가 박을 탈 때 쓴 힘은?	박력
세상에서 가장 큰 새는 **타조**이다?	O
북한에선, **알쏭달쏭**을 뭐라고 할까?	까리까리
새 발의 피 때문에 운명이 바뀐 두 사람은?	흥부와 놀부

오늘의 유머

아리송해 시리즈!

아리송해를 독일말로 표현하면?	답: 애매모호
아리송해를 아프리카말로 표현하면?	답: 긴가민가
아리송해를 일본말로 표현하면?	답: 아리까리
아리송해를 중국말로 표현하면?	답: 까우뚱
아리송해를 프랑스말로 표현하면?	답: 알쏭달쏭

 분명한 목표가 없이 이루어지는 행동은 거의 대부분 엉뚱한 결과를 낳는다!

애매모호(曖昧模糊) 어두운 새벽녘에 법을 써 붙임. 즉, 사물의 이치가 희미하고 분명치 않아 정확한 판단이 어려움을 뜻함

한강 인도교(신교) 기공 1934년
관세청 발족 1970년
[코미디 황제] 이주일씨 별세 2002년

DAY
8월 27일
239/365

 세상에서 가장 값싼 눈물은? 하품할 때 흘리는 눈물

 하마(河馬)가 입을 벌리는 것은 **소화 작용**을 하는 것이다? X (하품, 위협, 근육운동)

 북한에선, **하마(河馬)**를 뭐라고 할까? 물말

 눈물 없이 늘 우는 것은? 새

오늘의 유머

튼다!

촌지를 몹시 밝히는 교사가 있었다. 이 교사는 촌지가 없는 아이들에겐 폭행을 일삼기 일쑤였다. 어느 날 반장이 촌지를 한 번도 준 적 없는 아이에게 담임이 때리려 들 때의 주의사항을 일러주었다.

"우선 절대 덤비지 말고 놀라거나 당황하지 마. 또 큰 소리를 내면 안 돼. 과민반응을 보이면 좋지 않거든. 이런 행동들은 오히려 담임을 혼란스럽게 만들어 상황을 더욱더 악화시킬 뿐이야. 담임이 흥분할 때 다독거리거나 달래는 행동은 위험해. 담임이 칭찬으로 알고 더 심하게 흥분을 할 수 있거든!"

반장의 주의사항을 다 듣고 나서, 아이는 고개를 끄덕이며 중얼거린다.
"개가 물려고 할 때의 대처방법과 똑같네?!"

 뇌물로 얻은 충성은 뇌물로 정복된다!

걸견폐요(桀犬吠堯) 홰(막대)를 보고 개가 멀리 짖음. 즉, 개는 주인만을 알고 그 이외의 사람에게는 사정을 두지 않음을 뜻함

1950년 6.25발발로 제1차 화폐개혁 단행
1952년 한국-일본 간 독도분쟁 발생
1996년 광주지하철 1호선 기공

☀	세상에서 가장 불필요한 사람은?	담배를 입에 문 사람
✖	담배는 스트레스를 풀어준다?	X (오히려 쌓임)
	북한에선, **애연가**를 뭐라고 할까?	담배질군
	지붕 위에서 하늘을 쳐다보고 담배를 피우는 것은?	굴뚝

오늘의 유머

재수 없는 날!

극장에서 : 야한 영화 보다 만난 사람이 입구에서는 선생님, 출구에서는 부모님!

직장에서 : 점심시간에 도시락을 열었더니, 어제 먹은 빈 도시락!

길거리에서 : 친구 닮아 뒤통수 갈겼는데, 생판 첨 보는 사람!

목욕탕에서 : 찬물 튀겨 인상 쓰고 보니, 온 몸에 용문신한 조폭 아저씨!

예식장에서 : 신부가 없어져 찾았더니, 화장실에서 피어나는 담배연기!

지하철에서 : 똥폼 잡고 영어잡지 봤더니, 말 시키는 외국인!

 자동차와 사람은, 달리는 기술만큼 서는 기술도 있어야 한다!

교왕과정(矯枉過正)
굽은 걸 바로잡다 지나침. 즉, 잘못을 바로 잡으려다 오히려 더 나쁘게 됨을 뜻함

한국노총 결성 1961년
사자와 호랑이를 부모로 한 [라이거] 국내최초로 탄생 1989년
제1회 부천국제판타스틱영화제 개막 1997년

 세탁소 주인이 제일 좋아하는 차(茶)는?   **구기자차**

 성대(聲帶)가 아플 땐, 물보다 우유를 먹는 것이 좋다?   X (물이 가장 좋음)

 북한에선, **테너**를 뭐라고 할까?   **남성고음**

 목소리가 가늘고 코는 길며, 그것을 죽이면 내 피를 흘리는 것은?   **모기**

백수의 기도!

1) 찬밥에 맹물만으로도 능히 3일을 버틸 수 있는 튼튼한 위장을 갖게 하소서!
2) TV에서 엊저녁에 봤던 프로그램이 오늘 아침에 재방송으로 또 나와도 전혀 지루함을 못 느끼게 하소서!
3) 소주 알기를 생명수로 알고, 김치보다 더 좋은 안주는 없다는 걸 알게 하소서!
4) 운동부족으로 뱃살만 늘어나게 하여 주시고, 늘어난 뱃살 덕분에 방바닥을 구르는 데 탁월한 솜씨를 발휘하게 하소서!
5) 내 이불에서 나는 퀴퀴한 냄새를 맡지 않으면 잠이 오지 않게 하소서!
6) 100원만 들고 오락실을 가도 최소 한 시간은 버틸 수 있게 하소서!
7) 그리고 마지막으로……. 다시는 위와 같은 인간이 되지 않게 하여 주시옵소서…….

 최상의 자리는 가장 많이 노력하는 자에게 주어지는 것이다!

무위도식(無爲徒食)
일없이 돌아다니며 먹음. 즉, 하는 일이 없이 먹고 놀기만 하는 것을 뜻함

1448년 숭례문(동대문) 신축
1972년 제1차 남북적십자회담 평양서 개막
2005년 한국항공우주산업, 초음속고등훈련기(T-50) 양산

속상한 사람이 많을수록 돈을 버는 사람은?	내과의사
성장호르몬은 평생 동안 나온다?	O
북한에선, 탁아소(託兒所)를 뭐라고 할까?	애기궁전
못 사온다고 하고 사오는 것은?	못 (철물)

오늘의 유머

모든 것이 큰 텍사스!

한 장님이 텍사스로 여행을 가게 됐다. 그는 비행기에 올라 좌석에 앉으며 이렇게 말했다. "의자가 굉장히 크군요!" 그러자 옆에 앉은 사람이 대답했다. "텍사스에서는 모든 것이 크다우!" 장님이 텍사스에 도착해서 술집에 들어갔다. 곧 맥주가 나왔고, 장님이 잔을 잡더니 이렇게 말했다. "맥주 잔이 굉장히 크구먼!" 그러자 옆에 앉은 사람이 대답했다. "텍사스에서는 모든 것이 크다우!" 장님은 잠시 후 화장실에 가고 싶어 술집주인에게 위치를 물었고, 주인은 오른쪽 두 번째 문이라고 일러줬다. 장님은 더듬더듬 찾아가다가 그만 두 번째 문을 지나 세 번째 문으로 들어갔다. 그곳은 바로 수영장이었고, 장님은 물에 빠지고 말았다. 그러자 장님은 공포에 질려 소리쳤다.
"물 내리지 말아요! 물을 내리지 말아요!!!"

 여자들은 여성잡지보다, 옆집 아줌마한테서 더 많은 정보를 얻는다!

격물치지(格物致知)
만물을 바로잡아 앎. 즉, 사물을 철저히 연구하여 그 이치를 잘 알게 됨을 뜻함

서울역서 증기기관차 퇴역, 디젤기관차 등장   1967년
다이애나 전 영국 왕세자비 사망   1997년
금강산 이산가족 면회소 착공식   2005년

 수술 할 때 의사와 간호사들이 마스크를 하는 이유는? | 수술이 실패하더라도 누군지 얼굴을 모르게 하려고

 소화제는 **식후(食後)**에 먹는 것이 좋다? | X (식전 30분이 위산 분비가 가장 많고 약효 지속 시간도 길어 짐)

 북한에선, **팬티스타킹**을 뭐라고 할까? | 양말바지

 눈, 코, 귀, 손은 없고 입만 있는 것은? | 우체통

사진 속의 남자!

어떤 남자가 혼자 포장마차에서 술을 마시고 있는데 옆자리에 예쁜 아가씨가 자신을 보고 있는 것을 알았다. 서로 시선을 주고받다 합석을 했고 마침내 그 여자 집으로 가기로 했다. 들뜬 마음으로 그 여자 집에 간 그는 침실로 들어가 침대에 앉았는데, 침대 머리맡에는 잘 생긴 한 남자의 사진이 있었다.

"저, 이거 혹시 당신 동생이나 오빠?" "어머, 아니에요!" 그는 놀라며 물었다.
"그럼 남편이야?" "어머, 아니에요!" 그는 안도의 한숨을 쉬고 조심스럽게 다시 물었다.
"그럼 남자친구?" "어머, 아니에요!" 그는 무척 궁금했다.
"그럼 대체 이 남자 누구요?" 그녀는 수줍은 듯이 말했다.

"저 수술받기 전 사진이에요!"

 사진을 현상하면, 제일 먼저 찾아보는 인물은 자기 자신이다!

강안녀자(强顔女子)
얼굴이 굳센 여자. 즉, 얼굴이 강한 여자는 수치심을 모르는 여자라는 뜻임

1952년   징병제 실시
1983년   일반인 무선전화기 사용 허가
1989년   과천경마장 개장

지렁이와 토끼가 100미터 달리기를 해서 지렁이가 이긴 이유는?	100미터짜리 지렁이
꿀벌은 자신의 **침(針)**을 한 번 쏘면 죽는다?	0
북한에선, **마그마**를 뭐라고 할까?	돌물
꽃이면 다 좋아하는 곤충은?	꿀벌

오늘의 유머

투명뱅이의 오줌소리!

곤드레만드레가 돼 돌아온 남편이 자다가 일어나기에 화장실에 간 줄 알았다. 하도 안 들어오기에 나가 봤더니 마루에서 마당에다 대고 소변을 보는 게 아닌가. 30분이 됐는데도 계속 그냥 서 있기에 마누라가 소리를 질러댔다.

부인 : 아니 뭐하고 서 있는 거예요?
남편 : 술을 많이 먹었더니 소변이 끊이지를 않아!
부인 : 여보, 그거 빗물 내려가는 소리예요!

 알코올 중독은 인간이 빠져들기 쉬운 경멸해야 할 악습 가운데 하나이다!

해괴망측(駭怪罔測)
정상이 아님에 놀람. 즉, 평소 접할 수 없는 놀랍고 헤아릴 수 없는 기이한 일을 뜻함

근대 올림픽의 아버지 쿠베르탱 사망　1937년
학도호국단 발단식　1975년
제30회 국제기능올림픽 폐막. 한국 8연패　1989년

 고개 숙인 남편에게 마누라가 주는 과자는?　　　　　　　　　　　새우깡

 나비는 발로 맛을 본다?　　　　　　　　　　　　　　　　　　　　O

 북한에선, **딜레마(dilemma)**를 뭐라고 할까?　　　　　　　　　　난통

 아기일 때는 기어 다니고, 엄마가 되면 날아가는 것은?　　　　　나비

남자의 사형!

한 30대 중반의 남자가 같은 옷가게를 그것도 세 번이나 털려고 해서 잡혀오자 판사가 안쓰럽다는 듯이 물었다.
"이유가 뭐죠?"
그러자 남자는 거의 울먹이는 목소리로 말했다.
"실은, 저한테는 매우 딱한 사정이 있습니다. 그건 순전히 마누라 때문입니다!"
"마누라요?"
판사가 이해할 수 없다는 듯이 묻자 남자가 깊은 한 숨을 내쉬며 말했다.
"휴……. 네, 마누라 주려고 옷을 훔쳤는데, 매번 사이즈가 맞지 않는다고 바꿔 오라고 하는 바람에……!"

　필요하지 않는 물건을 사는 사람은 스스로 도둑질을 하고 있는 것이다!

소탐대실(小貪大失) 적은 것을 탐하다 큰 것을 잃음. 즉, 어떤 일을 함에 있어, 적은 것을 얻으려다 큰 것을 잃음을 뜻함

1928년 플레밍, 페니실린 발견
1941년 아우슈비츠 강제수용소에서 독가스 처형 시작
1947년 한국방송 호출부호 [HL]로 할당

사람의 몸에서도 만들어질 수 있는 기름은?	개기름
수상스키는 몸무게 제한이 없다?	O
북한에선, **데이터베이스**를 뭐라고 할까?	자료기지
다리에 발이 달리지 않고 머리에 발이 달린 것은?	낙지

오늘의 유머

어느 군인 어머니의 편지

훈병 때 : 군대 가고 난 후 소포로 보내 온 네 사복을 받고 밤새 울었단다.
일병 때 : 휴가 나와서 쓴 네 용돈 때문에 가계부 정리가 안 된다.
　　　　너무 자주 나오지 마라.
상병 때 : 아들아!
　　　　수신자 부담 전화는 이제 그만하기 바란다. 그렇게 할 일이 없니?
병장 때 : 아들아!
　　　　　·
　　　　　·
　　　　　·
　　　　가져간 돈 다 갚던지, 아니면 말뚝 박아라!

 부정한 방법이 아니라면, 재산 형성의 기회는 놓치지 말아야 한다!

오합지중(烏合之衆)
까마귀 무리. 즉, 까마귀 떼와 같이 조직도 훈련도 없이 모인 무리를 뜻함

모르스 전신기 발명 1837년
슈바이처 사망 1965년
부마고속도로 개통 1981년

 사과를 먹고 있었다. 벌레가 몇 마리가 나올 때 가장 놀랄까? — 반 마리

 빨대로 맥주나 소주를 마시면 빨리 취한다? — O (많은 양이 흡수되기 때문)

 북한에선, **기록영화**를 뭐라고 할까? — 시보영화

 사람이 들어갈 수는 있어도 벌레는 못 들어가는 것은? — 모기장

오늘의 유머

슬픈 포르노!

하루는 맹구가 하숙방 선배들과 당구를 치고 있었다. 그 때 한 선배가 얘기했다.
"맹구야, 어제 친구들하고 포르노 영화를 봤는데 휴지 한 통을 다 썼다. 그거 진짜 죽이더라!"
그러자 맹구 물었다.

"그 영화가 그렇게 슬퍼요?"

 남녀의 사랑은, 찬란한 이해에서 출발하여 참담한 오해로 끝나는 에피소드이다!

천학비재(淺學菲才)
학문이 얕고 재주가 없음. 즉, 배운 것도 적고 실력과 능력도 없음을 뜻함

1994년 태권도, 2000년 올림픽 정식경기 채택
1997년 테레사 수녀 사망
2004년 김연아, 국내 피겨 스케이팅사상 100년 만에 국제대회 첫 우승

 여자가 실수를 하여 남탕에 들어갔을 때의 죄목은? — 방화죄(남자의 가슴에 불을 댕겼음)

 낙타는 눈을 감아도 앞을 볼 수 있다? — O (두 겹의 눈꺼풀에, 안쪽 꺼풀은 반투명)

북한에선, **방화벽(防火壁)**을 뭐라고 할까? — 불막이벽

 산은 산인데, 떨어지는 산은? — 낙하산

오늘의 유머

결혼비용!

하루는 아들 녀석이 누워 있는 아버지를 흔들며 물었다.
"아빠~ 아빠~ 아빠~ 결혼하는 데 돈이 얼마 들어?"
아들의 질문에 아버지는 잠시 생각하다가 말했다.
"글쎄, 사람마다 다 틀리겠지!" 그러자 아들이 다시 물었다.
"그럼, 아빤 엄마랑 결혼하는 데 얼마 들었어?"
그러자 아빠가 얼굴을 찡그리며 대답했다.

"아직 알 수 없단다. 아직도 그 값을 계속 치르고 있으니까!"

 아버지는 아들의 덕을 말하지 말고, 아들은 아버지의 허물을 말하지 않아야 한다!

파란중첩(波瀾重疊)
물결이 무겁게 겹침. 즉, 일의 진행에 있어서 온갖 변화나 난관이 많음을 뜻함

한국군에 여군 창설 1951년
판문점 공동경비구역 분할관리 합의서 교환 1976년
한국화가 황창배 사망 2001년

 인신매매범에게 임산부가 잡혔을 때 **나 아이 가졌어요!** 하자 인신매매 범이 뭐라 했을까? — **배부른 소리 하고 있네!**

 냉면의 계란은 먼저 먹는 것이 좋다? — O (위벽 보호와 소화흡수 촉진)

 북한에선, **반바지**를 뭐라고 할까? — 무릎바지

 구멍이 없는 항아리 속에 물이 두 가지 들어 있는 것은? — 계란

맹구와 영구의 논쟁!

맹구 : 닭이 먼저야!

영구 : 아니야 계란이 먼저야!

맹구 : 닭이 먼저라니까?

영구 : 아냐, 짜샤. 계란이 먼저야!

맹구 : 그럼 그 증거를 대봐!

영구 : 사전을 찾아봐. 닭보다는 계란이 먼저 나온단 말이야!

 방황과 변화를 사랑한다는 것은, 살아 있다는 증거이다!

허무맹랑(虛無孟浪)
텅 빈 것이 첫 물결 같음. 즉, 터무니없이 허황되고 실상이 없음을 뜻함

[사회복지의 날]
1533년 엘리자베스1세 영국 여왕 출생
1822년 브라질, 포르투갈로부터 독립
1994년 007시리즈의 [테렌스 영] 감독 사망

담배가 몸에 해롭다는 신문 기사가 자꾸 나오자, 한 골초는 과감하게 끊어버렸다. 그가 끊은 것은?	신문
순한 담배나 가느다란 담배가 일반 담배보다 건강에 덜 해롭다?	X

 북한에선, **무상교육**을 뭐라고 할까? — 면비교육

 아궁이는 하나인데, 굴뚝이 셋인 것은? — 담배 연기

오늘의 유머

두 명의 골초!

두 명의 골초가 담배를 피우고 있었다.
"담배를 안 피우면 장수한다는 게 사실일까?"
"아냐, 단지 사람들이 그렇게 느끼는 것뿐이야!"
"어째서? 네가 그걸 어떻게 알아?"
"사실 나도 그 얘길 듣고 시험 삼아 하루 끊어봤거든……!"
그가 말끝을 흐리자, 친구가 궁금하다며 대답을 재촉했다.

"그랬더니 하루가 얼마나 긴 지 정말 오래 사는 기분이 다 들더라니깐!"

 어떤 금연 표어= 이 장소에서는 **바보, 고자, 또라이**의 흡연은 허용합니다!

기상천외(奇想天外) 기이한 것이 하늘을 벗어남. 즉, 보통사람이 짐작할 수 없을 정도로 엉뚱하고 기발한 생각을 뜻함

세조 사망 1468년
천문학자 허블 사망 1953년
국사편찬위원회, 1909년 일본 제작 지도에서 [간도는 조선땅]증거 찾아 공개 2004년

DAY
9월 8일
251/365

씨암탉의 천적은?	사위
지구상에는 사람의 숫자보다 닭의 숫자가 더 많다?	O
북한에선, **장인**을 뭐라고 할까?	가시아버지
철교(鐵橋)를 건너고 나무다리를 건너서, 또 철교에 솥을 건 것은?	담뱃대

오늘의 유머

장인어른!

장인과 사위가 오랜만에 술자리를 가졌다. 취기가 돌자 장인의 술버릇이 나오기 시작했다.
"인생은 만남이야. 성경을 읽을 땐 우린 예수를 만날 수 있고, 논어를 읽으면 공자를, 파우스트를 읽게 되면 괴테와 만나는 거라고. 또 팡세를 읽으면 파스칼을, 난중일기를 읽으면 이순신 장군을 만나 볼 수 있지~"
사위, 지루함의 고통을 털어놓는다.

"장인어른. 장인어른을 만나려면 무슨 책을 읽어야 합니까?"

 사람이 만든 책보다 책이 만든 사람이 더 많다!

독서상우(讀書尙友) 독서로 벗을 삼음. 즉, 독서를 통해서 옛 선현과 사상적인 공감을 하여, 마치 살아 있는 인물과 만나 사귐을 뜻함

[백로(白露)] 양력9월 9일 경
1968년　제1회 한국무역박람회 개막
1976년　모택동(마오쩌둥) 사망
1990년　65년 만의 폭우로 한강 범람

	박학다식을 유머로 풀이하면?	박사와 학사는 밥을 많이 먹는다
	지렁이도 암컷과 수컷이 있다?	X (자웅동체/雌雄同體)
	북한에선, **드라이클리닝**을 뭐라고 할까?	화학빨래
	안 먹어야 배부른 것은?	쌀자루

오늘의 유머

깨끗한 정치!

중학생 딸애가 TV서 정치인들의 싸우는 모습을 보았다.
딸 : 아빠, 정치는 어떻게 해야 옳아?
아빠 : 우리나라는 깨끗한 정치가 필요하단다.
딸 : 아아, 그래서 정치인들의 **세탁**이 끊이질 않는구나.
아빠 : 세탁?
딸 : 돈세탁 말이야!

청렴해서 가난하게 사는 사람도 있으나, 가난한 사람이 다 청렴한 것은 아니다!

박학다식(博學多識)
학식이 넓고 아는 것이 많음. 즉, 모든 면에 있어서 학식과 지식이 많음을 뜻함

우리나라 최초의 신도시 화성(현재의 수원) 완공   1796년
한강종합개발사업 4년 만에 준공   1986년
보험회사 전면개방   1987년

 날마다 가슴에 흑심을 품고 있는 것은?　　　　　　　　　　　　　연필

 화투(花鬪)에서 메주(2)의 새 이름은 **참새**다?　　　　　　　X　(휘파람 새)

 북한에선, **대중가요**를 뭐라고 할까?　　　　　　　　　　　　　군중가요

 다섯 형제 중 맏형이면서도, 키가 가장 작은 것은?　　　　　　엄지손가락

정답!

어느 초등학교에서 시사 사회문제 중, 이 문제를 틀린 아이는 한 명도 없었는데 문제는 이렇다.
다음 중 틀리게 말한 것을 고르시오.
1) 고기를 잡는 어부의 눈에는 바다가 보인다.
2) 산을 타는 산악인의 눈에는 산이 보인다.
3) 나무를 심는 사람의 눈에는 나무가 보인다.
4) 정치를 하는 국회의원의 눈에는 국민이 보인다.
아이들 모두 정답을 썼다.
4)번으로…….

 통치는 다수에게 희망과 용기를 주는 예술이다!

쾌도난마(快刀亂麻)
뒤엉킨 마를 상쾌하게 자름. 즉, 어지러운 일을 시원스럽게 말하거나 처리함

1980년 새마을지도자중앙협의회 창립
1986년 호남고속도로 4차선 개통
2001년 미국, 9·11테러 발생

	우리나라에서 가장 살기 좋은 동네는?	낙원동
	화투(花鬪)에서 흑싸리(4)의 새 이름은 **종달새**다?	O
	북한에선, **롤러코스터**를 뭐라고 할까?	관성차
	위에서는 산수 공부, 아래서는 그네를 뛰는 것은?	추시계

오늘의 유머

지도!

일곱 살짜리 아들이 여느 때와 마찬가지로 오늘도 이불에 지도를 그렸다. 그런데 오늘은 엄마가 회초리를 안 들고 계시는 게 아닌가?
"엄마, 오늘은 왜 안 때리세요?"
"오늘, 지도는 아주 훌륭하게 잘 그렸다!"
"???"
"매일 일본 지도만 그리더니 오늘은 우리나라 지도를 기가 막히게 그렸다. 근데 아슬아슬했다!"
"아슬아슬하다니요?"
"만약, 독도를 안 그렸으면 넌 맞아 죽었다!"

 이건 제 잘못입니다.라고 말하면 귀찮은 일이 생겨날 염려는 절대로 없다!

천재일우(千載一遇)
천년에 한 번 만남. 즉, 좀처럼 얻기 어려운 좋은 기회를 이르는 뜻임

한국발명협회 발족 1956년
한국신문윤리위원회 발족 1961년
제94차 IOC총회 서울서 개막 1988년

 형제가 싸우는데, 주위사람이 동생 편만 들어주면 어떤 싸움이 될까? — 형편없는 싸움

 화투(花鬪)에서 팔공산(8)의 새 이름은 **기러기**다? — O

 북한에선, **직무유기죄(職務遺棄罪)**를 뭐라고 할까? — 직무부집행죄

 앞뒤가 똑같은 새는? — 기러기

오늘의 유머

소원!

사형수에게 집행관이 마지막으로 물었다.
"마지막으로 할 말 있나?"
"들어주실 수 있나요?"
"마지막이니까 들어주지!"
"정말요?"
"그래, 말해봐!"
"살려주세요!"

 지옥으로 가는 길은 쉽다. 눈을 감고서라도 갈 수 있을 정도이다!

일언지하(一言之下)
말 한마디로 끊음. 즉, 한마디로 딱 잘라 말함을 뜻함

1943년 장개석, 중화민국 총통에 취임
1956년 세계보건기구(WHO), 원자방사능이 인류유전에 유해한 것으로 결론
1996년 제1회 부산국제영화제 개막

남자가 뛸 때 가운데에 하나가 흔들리는 것은?	넥타이
개와 원숭이는 정말로 사이가 나쁘다?	O
북한에선, 캐러멜을 뭐라고 할까?	기름사탕
배꼽에 털 난 것은 무엇이냐?	도토리

오늘의 유머

사오정!

저팔계 : 큰일이야. 휘발유 값이 또 오를 것 같아.
사오정 : 올라도 난 걱정하지 않아.
저팔계 : 왜?
사오정 : 왜냐하면, 난 항상 3만 원어치만 넣으니깐……

 값은 속이되 물건은 결코 속이지 마라!

일편단심(一片丹心)
한 조각 붉은 마음. 즉, 어떤 경우라도 변치 않는 참된 충성심이나 마음가짐을 뜻함

국무회의, 국군의 날(10월 1일) 제정 1956년
한국-적도기니, 국교 수립 1979년
소설가 황순원씨 사망 2000년

 부모님들이 좋아하는 동네는?   효자동

 화장품은 계속 바꿔 써주어야 피부가 강해진다?   X (자주 바꾸면 피부에 스트레스를 줘서 피부염이 발병할 수 있음)

 북한에선, 눈썰미를 뭐라고 할까?   눈정신

 태어나서 한 번도 거짓말을 해 보지 않은 사람은?   벙어리

여친 감동시키기 1

이론=>
헤어질 때마다 애인에게 500원짜리 동전을 손에 꼭 쥐어준다. 아무 말 없이……
애인은 그저 '차비에 보태라고 주나보다!' 라고 생각할 것이다. 그렇게 오랫동안 그런 행동을 한다(500원은 부담이 없다). 그리고 어느 날 동전을 전해주면서 이렇게 말한다.

"이게 1,000번째 학이야. 네 소원을 기도해. 이루어질 거야!"

현실=>
그럴 돈이 없다.

 구애를 할 땐 꿈을 꾸지만, 결혼하면 꿈을 깬다!

재자가인(才子佳人)
재주가 있는 사람과 아름다운 사람. 즉, 재능이 있는 남자와 아름다운 여자를 뜻함

1963년   국내 첫 라면 [삼양라면] 생산
1969년   한국주택은행, 주택복권 발매 시작
1977년   고상돈 에베레스트 등정

 무신론자가 많은 동네는?   무교동

 혀가 길면 영어를 잘할 수 있다?   X

 북한에선, **팝콘**을 뭐라고 할까?   강냉이 튀기

 먼저 태어날수록 나이가 어린 것은?   번호

오늘의 유머

여친 감동시키기 2

이론 =>

영화를 보기 전에 **사랑해!**라고 적은 쪽지를 아주 많이 준비한다. 그리고 극장 안에서 팝콘을 한 다발 사서 미리 준비한 쪽지를 꼬깃꼬깃 접어서 팝콘 다발에 집어넣는다. 여자 친구가 팝콘을 먹다가 이상한 쪽지를 발견. 무의식중에 그 쪽지를 펴보면?
감동이다!

현실 =>
팝콘 먹던 여자 친구 종이 삼키고 사래 들려 뒈지게 혼난다!

 달변보다는 진실한 한마디가 더 감동을 준다!

무산지몽(巫山之夢)
무산(巫山)의 꿈. 즉, 남녀의 사귐. 특히 미인과의 밀회를 뜻함

조선시대 신분증명서인 호패제도 실시   1402년
파푸아뉴기니, 호주로부터 독립   1975년
서울지하철 2호선 을지로구간 개통   1983년

 이열치열을 유머로 풀이하면?   이가 아파 열나면 병원 가서 치료한다

 성가시고 귀찮은 일이 생겼을 때 **골치가 아프다**라고 하는데, 여기서 **골치란 어금니를 말한다?**   X (뇌나 머리를 속되게 이르는 말)

 북한에선, **리본**을 뭐라고 할까?   댕기

 다섯 다발의 짚과 일곱 다발의 짚을 한데 묶으면 몇 다발이 될까?   한 다발

오늘의 유머

미술관에서…….

모처럼 아내와 함께 미술관에서 그림을 둘러보던 남편이 나뭇잎 한 장만으로 아슬아슬하게 중요부분만 가린 이브 그림 앞에서 발걸음을 멈추었다. 그리고 아내가 기다리는 것은 아랑곳하지 않고 넋이 나간 채 오랫동안 그것을 뚫어지게 들여다보고 있었다. 그러자 아내가 남편의 팔을 잡아당기며 부드럽게 말했다.

"여보, 낙엽 떨어지는 가을에 다시 한 번 오자고요!"

 아침에 일어나면 마치 마술을 부린 것처럼 모두의 지갑 속에는 24시간이 가득 들어 있다!

허례허식(虛禮虛飾)
헛된 예절과 형식. 즉, 예절, 법식 등을 겉으로만 꾸며 번드레하게 하는 일을 뜻함

1965년 작곡가 안익태 사망
1988년 제24회 서울올림픽 개막
1991년 남북한 유엔 동시 가입

 올림픽 양궁에서 금메달 딴 여자는? | 활기찬 여자

 훌라후프를 돌리면 떨어지지 않는 이유는 허리의 **접착력** 때문이다? | X (중력보다 원심력이 더 크기 때문)

 북한에선, **마스카라**를 뭐라고 할까? | 눈썹먹

 달리면 바로 서고 안 달리면 쓰러지는 것은? | 굴렁쇠

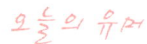

에덴동산에서 일어난 일!

하나님께서 너무나 외로워 보이는 아담을 위해 여자를 만들어주려고 그의 갈비뼈를 취하려다가 갑자기 손길을 멈추었다. 하나님은 잠든 아담을 측은하게 바라보면서 이렇게 말씀하셨다.

"쯧 쯧…….
아담아, 푹 자거라. 아마도 오늘이 네가 푹 잘 수 있는 마지막 날이 될 것이니라!"

 남자가 말을 하지 않으면, 여자는 최악의 상상을 하기 쉽다!

측은지심(惻隱之心)
숨기며 슬퍼하는 마음. 즉, 상대방을 불쌍히 여기는 마음을 뜻함

[철도의 날]
1899년 경인선 철도 한국최초로 개통(인천~노량진)
1949년 서울시, 특별시로 승격
1973년 한국-인도네시아, 국교수립

	식인종은 기차를 무엇이라 할까?	김밥
	기차 안에서, 기차가 달리는 쪽으로 걷기가 쉽고, 그 반대쪽으로는 걷기 어렵다?	O
	북한에선, **윤활제(潤滑劑)**를 뭐라고 할까?	미끄럼약
	앞뒤가 없는 차는?	기차

트렁크!

맹구가 커다란 트렁크를 들고 승객이 꽉 찬 기차를 탔다. 선반위에 트렁크를 '낑! 낑!' 대고 올려놓자 트렁크 아래 좌석에 앉은 승객이 불안해서 맹구에게 말했다.

"저 트렁크 안전할까요?"

그러자 맹구가 대답했다.

"네, 걱정 마세요. 자물쇠로 단단히 잠갔는걸요!"

 기관차는 기차에 속도가 붙었다고 객차를 떼어내지 않는다. 부단한 노력과 전진만이 최고를 유지할 수 있다!

일필휘지(一筆揮之)
한 번의 붓으로 휘둘러 나아감. 즉, 글씨를 단숨에 줄기차게 써 내려 간다는 것을 뜻함

1919년 아프가니스탄, 영국으로부터 독립
1968년 복사기 발명한 [체스터 칼슨] 사망
2000년 윤미진-김남순-김수녕, 시드니올림픽 여자양궁 개인전에서 금-은-동

닭 중에서 가장 야한 닭은?	홀~딱(닭)
꺼벙이란 꿩의 새끼를 말한다?	O
북한에선, **외래어**를 뭐라고 할까?	들어온 말
두드리면 두드릴수록 칭찬 받는 것은?	안마

오늘의 유머

앗, 실수!

파티에서 한 남자가 술에 취한 척하고 여자를 뒤에서 껴안았다.

"죄송합니다, 부인. 제 아내인줄 알고……."

그러자 여자가 말했다.

"사과할 것 없어요. 저예요. 여보!"

미련한 여자처럼 매력 없는 여자는 없다!

취생몽사(醉生夢死)
술과 허황된 꿈으로 삶. 즉, 아무 일도 하지 않고 흐리멍덩하게 한 평생을 살아감을 뜻함

서울에 무인공중전화 등장 1962년
제10회 아시안게임 서울서 개막 1986년
제1회 광주비엔날레 개막 1995년

- 세상에서 가장 성질이 급한 닭은? — 꼴까닥(닭)
- 혈액형에 따라 사람들의 성격이 다르다? — X
- 북한에선, **염색체(染色體)**를 뭐라고 할까? — 물들체
- 성질이 급한 사람들을 비춰 주는 달은? — 안달복달

오늘의 유머

순결!

가정시간에 여고생을 상대로 선생님은 순결에 대한 설명을 쉽게 해주고 있었다.
그런데도 이해가 안 가는 학생이 손을 들었다.
"선생님, 이 힘난한 세상에 순결을 꼭 지켜야 하나요?"
"여성의 순결이란, 도로교통법과 같아!"
"네? 그게 무슨 말씀이세요?"

"들키지만 않는다면, 지켜도 되고 안 지켜도 된다는 말이다!"

기본적인 원리에는 항상 질서정연한 방법이 따르게 마련이다!

사통팔달(四通八達)
사방으로 통하고 팔방으로 통달함. 즉, 사방팔방으로 다 통하여 교통이 좋음을 뜻함

668년　고구려 멸망
1860년　쇼펜하우어 사망
1999년　[금오신화] 현존 최고본, 중국에서 발견

양치기 소년의 주인공이 사는 역은?	목동역
광우병은 키스를 통해 전염될 수 있다?	X
북한에선, 육개장을 뭐라고 할까?	소단고기국
크긴 다 컸는데, 침을 흘리면서 잘 우는 것은?	소

오늘의 유머

인간과 짐승!

태풍과 장맛비에 의해 잘 기르던 가축이 급물살에 떠내려갔다. 소, 돼지, 닭 등….
수해 복구현장에 119 구급대가 급파, 가축들을 구하고 있었다.
한 아이가 이 광경을 보고 엄마에게 물었다.

아이 : 엄마, 저런 가축들은 인간에 의해 곧 죽을 텐데 왜 구하려 드는 거야?
엄마 : 너도 어차피 죽을 텐데 뭐 하러 밥 먹니?!

 먹고 마실 때는 친구가 많다. 그러나 위급한 일에는 친구가 없다!

물외한인(物外閒人)
만물 외의 한가한 사람. 즉, 세상물정에 관여하지 않고 한가롭게 지내는 사람을 뜻함.

김두한, 국회에 오물투척　1966년
민방위대 발대식 전국에서 시작　1975년
뽀빠이 만화가 [자겐도르프] 사망　1994년

 절세가인을 유머로 풀이하면?　　절에 세 들어 사는 미인

 칠면조는 머리 부분을 7가지 색깔로 바꿀 수 있다?　　X (3가지/ 빨강, 분홍, 옅은 파랑)

 북한에선, **텃새**를 뭐라고 할까?　　머물새

 얼굴이 하나밖에 없는데 사람들이 일곱 개의 얼굴이 있다고 하는 것은?　　칠면조

오늘의 유머

마누라!

한 남자가 지나가는데, 아가씨가 붙들고 늘어졌다.

"아저씨! 방도 깨끗하고, 테크닉도 좋아요. 요즘은 불경기니까 반값으로 해드릴게요."

아가씨가 자꾸 쫓아오면서 조르자 남자는 귀찮은 듯 말했다.

"아가씨가 아무리 그래봐야 우리 마누라만은 못해!"

"뭐예요, 아저씨 부인은 뭘 어떻게 해주는데요?"

"공짜야!"

 인생의 초기에 약간 실패하는 것이 실제적으로 가장 큰 도움이 된다!

절세가인(絶世佳人)
당대의 미인. 즉, 매우 뛰어난 미인을 일컫는 뜻임

[추분(秋分)] 양력 9월 23일 경
1932년   사우디아라비아왕국 성립
1939년   프로이트 사망
1952년   제주도 포로수용소서 포로들 데모

☀	정치인들이 집에서 많이 키우는 개는?	꼴불견
✕	금강산을 가을엔 **풍악산(楓嶽山)**이라고 한다?	O
🇰🇵	북한에선, **채소(야채)**를 뭐라고 할까?	남새
🇰🇷	언제나 신제품만 만드는 공장은?	신발공장

오늘의 유머

추억의 지옥 시리트 1

지옥에서 마귀 앞에 줄을 선 사람들이 세상에서 살 때, 지은 죄의 수에 따라 바늘로 '콕!' 찌르는 것을 본 **왕비리**가 속으로 '죄가 너무 많으면 저렇게 찌를 수 없겠지!'라고 생각하고는,

"저는 수없이 많은 죄를 지어서 셀 수가 없습니다!"라고 잔머리를 굴렸다.
그러자 마귀 왈,

"여봐라, 냉큼 가서 재봉틀을 가져오너라!"

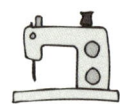

 알맞은 때의 한 바늘은, 아홉 바늘을 절약한다!

십일지국(十日之菊) 십일은 지나간 국화. 즉, 국화는 구월 구일이 절정이므로 십일에는 후회해도 이미 때가 늦었음을 뜻함

북한, 인도를 통해 휴전조건 제시　1950년
첫 원자력항공모함 엔터프라이즈호 진수　1960년
한국-부탄, 국교수립　1987년

 초등학교 체육시간에 피구를 하다가 여학생 두 명이 죽었다. 왜 죽었을까? — 금을 밟아서

 땀을 많이 흘리는 것은 대체로 허약해서 그렇다? — X (스스로 진단하는 것은 금물)

 북한에선, **작전 타임**을 뭐라고 할까? — 분간휴식(分間休息)

 공기만 먹어도 살이 뒤룩뒤룩 찌는 것은? — 풍선

추억의 지옥시리즈 2

지옥에는 세상에서 살 때, 죄 값에 따라 들어가는 여러 구덩이가 있었는데, 그것은 선택 사양이었다. **왕비리**는 그 중 오물통 속에서 고개만 내밀고 서 있는 벌이 가장 쉬울 것 같아 그 구덩이를 선택했다. 그리고 왕비리가 오물통 속으로 막 들어가자 마귀로부터 명령이 떨어졌다.

"휴식 끝. 자, 다시 10년간 잠수 시~작!"

 근면하지 않으면 요행으로 사는 삶이다!

신상필벌(信賞必罰)
공이 있는 사람에게는 반드시 상을 주고, 죄가 있는 사람에게는 반드시 벌은 줌을 뜻함

1910년 부산에 수도(水道) 개통
1990년 사마란치 IOC위원장, 제1회 서울평화상 수상
1998년 원로가수 김정구씨 사망

 실수로 자주 내리게 되는 역은? — 오류역

 머리를 묶으면 더 빨리 자란다? — X (묶여 있다가 풀면 길어 보임)

 북한에선, **지하수**를 뭐라고 할까? — 땅속물

 집집마다 네 개씩 있으면서, 온 세상을 통틀어도 네 개밖에 없는 것은? — 동서남북(東西南北)

오늘의 유머

추억의 지옥시리즈 3

어느 지옥 방에 **왕비리**가 당도해 보니, 그 방에는 구정물과 수돗물이 따로따로 두 그릇에 담겨 있었다. 마귀가 두 그릇을 가리키며 말했다.
"이 중에서 상대방의 얼굴에 바를 그릇을 하나만 택하거라!" 왕비리는 말이 떨어지기가 무섭게 잽싼 동작으로 구정물 그릇을 낚아챘다. 그리고 신이 나서 상대방의 얼굴에 바르기 시작했다. 그러자 마귀의 다음 명령…….

"자. 이제부터 서로 상대방의 얼굴을 핥는다. 실~시!"

 근면이야말로 태만, 불성실, 빈곤의 세 가지 부끄러움을 쫓아준다!

속수무책(束手無策)
손을 묶어 어찌할 도리가 없음. 즉, 손을 묶은 듯이 꼼짝달싹은 못하는 상태를 뜻함

친일단체 일진회 해체　1910년
국군, 서울 탈환　1950년
선불카드 첫 선　1994년

 맹자, 공자, 노자 등 성인들이 사는 역은?　　군자역

 방귀와 트림은 동시에 할 수 있다?　　O

 북한에선, **피망(piment)**을 뭐라고 할까?　　사자고추

 그릇은 그릇인데, 아무것도 담을 수 없는 그릇은?　　뚱딴지(단지는 그릇이란 뜻)

오늘의 유머

방귀를 뀐 사람들의 유형 10가지!

1) 뻔뻔한 사람 : 누구야? 빨리 자수해!
2) 솔직한 사람 : 아으~ 시원하다!
3) 소극적인 사람 : 난 아니니까 나 쳐다보지 마!
4) 내성적인 사람 : 내 방귀는 냄새 안 나!
5) 긍정적인 사람 : 거 냄새 좀 나면 어떠냐?
6) 공격적인 사람 : 넌 방구 안 끼냐?
7) 내숭떠는 사람 : 아침에 먹은 게 안 좋은가봐!
8) 연기력이 좋은 사람 : 으악~! 이게 무슨 냄새야?
9) 양심 없는 사람 : 잠시 후 2차 폭발이 있겠습니다!
10) 죄책감이 심한 사람 : 내가 안 그랬어! 정말이야. 믿어 줘~!

 양심은 우리에게 누군가가 보고 있을지 모른다고 타일러 주는 내부의 가르침이다!

허심탄회(虛心坦懷) 마음을 비우고 너그럽게 품음. 즉, 마음속에 아무런 거리낌 없이 솔직한 태도로 품은 생각을 터놓음을 뜻함

[관광의 날]
1484년   창경궁 준공
1962년   서울운동장 야구장 개장
1983년   한국 가톨릭순교자 성인103명 탄생

 노사 간 분쟁 시 만나야 하는 역은? — 대화역

 보드게임(www.funbox.kr)이나 화투(花鬪) 등은 치매 예방에 도움이 된다? — O

 북한에선, 홍시(紅枾)를 뭐라고 할까? — 물렁감

아침에는 네 발로, 낮에는 두 발로, 저녁에는 세 발로 걷는 것은? — 사람(아침=아기, 낮=성인, 저녁=노인)

치매진단법!

1) 자판기에 1천 원짜리를 넣고 커피 한 잔 달랑 뽑아 온다.
2) 아침에 회사 앞에 차를 세워 놓았는데, 저녁 퇴근 때 그 위치를 몰라 헤맨다.
3) 여자 친구가 압구정동 로데오거리에서 만나자고 했는데, 안암동 고대오거리에서 2시간 기다린다.
4) 이스라엘은 즉시 독도를 팔레스타인에게 돌려주라고 한다.
5) 중국이 홍콩으로 반환된 줄 안다.

 메모를 게을리 하지 마라. 기억력은 종이에 크게 의존하고 있다!

명심불망(銘心不忘)
마음에 새기어 잊지 않음. 즉, 어떤 일이나 은혜를 잊지 않기 위해 마음속 깊이 새김을 뜻함

유관순 순국 1920년
정부, 서울 환도 1950년
북악 스카이웨이 개통 1968년

 복어 알을 먹고도 거뜬히 살아나는 여자는?   복부인

 손톱의 성장속도는 **엄지손가락**이 가장 빠르다?   O (가장 느린 것은 중지)

 북한에선, **협심증**을 뭐라고 할까?   가슴조임증

 뒷걸음질을 쳐야 이기는 것은?   줄다리기

젠틀맨?

예쁜 숙녀가 호텔 로비에 서 있는데, 화려한 체크무늬 양복을 입고 얼굴은 잔뜩 찌푸린 불쾌한 남자가 비틀거리면서 들어왔다. 이 남자는 숙녀의 어깨를 탁 치면서,
"이봐, 아가씨. 여기 화장실이 어디야?" 하고 물었다.
그러자 화가 난 숙녀가 냉랭하게 대답했다.

"저기 오른쪽에 있어요. **젠틀맨**이라고 쓰여 있지만, 상관 말고 들어가세요!"

 신사처럼 처신하면 신사가 되고, 거지처럼 처신하면 거지가 된다!

피육지견(皮肉之見)
가죽과 고기를 봄. 즉, 깨달은 바가 깊거나 신중하지 못하고 천박함을 뜻함

1935년 조선육상경기협회, 제1회 전국육상경기선수권대회 개최
1984년 올림픽 주경기장(서울 잠실) 개장
1999년 세계육상선수권대회 여자마라톤에서 북한 정성옥선수 금메달

 한국 최초의 2인조 다이빙을 성공시킨 사람은? — 논개

 유정란(有精卵)과 무정란(無精卵)은 영양가(營養價) 면에서 차이가 없다? — O

 북한에선, 대기실을 뭐라고 할까? — 기다림칸

 매일같이 찾아가서 문을 두드려도, 사람은 있는데 열어주지 않는 곳은? — 화장실

오늘의 유머

비싼 이유!

어떤 남자가 식인종 나라를 여행하다 정글 한가운데 있는 식당에 들어갔다. 벽면에는 메뉴와 함께 음식 가격표가 붙어 있었는데 다음과 같았다.
'선교사 프라이 3달러'
'삶은 사냥꾼 4달러'
'수렵 안내원 튀김 5달러'
'정치가 구이 25달러'……
그는 정치가 구이가 왜 다른 것에 비해 가격이 엄청나게 비싸냐고 물었다.
그러자, 주방장이 큰소리로 대답했다.
"당신, 그런 더러운 고기 씻어 본 적 있어?"

 신은 사람을 평가할 때, 머리가 아니라 가슴을 만져 본다!

지족불욕(知足不辱)
근본을 알면 욕되지 않음. 즉, 모든 일에 분수를 알고 근본을 알면 모욕을 받지 않음을 뜻함

제임스 딘 사망 1955년
경제협력개발기구(OECD) 정식 발족 1961년
서울올림픽 유치 1981년

	엄마 토마토가 아기 토마토에게 **커서 뭐가 될래?**하고 물었다. 아기 토마토의 대답은?	케첩
	토마토는 과실(과일)이다?	X (채소)
	북한에선, **프롤로그**를 뭐라고 할까?	머리이야기
	앞에서부터 읽어도, 뒤에서부터 읽어도 이름이 똑같은 채소는?	토마토

수험생을 위한 명언!

1) 최선은 절대 나를 배반하지 않는다!
2) 실패는 용서해도 포기는 용서 못한다!
3) 오늘 걷지 않으면, 내일은 뛰어야 한다!
4) 불가능이란 노력하지 않는 자의 변명이다!
5) 죽어라고 열심히 공부해도, 죽지는 않는다!
6) 행복은 성적순이 아니지만, 합격은 성적순이다!
7) 꿈이 없이 사는 10대는, 틀린 문장의 마침표와 같다!
8) 피할 수 없다면 즐겨라. 한계는 스스로 설정하는 것이다!
9) 지금 잠을 자면 꿈을 꾸지만, 지금 공부하면 꿈을 이룬다!
10) 공부가 인생의 전부는 아니다. 하지만 학생의 전부는 공부다!

 경험은 최고의 교육이다. 다만 수업료가 좀 비쌀 뿐이다!

일취월장(日就月將)
매일 성취하고 매달 장성함. 즉, 날이 갈수록 발전하고 진보함을 뜻함

[국군의 날]
1956년   제1회 국군의 날
1994년   KBS 1TV 광고 폐지, 시청료징수 시작
2005년   청계천 복원공사 2년 3개월 만에 완공, 개통

 군인들이 긴장하는 역은? — 작전역

 군인들이 행진할 때 첫발을 왼쪽부터 내미는 것은 적을 위협하기 위해서다? — O (서양에선 오른발은 선(善), 왼발은 악(惡)하다고 생각. 따라서 적대적, 위협적인 왼발을 먼저 내밀었음)

 북한에선, **군인가족**을 뭐라고 할까? — 후방가족

 싸우려면 먼저 뭉쳐야 하는 싸움은? — 눈싸움

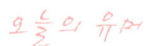

두 병사 간의 대화!

수류탄 3개를 주워온 김상병이 수류탄으로 저글링을 하고 있었다.
이를 본 박일병이 놀라 소리쳤다.

박일병 : 김상병님! 그러다가 수류탄이 한 개라도 터지면 어쩌려고 그래요?
김상병 : 그러면 2개만 주웠다고 보고하면 되잖아!!

 위인의 결점이나 실수는 바보들의 위안거리다!

위기일발(危機一髮)
머리털 하나로 위태로워짐. 즉, 매우 위태로운 상황을 뜻함

[노인의 날]
아리스토텔레스 사망 322년
효창운동장 준공 1960년
제24회 서울올림픽 폐막 1988년

DAY
10월 2일
275/365

 할아버지 할머니께서 가장 좋아하는 폭포는? **나이야가라 폭포**

 노인의 귀에는 **험담(險談)**이 잘 들린다? O (수군거리는 낮은 목소리는 노인 귀에 더 잘 들림)

 북한에선, **양로원**을 뭐라고 할까? **양생원**

 생일은 내일인데, 오늘 태어나는 것은? **신문지**

오늘의 유머

할아버지 할머니 전상서!

어느 학교 선생님이 '노인의 날'을 맞아 집에 계시는 할아버지 할머니께 감사의 편지를 쓰게 했다. 그리고 담임선생님에게 검사를 받아 집으로 우송하도록 했다. 다음날 담임선생님이 어이가 없는 얼굴로 교실로 들어오시더니, "**맹구 앞으로 나와!**" 담임선생님은 맹구에게 꿀밤을 한 대 때리고는, "**맹구야, 이 편지 니가 읽어 봐!**"하셨다. 맹구는 편지를 읽어 내려갔다.

"할아버지 할머니, 저의 부모님 낳고 길러 주셔서 대단히 감사합니다. 자세한 이야기는 집에 가서 말씀드리겠습니다!"

 인류 역사상 훌륭한 업적을 남긴 사람들 가운데는 창조적인 한량들이 많았다!

하석상대(下石上臺) 아랫돌을 윗대로 씀. 즉, 아랫돌 빼서 윗돌을 괸다는 뜻으로 임시변통으로 이리저리 둘러맞춤을 뜻함

[개천절(開天節)]
1950년 국군, 38선 돌파, 양양 탈환
1967년 포항제철 기공식 거행
1990년 동독·서독 통일

 쪽팔려 죽겠다는 사람이 있는데, 쪽이 팔려야 사는 사람은? — 마늘장수

 경호원들은 VIP를 경호할 때 오른쪽에서 경호한다? — O (왼손으로 밀치면서 오른손으로 범인을 제압하거나 총을 쏴야 하기 때문)

 북한에선, **야맹증**을 뭐라고 할까? — 어둠눈

 보디가드들이 좋아하는 술은? — 무술

단군신화!

초등학교 국어 시간에 선생님이 건국 신화에 대해 얘기했다.
"여러분, 우리나라의 건국 신화에 대한 얘기를 해 줄게요. 하나님의 아들인 환인에게 곰과 호랑이가 사람이 되게 해달라고 찾아 왔는데…."
여기까지 얘기를 했는데 학생 중 하나가 갑자기 손을 들더니 이렇게 말했다.

"선생님, 그런 건 다 알아요. 곰과 호랑이 중에 누가 여자가 됐는지두요. 저희가 궁금한 걸 어떻게 해서 단군이 만들어졌는지… 바로 그거라 구요!"

 인생은 성(性)의 노예이며, 또한 노동의 노예라는 것이 근본 문제이다!

천장지구(天長地久)
하늘은 길고, 땅은 오래감. 즉, 하늘과 땅은 영원히 변치 않음을 뜻함

호패법 실시 1413년
4년제 육사 11기 첫 졸업 1955년
한국-아일랜드, 국교 수립 1983년

 8을 반으로 나누면? — 0이 두 개 (가로방향)

 계란 날것은 금속 숟가락으로 떠먹으면 맛이 떨어진다? — O (화학 결합을 일으켜 맛이 떨어짐)

 북한에선, TV 채널을 뭐라고 할까? — 떼레비 통로

 나무를 먹으면 살고, 물을 먹으면 죽는 것은? — 장작불

아버님 말씀!

바른 말씀을 잘 하는 맹구 아버지가 요즘의 재벌이나 권력형 비리를 보도하는 뉴스를 보고 엄청 화를 내면서, 쩌렁쩌렁한 목소리로 동네가 떠내려갈 듯이 호통을 쳤다. 다음날 아침 맹구 친구인 영순이가 궁금해서 맹구를 찾아 갔다.
영 순 : 맹구야, 어제 저녁에 너희 아버님께서 몹시 화가 나셔서 큰소리로 호통을
　　　　치시던데, 무슨 말씀을 하신 거냐?
맹 구 : 엄청난 욕을 하신 것은 너한테 그대로 옮기지 않아도 되지?
영 순 : 그래.
맹 구 : 그럼 아무 말씀도 안 하셨어!

 일과 봉사는 7 : 3이 황금배분이다. 봉사는 돈독의 해독제다!

인면수심(人面獸心)
사람 얼굴이 짐승 마음. 즉, 은혜를 모르거나 인정이 없는 사람을 욕하여 부르는 뜻임

[세계 한인의 날]
1962년   한국-에콰도르, 국교 수립
1968년   자연보호헌장 선포
1986년   제10회 서울아시안게임 폐막

 홍도야 울지 마라를 한 글자로 표현하면? — 쉿!

 가정집에도 공중전화를 설치할 수 있다? — X (여러 사람이 같이 쓰도록 한 것이기 때문)

 북한에선, **육면체(六面體)**를 뭐라고 할까? — 립방체

 갈 때는 40명이 타고 가는데, 올 때는 39명만 타고 오는 차(車)는? — 장의차

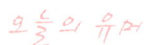

너무 비싸!

남편이 몇 달째 집을 나가 들어오지 않자 부인이 광고를 낼 생각으로 신문사에 전화를 했다.

부 인 : 광고를 싣는데 요금은 얼마지요?
광고담당자 : 1센티미터당 1만 원입니다.
부 인 : (깜짝 놀라며) 아니 뭐가 그렇게 비싸요?
광고담당자 : 아니, 1센티미터당 1만 원인데 뭐가 비쌉니까?
부 인 : 제 남편의 키는 1m 80cm 라고요!

 소비자의 주의를 끌 수 없다면 이미 광고라고 할 수 없다!

갈택이어(竭澤而漁)
연못을 말려 고기를 얻음. 즉, 눈앞의 이익만을 추구하여 먼 장래는 생각하지 않는 것을 뜻함

사다트 이집트대통령 피살   1981년
인천지하철 1호선 개통   1999년
장종훈, 국내 프로야구 사상 첫 300홈런 신기록 달성   2000년

 삶은 달걀을 먹을 때는 무엇을 치며 먹어야 되나?   가슴

 계란을 씻어 두면 신선도가 빨리 떨어진다?   O

 북한에선, 우울증을 뭐라고 할까?   슬픔증

 남자가 여자에게 이기기 힘든 씨름은?   입씨름

오늘의 유머

아픈 곳?

한 사람이 병원에 갔다. 의사 선생님이 묻는다. "어디 아프세요?"
- 그러자 환자는 자신의 온몸을 여기저기 찌르면서 말한다.
"여기도 아프고요. 저기도 아프고요. 온몸이 안 아픈 곳이 없어요. 죽을병에 걸린 것 같아요!" - 그런데 의사가 찔러보니까 아프단 소리를 안 한다.
"괜찮은데요?" "아니에요. 제가 찔러보면 안 아픈 데가 없어요!"
- 한참을 진료한 의사가 말합니다.
"걱정 마세요!"
"네?"
"손가락 끝을 약간 삐었을 뿐입니다!"

 견디기 힘든 고통이란 것은, 견딜 수 없는 고통의 반대말이다!

격세지감(隔世之感)
세상이 벌어진 느낌. 즉, 세상이 많이 바뀌어서 딴 세상이 된 것 같은 느낌을 뜻함

1961년 한국음악협회 발족
1964년 한국-우루과이, 국교 수립
1969년 진주 남강 다목적댐 준공

☀	새옹지마를 유머로 풀이하면?	새처럼 옹졸하게 지랄하지 마라
✕	사랑에 빠진 요리사가 만드는 스프는 평소보다 맛이 더 짜다?	X (중추신경 자극으로 호르몬 균형이 깨져 소금을 더 넣게 됨)
	북한에선, **족발요리**를 뭐라고 할까?	발족찜
	여름에는 푸른 옷, 가을에는 빨간 옷, 겨울에는 발가벗는 것은?	단풍나무

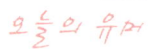

선생님은 알아요?

전근 온 지 얼마 안 된 여자 담임선생님이 자연시간에 새의 발가락들을 칠판에 그려놓고 맹구에게 새의 발가락 모양만으로 그 새의 이름을 맞춰보라고 했다. 쉬운 문제였지만, 공부라면 원래 담을 쌓고 있는 맹구에게는 너무 어려운 문제였다. 그래서 당돌하게 담임선생님에게 말했다.
"선생님! 어떻게 새 발만 보고 그 새의 이름을 맞출 수가 있어요? 말도 안 되는 말씀 하지 마세요!" 그 말에 선생님은 무지 화가 났다. 그래서 부들부들 떨며 소리를 빽 질렀다.
"뭐야?? 너, 너, 이름이 뭐니?" 그러자 맹구는 자기 책상 위에 발을 터~억 올리며 태연스레 말했다.
"선생님도 제 발만보고 제 이름을 맞춰봐요!"

 리더십이란 마음을 얻고, 모범을 보이는 것이다!

새옹지마(塞翁之馬) 변방의 늙은이가 말을 타고 감. 즉; 인생의 길흉화복은 일정하지 않아 예측할 수 없으니, 재앙도 슬퍼할 게 못되고 복도 기뻐할 게 없음을 뜻함

[한로(寒露)] 양력 10월 8일 경
구세군 한국본영 창설   1908년
창경원 동물가족, 과천 서울대공원으로 이사 시작   1983년
박경리 대하소설 [토지] 완간   1994년

 전화번호부에 김씨가 가장 많은 이유는?   김 씨들이 전화를 많이 가지고 있기 때문

 헬리콥터를 타고 하늘 위에 가만히 있으면 목적지에 도달한다?   X (지구의 대기권을 벗어나지 못하면 지구와 같이 자전속도로 움직임)

 북한에선, **단짝친구**를 뭐라고 할까?   딱친구

 바가지를 쓰고 있는 사람은?   군인

화장실에서 만날 수 있는 남자의 유형 5가지!

1) 사교적인형 : 소변이 마렵든 안 마렵든 친구를 따라가 일을 보는 남자.

2) 가자미눈형 : 옆에서 일보는 사람을 힐끗거리면서 일보는 남자.

3) 사격선수형 : 일을 보면서 파리나 벌레를 저격하는 남자.

4) 멀티플레이형 : 대변 마려울 때까지 기다렸다가 두 가지를 한꺼번에 해결하는 남자.

5) 꽃가게점원형 : 꽃에 물을 주듯이 돌아다니면서 모든 변기에 조금씩 일보는 남자.

 개는 모르는 것을 보면 짖는다. 사람도 자신이 모르는 것을 듣게 되면 그건 멍청한 생각이라고 한다!

각인각색(各人各色)
각기 사람마다의 색. 즉, 사람마다 각각 다른 개성이나 품성을 뜻함

[한글날]
1446년   훈민정음 반포
1983년   미얀마(버마) 아웅산묘소 폭발사건
1985년   올림픽대교 착공

 실업자와 **실업가**의 차이는? | 실업자는 낮에도 자고, 실업가는 밤에도 일한다

 서로 다른 지역에 살고 있는 돌고래들끼리 **의사소통(意思疏通)**이 가능하다? | X

 북한에선, **돌고래**를 뭐라고 할까? | 곱등어

 공부시간에 공부를 안 해도 되는 사람은? | 선생님

오늘의 유머

외국어!

외국인 회사에서 신입사원 채용을 위한 대대적인 면접을 실시했다. 이 회사에 입사를 하기 위해서는 우선 영어를 비롯한 외국어에 능통해야 했다. 첫 번째 응시생에게 회사대표인 면접관이 물었다.
"외국어 할 수 있는 거 있나요?"
"네, 지난해 미국 대통령이 방한했을 때 측근하고 영어로 대화를 나눈 적이 있을 정도의 회화는 됩니다."
면접관은 만족스런 표정을 지으며 두 번째 응시생에게 고개를 돌렸다.
"자신 있는 외국어가 뭔가요?"
"일본어를 합니다. 지난해 일본총리가 한국에 왔을 때 수행원과 대화를 나눌 정도의 실력은 가지고 있습니다."
현수 차례가 되었다. 면접관이 역시 같은 질문을 했다.
"외국어 할 수 있는 거 있나?"
"네, 몇 해 전 북한에 가서 김정일 측근이랑 대화를 나눈 적이 있습니다."
의외로 면접관의 인상이 밝아진다. 고개를 끄덕이며 현수 실력을 인정하려 든다.
"대단한 실력이군. 저쪽 사람들은 웬만해선 말이 잘 안 통하는데." "돈 주면 다 통해요!"

 돈으로 산 충성심과 친절은 돈과 같이 사라진다!

대서특필(大書特筆)
특히 큰 글씨. 즉, 특별히 큰 글씨로 드러나게 적어 표시함을 뜻함

[임산부의 날]
어린이대공원에 어린이회관 개관 1975년
영화배우 율 브리너 사망 1985년
뮤지컬 퍼포먼스 '난타' 초연 1997년

 허수아비의 부인 이름은? — 허수어미

 바둑에서 10단 있다? — X (신의 직접경지인 9까지 표현)

 북한에선, **해독제**를 뭐라고 할까? — 독풀이약

 허수아비가 옷을 벗으면 어떻게 될까? — 십자가

독선!

아주 건방지고 안하무인격인 의사가 있었다.
의사 : 여기 오기 전에 다른 의사한테 가봤어요?
환자 : 아뇨.
의사 : 그럼 약방에는 가봤습니까?
환자 : 네. 요 앞에 있는 약방엔 가봤어요.
의사 : (헛기침까지 하며)
　　　그래~! 그 얼빠지고 한심한 약사가 뭐라고 그러던가요?
환자 : 선생님을 찾아뵈라던데요!

 그릇이 차면 넘치고, 사람이 자만하면 이지러진다!

호가호위(狐假虎威)
여우가 호랑이의 힘을 빌려 뽐냄. 즉, 강한 자의 위세를 빌어 약한 자에게 군림함을 뜻함

1990년   남북통일축구 1차전 평양서 개최
1991년   소련 KGB 해체
1996년   마이클 잭슨 첫 내한 공연

 전기가 나가면 집집마다 걸리는 비상은? — 초비상

 사람의 눈이 두 개인 이유는 한쪽 눈을 다쳐서 못 쓰게 되더라도, 다른 한쪽 눈으로 볼 수 있도록 하기 위해서다? — X (더 잘 보게 하고 균형을 잡기 위함)

 북한에선, 에피소드를 뭐라고 할까? — 곁얘기

 판매원 아가씨와 총각 손님 사이에 오가는 정이 있다면 무슨 정일까? — 흥정

오늘의 유머

백만장자의 후회!

결혼 3주년 여행을 마치고 돌아온 백만장자가 친구에게 푸념을 늘어 놓았다.
"난 말이야 지금의 내 아내와 결혼을 한 후 백만장자가 되었다네!"
"어이. 그거 축하할 일이군!"
"아니, 그래서 난 지금의 내 마누라와 결혼한 것을 후회한다네!"
"아니 왜?"

"결혼 전에는 억만장자였거든……!"

 결혼은 연애의 끝이고 무덤이다!

해로동혈(偕老同穴) 함께 늙고 한 무덤에 묻힘. 즉, 살아서는 같이 늙고 죽어서는 한 무덤에 묻힌다는 뜻으로, 생사를 같이함을 뜻함

고종황제 즉위, 대한제국으로 국호 변경   1897년
한국 최초의 선교사 언더우드 사망   1916년
존 덴버, 비행기 추락사고로 사망   1997년

 쓰레기통에 뚜껑이 달린 이유는? 　　먼지 들어가지 말라고

 사춘기 전에 고환을 잃어버리면 변성기는 안 온다? 　　O (남성 호르몬이 고환에서 만들어지기 때문)

 북한에선, **연좌농성(連坐籠城)**을 뭐라고 할까? 　　앉아 버티기

 깨끗해질수록 더러워지는 것은? 　　쓰레기통

책!

한 남자가 서점에서 책을 찾고 있는데 찾을 수가 없어, 직원 아가씨에게 물었다.
"아가씨, [남자가 여자를 지배하는 법!]이라는 책이 있나요?"
그러자 아가씨가 퉁명스럽게 말했다.

"글쎄요……. 그런 책이 다 있나요? 혹시 모르니까 저쪽 [공상과학코너]에 가보세요!"

 공상과 상상의 차이는 현실성에 있다. 공상이 아닌 상상을 하라!

유능제강(柔能制剛)
부드러움이 강한 것을 제압함을 뜻함

552년　백제, 일본에 불교 전수
1909년　제1회 사법시험 실시
1999년　유엔, 탈북자 난민 으로 인정

 아기가 태어나서 우는 이유는? → 밥줄이 끊어져서

 중국집이 세탁소보다 더 많다? → X (세탁소는 걸어 다니는 적당한 거리마다 있고 중국집은 오토바이를 이용하기 때문에 숫자의 열세를 극복함)

 북한에선, **세탁소**를 뭐라고 할까? → 빨래집

 두 다리로 달려가면서, 계속 방귀를 뀌어야 갈 수 있는 것은? → 오토바이

오늘의 유머

돌팔이!

위장병이 있는 사람이 내과 의사를 찾아갔다.
"어디가 아파서 오셨습니까?"
"예, 식사만 하면 어김없이 30분쯤 지나서 배가 몹시 아픕니다!"

"그럼, 30분 뒤에 식사를 하세요!"

 곤란할 때야말로 그 사람의 진가를 알 수 있는 좋은 기회이다!

삼순구식(三旬九食)
삼십일 동안 아홉 끼의 식사. 즉, 집안이 매우 가난하여 먹을 것이 적음을 뜻함

삼일고가도로(청계고가도로) 기공 1967년
영동-동해고속도로 개통 1975년
한국-리투아니아, 국교 수립 1991년

 아낙네의 미래형은? 노인네

 소형 컵라면은 항상 면이 떠있기 때문에 빨리 익는다? O (뜨거운 물과의 닿는 면적 최대화)

 북한에선, **열도(列島)**를 뭐라고 할까? 줄섬

 불경기 때 가장 잘 팔리는 물건은? 허리띠(허리띠를 졸라 맨다)

입시생과 신혼부부의 공통점!

1) 밤늦게까지 잠을 안 잔다.
2) 혼자 하는 것보다 둘이 하는 것이 능률이 오른다.
3) 몸을 혹사해 허약해지기 쉽다.
4) 휴식이 꼭 필요하다.
5) 한 가지 일에만 치중하게 되므로 사람이 단순해진다.
6) 무리하지 말라는 소리를 자주 듣는다.
7) 여름이라도 쉴 수 없다.

 굴절된 마음자세는 사물과 현상을 함께 굴절시킨다!

비일비재(非一非再)
한두 번이 아님. 즉, 같은 현상이 벌어진 것이 한두 번이나, 한둘이 아니고 많음을 뜻함

[체육의 날]
1925년 서울운동장 개장
1969년 태백선(정선~나전) 개통
1973년 소양강댐 준공

 권투 선수가 세계 챔피언이 되겠다며 하는 다짐은?   주먹다짐

 수놈 캥거루가 앞발을 들고 권투하는 모습을 보여주는 것은 암컷에게 위협을 주기 위한 것이다?   X (프러포즈)

 북한에선, **신기록 보유자**를 뭐라고 할까?   체육명수

 사람이 절대로 게으름을 피울 수 없는 운동은?   숨쉬기운동

오늘의 유머

대단한 맹구 할아버지!

골목길을 가는데 맹구 할아버지와 개가 장기를 두고 있었다.
그때 지나가던 사람이 놀라서 외쳤다.
"세상에 저렇게 똑똑한 개가 있다니……. 할아버지 정말 놀라워요!"
그러자 맹구 할아버지가 왈,

"똑똑하긴 뭘 똑똑해? 지금까지 열 판을 둬서 아홉 판이나 내가 이겼는데!"

 남한테 제 입을 의탁하지 않고 살아야 한다는 것을 아는 것이 첫 번째 똑똑함이다!

- 삼사일언(三思一言)
세 번 생각하고 한번 말함. 즉, 말을 함에 있어서 신중 하라는 뜻임

한국–사우디아라비아, 국교수립 1962년
서울 성수대교 개통 1979년
동서고속도로(대전~광주 175km)기공, 후에 올림픽고속도로로 개명 1981년

 아침 해와 저녁 해는 어느 쪽이 더 무거울까?   저녁 해 (아침 해는 떠오르지만, 저녁 해는 가라앉으니까)

 하마(河馬)는 말의 일종이다?   X (돼지의 일종)

 북한에선, 구술시험(口述試驗)을 뭐라고 할까?   구답시험

 모자는 모자인데, 머리에 쓸 수 없는 모자는?   모자(母子)

착각!

한 신학대학 교수가 기말고사 범위를 창세기로 정하고 구술시험을 보고 있었다. 학생들에게 질문을 하며 채점하던 교수가 예쁘장하게 생긴 유미에게 물었다.

"유미 학생, 최초의 남자는 누구였나?"

교수가 묻자 질문을 오해한 유미 학생, 갑자기 얼굴이 새빨개지더니,

"저~ 교수님, 저는 정말 그러고 싶지 않았는데요. 너무 완강하게 나와서 어쩔 수 없이……!" 하고 말끝을 흐렸다.

그러자 교수가 하는 말.

"아니, 학생. [아담]하고 뭔 일이 있었나?"

 고통은 천진난만한 자에게도 거짓말을 강요한다!

아연실색(啞然失色)
빛을 잃어 할 말이 없이 됨. 즉, 몹시 놀라서 얼굴빛이 변함을 뜻함

1973년   국립극장, 장충동으로 이전해 개관
1981년   옥포조선소 준공
1985년   충주 다목적댐 준공

	앞도 못보고, 뒤도 못 보는 사람은?	눈먼 변비환자
✗	우리나라에서 가장 넓은 차선은 광화문 앞의 **16차선**이다?	O
	북한에선, **여가시간**을 뭐라고 할까?	짬시간
	닿아도 감전이 되지 않는 전기는?	무전기(無電機)

불청객 퇴치법!

한 여성경영자는 자꾸 원하지 않은 사람들이 집으로 찾아와 자신의 여가(餘暇)시간을 방해하는 것이 짜증스러웠다. 그래서 그녀는 누군가 초인종을 울리면, 코트를 입고 모자까지 쓰고 문을 열어 주었다.
불청객이 찾아오면,
"이런, 어떡하죠? 지금 막 나가려던 참인데!" 하고 말하고,
반가운 사람이 찾아오면,
"이렇게 절묘할 수가. 저도 지금 막 도착했어요!" 하고 말했다.

불청객은 흔히 돌아갈 시간이 되면, 가장 환대를 받는 법이다!

심심상인(心心相印)
마음끼리 서로 도장 찍음. 즉, 마음과 마음으로 서로 뜻과 생각이 통함을 뜻함

진도대교 개통(첫 사장교) 1984년
첫 남북통일음악제 평양서 개최 1990년
대구지하철 2호선 개통 2005년

 포수가 참새 백 마리를 보고 총을 한 발 쏘았는데, 백 마리가 죽었다. 그 이유는? — 참새 이름이 백 마리

 음치는 휘파람도 잘 못 분다? — O (음정과 박자 개념이 약하기 때문에 휘파람도 잘 못 분다)

 북한에선, **매운바람**을 뭐라고 할까? — 칼바람

 바로 써도, 거꾸로 써도 같은 글자가 되는 낱말은? — 묵근놈

상황!

– 전화내용으로 본 유권자와 정치인의 관계진행 상황
초반기 = 아이구~ 지금 어디십니까? 제가 그리로 가겠습니다!
진행기 = 이게 누구십니까? 안 그래도 지금 막 전화하려던 참이었습니다!
과도기 = 제가 나중에 다시 전화 드리겠습니다!
권태기 = 제가 지금 좀 바빠서 이만……
말년기 = 전화기가 꺼져 있어, 음성 사서함으로 연결됩니다!

 불성실한 벗을 가질 바에야 차라리 적을 가지는 편이 낫다!

마중지봉(麻中之蓬) 구부러진 쑥도 삼밭에 심으면 꼿꼿하게 자람. 즉, 사람도 주위환경에 따라 선악이 다르게 될 수 있음을 뜻함

1405년 　창덕궁 준공
1962년 　한국-세네갈, 국교 수립
2005년 　1987년 착공한 [평화의 댐] 준공식

여자가 주로 바르고, 남자가 즐겨 먹는 것은?	립스틱
고무장갑이 빨간 이유는 김치 색 때문에 빨간색으로 만든다?	O
북한에선, **성숙아(成熟兒)**를 뭐라고 할까?	자란아이
비틀어진 집 속에 혼자만 사는 것은?	소라

오늘의 유머

아이 생각!

임신한 엄마가 무언가를 먹자 5살 난 맹구가 물었다.
"엄마 뭐 먹어?"
"응, 뱃속에 있는 동생을 위해 철분제를 먹는단다."
그러자 맹구,

"우와. 우리 엄마 만세. 로봇 동생 낳아 주는 거야?"

 사람은 누구나 자신의 시야의 한계를 세계의 한계로 간주한다!

관중규표(管中窺豹)
관으로 표범을 봄. 즉, 좁은 관을 통해 세상을 보기 때문에 시야가 좁음을 뜻함

부산 지하철 1호선 기공   1980년
카드식 공중전화기 첫 설치   1986년
제3차 아시아-유럽정상회의(ASEM) 서울서 개막   2000년

 세상에서 가장 빨리 달리는 자동차는?   뺑소니차

 말은 서서 잠을 잔다?   O

 북한에선, **창피하다**를 뭐라고 할까?   열스럽다

 버릇없는 아이들이 좋아하는 과일은?   야자

맹구 할머니!

맹구 할머니가 버스에 올라타자 버스는 이내 과속으로 달리기 시작했고, 앉을 자리를 찾지 못한 할머니는 불타는 눈으로 주위를 탐색하기 시작했다. 그러다가 갑자기 '끼~~익!' 하고 버스가 급정거를 하는 바람에 맹구 할머니는 그만 버스 바닥에 구르고 미끄러졌다. 한 예의바른 학생이 부축하며 말했다.
"할머니 괜찮으세요? 어디 안 다치셨어요?"
맹구 할머니 왈,

"지금 다친 게 문제여? 쪽팔려 죽겠는데~!"

 위험을 피하려면, 최악의 사태를 항상 대비해 두어야 한다!

누란지위(累卵之危) 알을 쌓아 놓아 위태로움. 즉, 알을 묶어 놓아 조금만 건드려도 쓰러질 것 같은 위험한 상태를 뜻함

[경찰의 날]
1899년   에디슨, 전기 형광램프 발명
1994년   성수대교 붕괴
1996년   서울국제에어쇼 개막(성남 서울공항)

 경찰서 화재사건이 가장 많이 발생하는 나라는? — 불란서

 경찰은 운전 중 안전벨트를 하지 않아도 된다? — O (신속한 범인검거와 사고처리를 위해)

 북한에선, 경찰을 뭐라고 할까? — 안전원

 교통경찰을 본 운전자가 갑자기 떨어뜨리는 것은? — 속력

시체들이 웃는 이유!

시체실에 새로운 시체 3구가 도착했다.
그런데 시체 모두가 웃고 있는 것이었다. 의아하게 생각한 검시관은 경찰에게 물었다.
"시체들이 왜 웃고 있죠?"
"첫 번째 행인 시체는 로또 백억에 당첨돼 심장마비로 죽었어요!"
"그럼 두 번째 시체는 왜 웃고 있죠?"
"두 번째 군인 시체는 총알이 겨드랑이로 관통해서 죽었어요!"
"여기, 세 번째는요?"
"세 번째 시체는 벼락을 맞고 죽은 정치인입니다!"
"벼락을 맞았는데, 왜 웃고 있죠?"
"벼락이 번쩍! 거리자 평소처럼 사진 찍는 줄 알고 웃다가 벼락 맞았어요!"

 가장 필요한 조기 교육은, 외국어가 아니고 교통안전 교육이다!

식자우환(識字憂患)
아는 것이 탈. 즉, 학식(아는 것)이 있는 것이 도리어 근심을 사게 됨을 뜻함

세계 최초의 건조식 복사기 탄생 1938년
英 역사학자 아놀드 토인비 사망 1975년
최규하 대통령 서거 2006년

 역사의 인물 중, 수학을 제일 잘 했던 인물은?   연산군

 목소리의 고음은 노력하면 어느 정도 높아진다?   O (후천적)

 북한에선, **높은음자리표**를 뭐라고 할까?   고음기호

 배워서 남 주는 사람은?   선생님

음악시간!

음악시간. 우리 것에 대한 관심이 높아지는 요즘, 김덕수의 사물놀이 공연 비디오를 보여 준다며 선생님은 비디오를 틀어주고, 음악실 안으로 무언가를 가지러 들어가셨다. 그런데 갑자기 화면에서 진한 야동 영화장면이 나오는 것이었다. 애들은 경악을 금치 못하고 웅성거리며 서로 껴안고 난리를 쳤다. 교실이 시끄러워지자, 선생님이 음악실 안 방송 마이크에 대고 외쳤다.

"얘들아. 조용히 하고 잘 봐둬. 좀 있다가 한 사람씩 시킬 거야!"

 말실수가 위험한 것은, 또다시 실수를 저지를까봐 전전긍긍하게 되는 것이다!

대경실색(大驚失色)
크게 놀라 빛을 잃음. 즉, 몹시 놀라 얼굴빛이 하얗게 변함을 뜻함

[상강(霜降)] 양력 10월 23일 경
1956년   국제원자력기구 설립
1990년   남북통일 축구대회 서울서 2차 경기
1996년   백범 김구 암살범 안두희 피살

장기에서 궁 옆의 사, 졸, 상 3가지를 빼면?	포장마차
수술 뒤 나오는 방귀는 대장기능이 회복됐음을 의미한다?	O
북한에선, 정신을 뭐라고 할까?	얼
아무리 최선을 다해도 늘 혼나는 것은?	거짓말

오늘의 유머

대통령의 방문!

대통령이 정신병원에 있는 환자들을 위로하기 위해서 병원을 방문했다. 병원장의 안내를 받으며 대통령이 병실에 들어서는 순간, 환자들은 TV에서만 보던 대통령을 실제로 보게 되자 흥분되어 "대통령 만세! 대통령 만세!"를 외치며 대대적으로 환영했다. 그런데 저쪽 구석에서 환영도 하지 않고 딴 곳을 쳐다보는 환자가 있었다. 궁금한 대통령이 병원장에게 물었다. "저 환자는 왜 환영하지 않나요?" 병원장이 대답했다.

"저 환자는 오늘 아침에 제 정신으로 돌아온 사람입니다!"

사람의 마음에 상처를 주는 심한 말을 하는 것은 정신적인 살인행위이다!

눌언민행(訥言敏行)
말은 더디 하고 행동은 민첩하게. 즉, 말은 신중하게 하고 행동은 신속하게 하라는 뜻임

[국제연합일]
유엔 창설 1945년
한국-과테말라, 국교 수립 1962년
잠비아, 영국으로부터 독립 1964년

 식인종은 유엔 총회를 무엇이라 할까? — 비빔밥

 교통신호 중, **멈춤** 표시는 전 세계 모두 빨간색이다? — O

 북한에선, **나이프**를 뭐라고 할까? — 밥상칼

 세계적으로 가장 유명한 쥐는? — 미키마우스

긴급구조 911

형인 삼용이와 동생인 삼식이 형제가, 텔레비전에서 미국의 응급구조요원들의 이야기를 다룬 **긴급구조 911**이라는 프로를 보고 있었다.

삼식이 : 형, 만약에 급한 일이 있으면 우리도 911로 연락하면 되겠네?

삼용이 : 이 바보야. 저기는 미국이니까, 국제전화 00X를 누른 다음 911로 연락을 해야지.

삼식이 : 그럼, 미국에서 오는 데 시간이 많이 걸리잖아?!

삼용이 : 야, 이 바보야. 주한미군이 왜 있냐?

 호랑이에게 물려가도, 정신만 차리면 오히려 호랑이 가죽을 벗겨올 수 도 있다!

난형난제(難兄難弟)
형과 아우를 가리기 힘듦. 즉, 둘 중 누가 더 낫다고 할 수 없을 정도로 서로 비슷함을 뜻함

1950년   춘원 이광수 사망
1950년   중국군, 한국전 개입
1986년   한강유람선 운항 개시

 식인종에게 기내식 메뉴판을 보여주면 무슨 말을 할까? — 승객명단을 주시오!

 인구가 가장 많은 대륙은 아메리카이다? — X (아시아)

 북한에선, 다이아몬드를 뭐라고 할까? — 금강석

 기분 좋을 때도 끼지만 화나면 혼자서도 끼는 것은? — 팔짱

오늘의 유머

원리!

맹구 가족이 차를 타고 놀러 가는데 맹구가 갑자기 아빠에게 물었다.
"아빠, 자동차 바퀴는 어떻게 돌아가는 거야?"
그러자 맹구 아빠는 배운 대로 자세하게 설명했다.
"연료=〉 엔진=〉 피스톤=〉 연료 폭발=〉 피스톤 상하수직운동=〉 크랭크=〉 상하운동이 회전운동=〉 변속기=〉 동력전달장치인 프로펠러 사우드=〉 앞이나 뒷바퀴의 추진축에 전달하면 바퀴가 돌아간단다!"
고개를 갸우뚱하며 듣던 맹구는 답답했는지 이번에는 엄마에게 물었다.
"엄마, 자동차 바퀴는 어떻게 돌아가는 거야?"
그러자 맹구 엄마는 단 한마디로 끝내 버렸다.
"응~, 그냥 빙글빙글 돌아!"

 바르게 설명한 논리보다는 생활에 밀착된 이미지가 더 설득력을 가지게 된다!

무소부지(無所不知)
이르지 않는 것이 없음. 즉, 모든 면에서 박식하고 유식함을 뜻함

안중근 의사, 이토 히로부미(伊藤博文) 저격   1909년
박정희 대통령 시해   1979년
세계보건기구(WHO), 천연두 근절 선언   1979년

 정치인과 농부의 차이점과 공통점은?   공통점=〉둘 다 밭을 가꾼대(텃밭과 표밭) 차이점=〉농부는 손으로 가꾸고, 정치인은 입으로 가꾼다.

 명태를 말린 것을 **북어**라 하는데, 이것은 **북쪽에서 잡아온 고기**라는 뜻이다?   O

 북한에선, **도열병(稻熱病)**을 뭐라고 할까?   벼열병

 커다란 입으로 무엇이든지 잘 먹고 잘 쏟아 내는 것은?   바구니

정치인!

나라 안이 정치인들의 비리로 떠들썩하자, 실험용 동물 대신 정치인을 쓰자는 의견이 사회적으로 공론화되었는데, 그 이유는?

1) 사람과 매우 비슷하다는 점.
2) 오히려 동물보다 불쌍하지 않다는 점.
3) 아무데서나 손쉽게 구할 수 있다는 점.

 바늘로 찔러도 피한 방울 안 나는 사람과 빈틈없는 사람은 다르다!

태강즉절(太剛則折)
크고 굳세면 부러짐. 즉, 너무 세거나 빳빳하면 부러지기 쉽다는 뜻임

1905년   대한적십자사 창설
1976년   안동 다목적댐 준공
1981년   원효대교(1470m) 준공

 색다른 남자와 결혼한 여자는?   국제 결혼한 여자

맹인안내견은 약간의 색깔을 구별할 수 있다?   X (명암으로만 구별)

 북한에선, 베란다를 뭐라고 할까?   내민층대

 코는 코인데, 숨도 쉬지 못하고, 냄새도 못 맡는 코는?   바늘코

오늘의 유머

놀린 대가!

남편이 부인 엉덩이를 보더니,
"아이고, 이런 갈수록 펑퍼짐해지누먼. 저기 베란다 제일 큰 김장독하고 크기가 거의 비슷하네!" 하며 부인을 놀렸다.
그러나 문제는 그날 밤. 남편은 침대에서 평상시대로 다리를 걸치며 집적거리기 시작했다. 그랬더니, 부인이 옆으로 홱 돌아누우며 하는 말이 걸작이었다.

"시들어 빠진 쪼그만 총각김치 하나 담자고 김장독을 열 수는 없지. 흥!"

 내가 옳을 때도 양보하라. 언제나 옳은 사람은 아무에게도 호감을 주지 못한다!

태연자약(泰然自若)
스스로 넉넉하고 큼. 즉, 외부의 충격을 받아도 움직임이 없이 자연스러움을 뜻함

[교정의 날]
[자유의 여신상] 제막 1886년
육군대학 창설 1951년
수출 1,000억 달러 돌파 1995년

 식인종은 **교도소(矯導所)**를 무엇이라 할까? — 불량식품 저장소

 방독면(防毒面)은 방귀냄새도 막는다? — X (통과 됨)

 북한에선, **변태(變態)**를 뭐라고 할까? — 모습갈이

 숙제를 안 해와도 야단맞지 않는 사람은? — 선생님

변태 퇴치법!

한 여자가 집으로 가고 있는데, 골목 저편에서 바바리코트를 입은 한 남자가 걸어오고 있었다. 그 남자는 골목 한가운데서 여자 앞을 가로막더니 바바리코트를 확 열어젖히고는 아무것도 입지 않은 자신의 알몸을 보여 줬다. 하지만 여자는 단 한마디로 그 남자를 쫓아버렸다. 그 말은……

"애걔걔!!!"

 발전을 가로막는 가장 큰 장애는 나이가 아니라, 발전을 거부하는 당신의 마음가짐이다!

파렴치한(破廉恥漢)
청렴과 부끄러움을 깨뜨린 사람. 즉, 부끄러움을 모르는 뻔뻔한 사람을 이르는 뜻임

1956년 반도호텔서 국내 첫 패션쇼
1911년 신문 경영인 퓰리처 사망
1996년 막가파 생매장사건

죽마고우를 유머로 풀이하면?	죽치고 마주 앉아 고스톱 치는 친구
대나무는 나무가 아니라 풀이다?	O
북한에선, 예방을 뭐라고 할까?	미리막이
젊어서는 부드럽고 약하나, 늙을수록 강하고 단단해지는 것은?	대나무

오늘의 유머

컴퓨터 카운슬링 1

문 : 백신 프로그램으로 바이러스를 검사했더니 AIDS 바이러스가 걸렸다는데, 어떻게 하죠?

답 : AIDS 바이러스에 걸리면 대책이 없습니다. 컴퓨터와 접촉하면 당신도 AIDS 에 걸릴 수 있으니 컴퓨터를 비닐로 싸서 제 사무실 앞에 버리세요.
주의하세요!
다른 곳에 버리면 청소부가 AIDS에 걸릴지도 모릅니다.

 웃음은 자연 살상세포의 증가로 면역 및 항암효과를 가진다!

죽마고우(竹馬故友)
죽마를 타고 놀던 옛 벗. 즉, 어릴 때 같이 놀던 친한 친구를 뜻함

서울 국제무역박람회 개막 1990년
영국-프랑스 간 해저터널 관통 1990년
초음속 경(輕)공격기 한·미 공동개발 2001년

 찬성만 하도록 뇌물로 먹이는 떡 이름은?   끄떡끄떡

 닭도 왼발잡이 오른발잡이가 있다?   O (왼발잡이가 많다. 그래서 왼발이 더 맛있음)

 북한에선, **예습(豫習)**을 뭐라고 할까?   미리익힘

 자기 몸을 자기가 때리고 소리 높여 우는 것은?   닭

오늘의 유머

컴퓨터 카운슬링 2

문 : 컴퓨터로 한 참 중요한 문서 워드 작업을 하는 중 갑자기 다운되었는데, 다운된 컴퓨터를 살릴 방법을 가르쳐 주세요?

답 : 손바닥으로 책상을 두들기며 10까지 세 보세요. 열까지 세서 안 일어나면 당신이 KO승으로 이긴 겁니다.

 웃음이 없으니 여유가 없고, 여유가 없으니 웃음이 없다!

박장대소(拍掌大笑)
손뼉을 치며 한바탕 크게 웃는 것을 뜻함

1959년 한국–브라질, 국교 수립
1961년 한국–호주, 국교 수립
1980년 지하철 2호선(잠실~신설동 14.31km) 준공

 오백에서 백을 빼면? — 오

 햄버거는 '햄'에서 나온 말이다? — X (독일의 함부르크)

 북한에선, **사망률(死亡率)**을 뭐라고 할까? — 죽는률

 비틀어진 집 속에서 혼자만 사는 것은? — 달팽이

오늘의 유머

컴퓨터 카운슬링 3

문 : 컴퓨터를 구입하려고 합니다.
　　자꾸 컴퓨터가 버전 업이 되어서 구입 시기를 결정 할 수 없어요. 괜히 지금 사면 한 달 후에 가격이 50% 하락하고 성능이 좋아지면 손해인 것 같아요.
　　곧 신제품이 나온다는데 컴퓨터를 언제 구입하는 것이 가장 좋을까요?

답 : 좋은 질문이군요.
　　대부분의 컴퓨터 구입자들이 저에게 이런 질문을 자주 합니다.
　　버전 업 걱정 안하고 후회를 안 하시려면, 죽기 하루 전날 컴퓨터를 구입하세요!

 웃음을 참으면, 속 터져 죽는다!

가가대소(呵呵大笑)
몹시 우스워서 큰 소리로 웃음을 뜻함

창경원 시민에 공개 1909년
한국-폴란드, 국교 수립 1989년
국민은행과 주택은행을 합병한 새 [국민은행] 출범 2001년

포복절도를 유머로 풀이하면?	도둑질을 잘하려면 포복을 잘해야 한다
하얀 속옷은 감기를 치료하고, 신경계통이나 호르몬 분비를 촉진시킨다?	O
북한에선, **수면제(睡眠劑)**를 뭐라고 할까?	잠약
컴퓨터 안에 살고 있는 바다 동물은?	골뱅이

오늘의 유머

컴퓨터 카운슬링 4

문 : 전 버전 업 증후군 환자입니다. 컴퓨터, 컴퓨터 주변기기 신제품을 사지 않고는 잠도 잘 안 옵니다. 그러다 보니 생활이 말이 아니라 아내가 이혼하자고 할 정도인데, 어떻게 이 병을 고칠 수는 없을까요?

답 : 정말 잘 됐군요. 이번 기회에 마누라도 버전 업 하시죠?

 직장 생활은 공정하지 않다. 그러나 당신이 공정해야 한다!

포복절도(抱腹絶倒)
배를 안고 넘어짐. 즉, 너무 웃겨서 배가 아파 움켜잡고 넘어질 정도로 몹시 우스움을 뜻함

1936년   BBC, 세계최초의 TV방송 시작
1950년   영국 극작가 버나드 쇼 사망
1981년   서울올림픽대회조직위 구성

구사일생을 유머로 풀이하면?	구차하게 사는 한 평생
보조개는 남성에게 많다?	X
북한에선, 진찰(診察)을 뭐라고 할까?	검병
한쪽에만 귀가 있는 것은?	컵

오늘의 유머

난 살아있는데!

한 사나이가 대형 교통사고로 큰 부상을 입고 병원에 입원했다. 침대 옆에서 걱정스럽게 들여다보고 있던 그의 아내에게, 진찰을 마친 의사가 말했다.
"안됐지만 운명하셨습니다!"
그러자 간신히 살아서 누워 있던 사나이가 그 말을 듣고 깜짝 놀라 말했다.
"잠깐 기다려, 난 아직 살아 있다고!"
그러자 마누라 왈,

"당신이 뭘 안다고 그래요! 의사 선생님이 죽었다면 죽은 거지……."

 남자는 마음 속에 말을 담지 않고, 여자는 말 속에 마음을 담지 않는다!

구사일생(九死一生)
아홉 번 죽고 한 번 삶. 즉, 죽을 고비를 여러 차례 겪고 겨우 살아남을 뜻함

[학생독립운동기념일]
파나마, 콜롬비아로부터 독립   1903년
제1회 학생의 날   1953년
군사재판, 김대중에 사형선고   1980년

 오줌을 잘 싸는 오줌싸개, 오줌을 빨리 싸는 사람은?   잽싸게

 운동하면서 흐른 땀은 닦지 않고, 그냥 말리는 것이 좋다?   X (빨리 씻을수록 피부에 좋다)

 북한에선, 주장을 뭐라고 할까?   기둥선수

 밭에 나가 열심히 구덩이를 파면 무엇이 나올까?   땀

오늘의 유머

국민학생 vs 초등학생 1

1) **존경하는 인물은?**
   국민학생= 이순신, 세종대왕, 아버지
   초등학생= 연예인, 운동선수

2) **부모님의 가장 무서운 벌은?**
   국민학생= 나가!
   초등학생= 너 오늘부터 컴퓨터 하지 마!

3) **방과 후 가는 곳은?**
   국민학생= 놀이터 또는 동네 공터
   초등학생= 피아노학원, 게임방 찍고 다시 영어 학원

4) **가장 좋아하는 음식은?**
   국민학생= 자장면
   초등학생= 피자, 햄버거

5) **선물 받고 싶은 것은?**
   국민학생= 인형, 로봇
   초등학생= 휴대폰, 게임기, 디카

 당신이 당신의 행동을 하지만, 당신의 행동이 당신을 결정합니다!

단기지교(斷機之交)   학문을 중도에 그만 둠은 짜던 베를 끊는 것임. 즉, 짜던 베를 도중에 자르면 쓸모없듯이, 학문도 도중에 그만두지 말고 꾸준히 계속해야 함을 뜻함

1847년   독일 작곡가 멘델스존 사망
1926년   한글점자 완성
1961년   한국-룩셈부르크, 국교 수립

 조금 전 울다가 지금 웃는 사람을 5글자로 표현하면? — 아까운 사람

 중풍(中風)병의 뇌졸~증의 끝 자는, 한자(漢字)로 증(症)이 아니고 중(中)이다? — O

 북한에선, **선수촌**을 뭐라고 할까? — 체육촌

 사자보다 더 무서운 사자는? — 저승사자

오늘의 유머

국민학생 vs 초등학생 2

6) 유행하는 놀이는?
  국민학생 = 땅따먹기, 자치기, 다방구,
              딱지치기, 고무줄놀이
  초등학생 = 고딩놀이, 왕따놀이

7) 이성친구는?
  국민학생 = 술래잡기 때조차 창피해서
              손도 못 잡음
  초등학생 = 공개적으로 사귄다.

8) 성적 호기심은?
  국민학생 = 성인잡지 보다가 들켜 혼난
              적이 있음
  초등학생 = 고화질 풀버젼 찾아다님

9) 출생에 대한 의문은?
  국민학생 = 엄마 배꼽에서 나온 줄
              알았음
  초등학생 = 나도 제왕절개 했을까?

10) 일시적 도벽은?
  국민학생 = 엄마 지갑에서 돈을 훔침
  초등학생 = 엄마 지갑 들고 가출함

 대세에 따르더라도 자신을 잃지 마라!

상전벽해(桑田碧海)
뽕밭이 푸른 바다가 됨. 즉, 세상의 변화가 심하거나 덧없음을 뜻함

한국인 최초의 방직회사 경성섬유 창립 1911년
아인슈타인, 일반상대성이론 발표 1916년
한국-바누아트, 국교 수립 1980년

 여자 목욕탕에서 공포의 대상은?   체중계

 달이 바로 머리 위에 있을 때는 체중이 가벼워진다?   O (만유인력)

 북한에선, **손자(孫子)**를 뭐라고 할까?   두벌자식

 목욕탕 안에서 유일하게 옷을 입고 있는 사람은?   때밀이

생활 속의 황당실수!

1) **회갑잔치**가 갑자기 기억이 안 나서 **육순**(60세)과 **회갑**이랑 합쳐서 **육갑잔치**라고 했던 기억이……
2) 은행에 통장 재발행하러 가서 은행원에게 **"이것 재개발하러 왔습니다!"** 했지요. 은행원과 함께 한참 웃었습니다.
3) 임산부 보고 **"산달이 언제예요?"** 물어봐야 하는데 그 말이 생각이 안 나서 **"만기일이 언제예요?"** 하고 물어봤다가 분위기 이상해졌음.
4) 아버지 생신을 깜박하고 음식이 너무 많이 차려진 걸 보면서 했던 말, '**엄마 오늘이 아버지 제삿날이야?**'
5) 중학교 때, '**다음 주 금요일이 무슨 요일이냐?**' 뒤집어졌음.
6) 문에 **개조심**이란 글귀를 보고 어떤 외국인은 이렇게 말했다. '**개조심씨 계세요?**'
7) 어떤 사람이 소보로빵 사러 빵집에 갔는데, 주인아저씨 얼굴이 곰보인 것을 보고, 갑자기 당황해서 '**소보로 아저씨 곰보빵 하나 주세요!**'

 대화는 합이 100이다. 그러나 말수를 줄이면 들어오는 것이 많다!

신언서판(身言書判) 신체, 언어, 글, 판단. 즉, 사람됨을 판단하는 네 가지 기준으로 신체와 말씨와 문필과 판단력을 뜻함

1506년   연산군 사망
1989년   중앙고속도로(춘천-대구) 착공
1998년   서울 월드컵 경기장 기공식

 여자가 나이가 들면 지켜야 할 도리는 아랫도리이고, 남자가 나이가 들면 지켜야 할 도리는? — 장도리

 튀김요리의 원조는 중국이다? — X (한국)

 북한에선, **소매치기**를 뭐라고 할까? — 따기군

 물레방아를 돌리면 불이 켜지는 것은? — 라이터

오늘의 유머

남편의 후회!

소파에 앉아 한숨을 푹 쉬고 있는 남편을 보고 아내가 물었다.

"왜 그래요. 무슨 일이에요?" 그러자 남편이 말했다.
"우리가 연애할 때 당신 아버지가, 내게 만약 결혼을 하지 않으면 혼인빙자 강간죄로 고소해서 10년을 옥살이 시키겠다고 하신 말씀 기억나지?"
"그런데요, 왜요?".

"내가 잘못 생각했어, 그냥 감옥에 갔었더라면 오늘 출감하는 날인데……."

 다 잃어봐야 진정한 자유를 알게 된다!

농조연운(籠鳥戀雲)
갇힌 개가 구름을 사모함. 즉, 속박을 당한 몸이 자유를 그리워하는 마음을 뜻함

[입동(立冬)] 양력 11월 7, 8일 경
국세징수령 공포   1911년
한미연합사령부 창설   1978년
한국-파키스탄, 국교수립   1983년

 장군은 장군인데, 싸우지 못하는 장군은?   **동장군 (겨울추위)**

 날씨가 너무 추우면 눈이 내리지 않는다?   O (눈이 오려면 공기 중에 적당한 수분이 있어야 하는데, 너무 추우면 수분이 모자람)

 북한에선, **첩(妾)**을 뭐라고 할까?   **곁마누라**

 자랄 때는 거꾸로 자라고, 죽을 때에는 눈물을 흘리면서 죽는 것은?   **고드름**

오늘의 유머

결혼 실패!

오랜만에 만난 남자 친구 둘이 술을 마셨다.
"글쎄, 나는 결혼을 두 번이나 했는데 다 실패야"
"아유 저런! 어떻게 되었기에?"
"아 글쎄, 첫 번째 여자는 도망을 가버렸지 뭐야!"
"그래? 두 번째 여자도 도망갔어?"

"아냐. 그게 아니고, 두 번째는 영 도망가지를 않아!"

 쓰러진 볼링 핀은 다시 세울 수 있지만, 돌아선 여자의 마음은 돌이킬 수 없다!

조강지처(糟糠之妻)
지게미와 쌀겨로 살던 처. 즉, 몹시 가난하고 천할 때에 고생을 함께 겪어 온 아내를 뜻함

1895년 뢴트겐, X-선 발견
1905년 변호사법 반포(최초의 변호사제도)
1995년 한국, 유엔 안전보장이사회 비상임 이사국에 피선

젖소에게는 4개가 있고, 여자에게는 2개가 있는 것은?	다리
귀뚜라미는 다리에 귀가 있다?	O
북한에선, **창의성**을 뭐라고 할까?	창발성
두 귀와 코에 매달려 있는 유리창은?	안경

오늘의 유머

윈도우즈!

조회 시간, 선생님께서 'WINDOWS'에 자신 있는 사람은 손들어 보라 하셨다. 컴퓨터에 자신 있는 아이들 몇몇이 손을 들었다. 회심의 미소를 지으시던 선생님.
"너희들, 조회 끝나고 교무실로 내려와라!"
조회가 끝나고 교무실로 내려간 아이들에게 선생님이 하신 말씀.

"저기 유리창 보이지? 깨끗이 닦아야 해!"

인생은 곤란의 연속이다. 그러나 성실한 마음으로 물리칠 수 없는 곤란은 거의 없다!

이란투석(以卵投石)
달걀로 돌을 부딪힘. 즉, 약한 것이 강한 것을 이겨낼 수 없음을 뜻함

[소방의 날]
경북선 철도 개통   1966년
샤를 드골 프랑스 대통령 사망   1970년
베를린장벽 붕괴   1989년

	가장 화끈한 일을 하는 사람은?	소방관
	소방관도 불법주차 스티커를 발행할 수 있다?	O
	북한에선, **민간인**을 뭐라고 할까?	사회사람
	만날 때나, 헤어질 때나 똑같이 하는 인사말은?	안녕

오늘의 유머

놀부의 천국기행!

놀부가 죽기 전에 천국구경 한번 시켜 달라고 매달린 지 백여 일……
일찍 잠자리에 든 어느 날, 꿈속에서 놀부는 천사의 안내로 천국의 여기저기를 둘러보고 있었는데 온 천지에 시계가 가득 걸려 있었다.
"이게 다 무슨 시계죠?" "지상에 살아 있는 사람들의 개인용 시계입니다!" "어떤 것은 빠르게 가고, 어떤 것은 왜 천천히 가나요?" "지상의 사람들이 하나님께 죄를 지을 때마다 한 눈금씩 가는 시계죠!" "제 건 어디 있나요?" "어디 한번 찾아볼까요?" 한참을 찾다 못 찾은 천사……. "이럴 리가 없는데?" "제 이름은 놀부입니다만……!"
- 천사가 무릎을 탁 치고 하는 말,

"아~ 그러시군요. 그건 지금 하나님 집무실에서 선풍기로 쓰고 있는데요!"

   인생은 메이저리그와 마이너리그로 나누어져 있다. 그 중간은 없다!

종두득두(種豆得豆)
콩을 심어 콩을 거둠. 즉, 원인에 따라 그에 걸맞은 결과가 나타남을 뜻함

1904년 경부선 철도 완공
2000년 국내 최대길이 서해대교 개통
2001년 아시아 최대 축구전용구장 [상암구장] 개장

영화감독들이 초조하게 기다리는 역은?	개봉역
영국도 긴급전화번호는 911 이다?	X (999)
북한에선, 내구성(耐久性)을 뭐라고 할까?	오래견딜성
달리면 바로 서고 멈추면 쓰러지는 것은?	자전거

오늘의 유머

기발한 아이디어!

너무 많은 자전거가 매일 자신의 집 담벼락에 세워져 있자, 고민을 하던 집주인은 담벼락에 자전거를 세워놓지 말라는 경고문을 붙였다. 그러나 소용이 없었다.
부탁의 글을 써 놓기도 하고, 온갖 협박의 글을 써 놓았지만 소용이 없었다. 궁리 끝에 집주인은 기발한 아이디어를 생각해 냈다.

'여기 세워진 자전거는 모두 공짜입니다. 아무거나 마음대로 가져가세요!'

낡아버린 기존의 표현을 피하라. 새로운 비유적 표현을 창조해야 한다!

점입가경(漸入佳境) 점점 아름다워짐. 즉, 문장, 예술작품, 경치가 갈수록 멋지고 아름답거나 상태가 더욱 확대된 모양을 뜻함

[농업인의 날], [빼빼로데이]
국립박물관 개관   1946년
이리역 폭발사고 발생   1977년
제1회 서울단편영화제   1994년

 나무젓가락 6개로 원을 만들려면?　　　　　　　₩

 마카로니는 이탈리아에서 맨 처음 만들어졌다?　　X (중국)

 북한에선, **카스텔라**를 뭐라고 할까?　　　　　　설기과자

 끓는 물에 목욕하고, 찬물에 목욕하고, 갈대밭에 누운 것은?　메밀국수

오늘의 유머

사람 잡는 교본!

한 남자가 비행기 조종 교본을 보면서 항공기를 몰기 시작했다.
먼저 엔진에 시동을 걸고, 기어를 넣고, 조종간을 앞으로 당기고…….
이러면서 드디어 멋지게 이륙했다. 얼마 후, 착륙해야 할 순간이 되자 다시 책을 들었다.
그런데 책을 펴들자 그만 기절했다.

'착륙 편은 다음 호에 계속됩니다!'

"으~아!!!"

 천재들이 새로운 시도를 좋아하는 것은, 재능보다 실패를 두려워하지 않는 남다른 천성 때문이다!

아비규환(阿鼻叫喚)
코 언덕이 울부짖음. 즉, 계속되는 심한 고통으로 울부짖는 참상을 형용하는 뜻임

1463년 동국지도 제작
1840년 프랑스 조각가 로댕 출생
1992년 영종도 국제공항 기공식

 남자 육상선수가 개와 달리기 시합을 해서 동시에 골인하면? — 개 같은 놈

 딱따구리가 나무를 자꾸 쪼는 이유는 부리가 자꾸 자라는 것을 막기 위함이다? — X (먹이를 구하거나 집을 짓기 위함)

 북한에선, **찌개**를 뭐라고 할까? — 남비탕

 방에도 있고, 화장실에도 있고, 부엌에도 있고, 거리에도 있고, 심지어 컴퓨터 안에도 있는 것은? — 휴지통

오늘의 유머

못 가본 곳에서 못해본 일?

공상에 잠긴 남편이 아내에게 말했다.
"여보. 나 말이야, 한 번도 가보지 못한 그런 곳에 가서, 한 번도 해보지 못한 일을 해보았으면 좋겠어!"
그러자 아내 왈,

"여보, 참 좋은 생각이에요. 부엌에 가서 설거지 좀 해요!"

 위대한 업적들은, 처음엔 불가능하다고 비웃던 것들이다!

천우신조(天佑神助) 하늘과 신의 도움. 즉, 인간의 힘으로 불가능한 것을 하늘과 신의 도움으로 가능하게 하는 경우를 뜻함

전태일 분신자살 1970년
육군사조직 [알자회] 파문 1992년
경복궁 경회루 40여년 만에 개방 2004년

 남자 육상선수가 개와 달리기 시합을 해서 지면? **개만도 못한 놈**

 동양인에 비해 서양인이 교통사고를 당할 확률이 더 높다? **O** (높은 콧등과 들어간 눈으로 시야가 차단됨)

 북한에선, **우유과자**를 뭐라고 할까? **애기과자**

 솔밭 속에 오솔길(산책로) 하나 난 것은? **가르마**

 오늘의 유머

덕분이에요!

한 회사에 안부를 물으면 항상 교양 있는 척 하면서, '덕분이에요!'라고 말을 즐겨 쓰는 여사원이 있었다.
이 여사원이 결혼을 해서 남편, 그리고 백일이 갓 지난 아이와 함께 공원을 산책하는데, 옛 회사 남자직원을 만나게 되었다.
서로 여러 가지 안부를 물어보다가 남자 직원이,
"**아이가 누굴 닮았는지 참 잘생겼네요!**" 하자, 그 여자 생글생글 웃으며 말했다.

"**덕분이죠, 뭐!**"

 자기 자신이 현명하다고 생각하는 인간은 그야말로 바보이다!

지동지서(之東之西)
동으로 갔다 서로 갔다 함. 즉, 어떤 일에 주관이 없이 갈팡질팡함을 뜻함

1973년   호남-남해고속도로 개통
1977년   한국-가나, 한국-스리랑카, 국교 수립
1984년   동작대교 개통

 남자 육상선수가 개와 달리기 시합을 해서 이기면?   **개보다 더한 놈**

 복근력(腹筋力)이 좋은 사람의 방귀소리는 보통사람보다 더 크다?   **O**

 북한에선, 음색(音色)을 뭐라고 할까?   **소리빛갈**

 벌리면 네모 지고, 오므리면 세모 지는 것은?   **가위**

오늘의 유머

치료약!

맹구 : 의사 선생님, 제 귀에 이상이 있나 봐요. 요즘 들어서는 제 방귀 소리조차 잘 들리지 않거든요.
의사 : 그러면 식후에 이 약을 꼭 세 알씩만 복용하십시오. 금방 효과가 나타날 겁니다.
맹구 : 우~와! 그럼 이 약을 먹으면 귀가 밝아지는 약인가요?
의사 : 아니요. 방귀소리를 크게 하는 약입니다!

 좌절의 체험은 약이 되나, 좌절의 추억은 영양가가 없다!

좌지우지(左之右之)
좌우로 감. 즉, 사람이 어떤 일이나 대상을 제 마음대로 처리하거나 다루는 것을 뜻함

병무청 발족 1962년
북한 제1땅굴 발견 1974년
올림픽대교 개통 1989년

 세 사람만 탈 수 있는 차는?   인삼차

 뱀이 날름거리는 것은 상대를 위협을 하기 위한 것이다?   X (냄새와 먹이를 더 잘 찾기 위함)

 북한에선, **액세서리(장신구)**를 뭐라고 할까?   치레거리

 죽은 나무에 빨간 꽃이 핀 것은?   횃불

재치!

큰 부자가 너무나도 심심해서 거리로 나왔다가 어느 교회의 한 목사님을 만났다. 장난기가 발동한 그는 목사님에게 이렇게 말했다.

"목사님, 나에게 그럴 듯한 거짓말을 하면 교회에 백만 원을 헌금하겠습니다."

이 말은 들은 목사님은 바로 말했다.

"백만 원이라고요? 아니, 지금 이백 만원이라고 하시지 않았습니까?"

 애매한 말은 거짓말의 시작이다!

인인성사(因人成事)   사람으로 일을 이룸. 즉, 어떤 일을 자기 혼자의 힘으로 이루지 못하고 남의 힘을 얻어 이룸을 뜻함

1945년   유네스코 창립총회
1989년   제4차 남북체육회담, 남북단일팀 명칭 코리아 로 결정
2000년   클린턴 미국 대통령, 25년 만에 베트남 방문

털 하나로 통신은 물론 인터넷도 되는 것은?	디지털
인감증명(印鑑證明)은 인터넷으로 발급 안 된다?	O
북한에선, **건달**을 뭐라고 할까?	날총각
손으로 만질 수 없는 공은?	축구공

오늘의 유머

바보 둘의 이야기!

바보 A와 바보 B가, 누가 더 큰 숫자를 알고 있는지 내기가 벌어졌다.
A : 으~~음. 4!
B : (갑자기 총을 쏜다.)
A : 아니. 네가 나에게 어떻게 이럴 수가?
B : 넌 너무 많은걸 알고 있어!

 어리석은 사람도, 침묵을 지키고 있으면 성인(聖人) 같이 보인다!

숙맥불변(菽麥不辨)
콩인지 보리인지를 분별하지 못함. 즉, 사물을 잘 분별하지 못하는 어리석은 사람을 뜻함

[순국선열의 날]
수에즈운하 개통 1869년
을사조약 강제 체결 1905년
KBS, 공영체제로 기구개편 발표 1980년

DAY 11월 17일
321/365

 마라톤 선수가 가장 좋아하는 역은?   월계역

 무서우면 소리를 지르는 이유는 공포를 잊고 자기를 보호하려는 본능 때문이다?   O

 북한에선, **연금(年金)**을 뭐라고 할까?   정기보조금

 달리기에서 1등으로 뛰는 선수가 가장 무서워하는 사람은?   2등으로 뛰는 선수

똑똑한 병사!

치열한 전투가 벌어지는 가운데, 상황을 보고 받은 지휘관이 전 병사를 집합시키고 엄한 목소리로 말했다.

"제군들! 제군들의 나라 사랑하는 마음을 믿는다. 지금 보고에 의하면 아군 인원이 모두 1,000명, 적군도 1,000명이다. 그러니까 각자 한 명씩만 처치하면, 우리가 승리하는 것이다. 알겠나!"

그러자 한 패기만만한 병사가 소리쳤다.

"장군님, 걱정하지 마십시오. 전 두 명을 해치우겠습니다!"

그러자 옆에 있던 병사가 말했다.

"장군님! 그럼 전 집에 가도 되죠?"

 기둥이 약하면 집이 흔들리듯이, 의지가 약하면 생활도 흔들린다!

각주구검(刻舟求劍) 찾을 장소를 배에 칼로 새김. 즉, 시세의 변천도 모르고 어리석고 미련하여 융통성이 없음을 뜻함

1884년　국내 최초 우표 발행
1992년　한국-슬로베니아, 한국-크로아티아, 국교 수립
1998년　금강산관광 1호선 [현대금강호] 첫 출항

	인터넷으로 메일을 보낼 때 가장 많이 활동하는 동물은?	골뱅이
	거시기는 표준어이다?	O (인칭, 지시 대명사)
	북한에선, **콜드크림**을 뭐라고 할까?	기름크림
	사과 100개를 가지고 산에 올라갈 때 반을 먹고, 내려올 때 반을 먹으면 몇 개가 남을까?	25개

엄마의 포기!

엄마가 화장대 앞에 앉아 얼굴에 콜드크림을 골고루 펴 바르고 있었다. 여섯 살 난 아들이 물었다.

"엄마 뭐하는 거야?"

"응! 엄마가 예뻐지기 위해서란다."

잠시 후 엄마가 화장지로 얼굴의 콜드크림을 닦아 내자 아들이 말했다.

"왜 닦아내? 엄마, 포기하는 거야?"

 실패는 바느질 할 때나 쓰이는 말이고, 포기는 배추 셀 때나 쓰이는 말이다!

인패위성(因敗爲成)
패한 것이 성공이 됨. 즉, 실패한 것이 바뀌어 성공이 됨을 뜻함

이순신 장군 노량서 전사　1598년
유네스코, 파리에서 제1차 총회　1946년
이병철 삼성그룹 회장 사망　1987년

 담배만 있고 불이 없는 사람은?　　　　　　　　　　불필요한 사람

 라이터는 성냥보다 먼저 발명되었다?　　　　　　　　　　O

 북한에선, **삿대질**을 뭐라고 할까?　　　　　　　　　　손가락총질

 많이 먹으면 힘이 빠지는 것은?　　　　　　　　　　나이

에디슨이 잘 한 것!

어느 집에 공부를 못하는 한 아이가 있었다. 하루는 화가 난 엄마가 아들을 앉혀 놓고 야단을 쳤다.

"아니, 넌 누구를 닮아서 그렇게 공부를 못하니? 제발 책상에 앉아서 공부 좀 열심히 해라!"

그러자 아들은 미안한 기색이 전혀 없이 당당하게 엄마에게 대꾸한다.

"엄마, 엄마는 에디슨도 몰라? 에디슨은 공부는 못했어도 훌륭한 발명가가 됐어. 공부가 전부는 아니잖아?"

그러자 화가 더 난 엄마는 아들을 향해 소리쳤다.

"이놈아. 에디슨은 영어라도 잘했잖아!"

 들을 준비가 전혀 되지 않은 사람에게 이야기하는 것은 혼자 떠드는 것과 마찬가지다!

마이동풍(馬耳東風)
말귀에 부는 동쪽바람. 즉, 남의 말을 귀담아 듣지 아니하고 지나쳐 흘려버림을 뜻함

1897년　독립문 준공
1910년　톨스토이 사망
2000년　인천국제공항을 잇는 영종대교 개통

☺	노처녀와 노총각이 결혼 못하는 이유는?	동성동본
✗	여성은 남성보다 작은 소리를 더 잘 듣는다?	O
🇰🇵	북한에선, **계명창**을 뭐라고 할까?	도레미화부름
🇰🇷	1년 12달 중, 달이 둥근 것은 모두 며칠?	365일

오늘의 유머

소음 공해!

동생이 음악을 좋아하는 어머니에게 생일 선물로 아주 좋은 피아노를 사드렸다. 몇 주 지나 형은 동생에게 어머니가 피아노를 잘 하고 있냐고 물었다.
"겨우 설득해서 클라리넷으로 바꾸게 했어."
"왜?"

"클라리넷을 불면서는 노래를 부르지 못하잖아!"

 나쁜 짓을 하다보면 점차 대범해지는 법이다!

임시방편(臨時方便)　임시로 쓰는 편리. 즉, 필요에 따라 그 때 그 때 정해 일을 쉽고 편리하게 치를 수 있는 수단을 뜻함

제1회 대한민국미술전람회(국전) 개최   1949년
행주대교 개통   1978년
IMF 구제금융 공식 요청   1997년

 다리 중 아무도 보지 못한 다리는?　　　　　　　　　　　　헛다리

 빈대는 정자(精子) 없이도 알을 생산할 수 있다?　　　　X (단위생식)

 북한에선, **관절통**을 뭐라고 할까?　　　　　　　　　　뼈마디아픔

 아버지 둘과 아들 둘이 도시락을 한 개씩 먹을 때 최소 몇 개가 필요할까?　3개(할아버지, 아버지, 아들)

오늘의 유머

사춘기 반항!

사춘기 시절. 한 아이가 반항심에 엄마와 싸우는데, 화가 난 엄마 왈……
"내 배 아파서 겨우겨우 낳아 놓았더니……. 이제는 대드는 거야?"
그 말에 화가 불끈 치솟은 반항아가 소리쳤다.
"누가 낳아달라고 부탁하기라도 했어요?"
그런데, 그 싸움을 조용히 듣고만 있던 여동생의 한마디로 반항아의 기가 꺾였다.

"필사적으로 난자까지 헤엄쳐간 건 오빠잖아!"

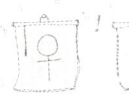

 강을 거슬러 헤엄치는 자만 강물의 세기를 안다!

승당입실(升堂入室)
마루에 올라와 방으로 들어옴. 즉, 모든 일은 순서가 있거나, 학문이 차츰 깊어짐을 뜻함

1963년 존 F. 케네디 피살
1966년 종합박물관 경복궁에 신축 기공
1999년 당산철교 재개통으로 당산역~합정역(지하철2호선)정상운행

 내려갈 때는 거북이보다 더 느리게 내려가고, 올라갈 때는 로켓보다 더 빨리 올라가는 것은? — 주유소 기름 값

 거북이 등에도 털이 있다? — X

 북한에선, **굴착기**를 뭐라고 할까? — 기계삽

 대학 시험을 망친 수험생이 떠오르기를 기다리는 달은? — 정원미달

오늘의 유머

좋은 소식과 나쁜 소식!

- 한 아줌마가 남편에게 전화했다.

남 편 : 무슨 일이야?

아줌마 : 여보, 좋은 소식과 나쁜 소식이 있어!

남 편 : 시간 없으니깐……. 좋은 소식만 빨리 말해봐!

아줌마 : 여보~ 있잖아. 자동차 에어백이 제대로 작동했어!…….

 말수가 적고 친절한 것은, 여성의 가장 좋은 장식이다!

불문가지(不問可知)
묻지 않고도 앎. 즉, 질문을 하지 않아도 짐작하여 알 수 있음을 뜻함

[소설(小雪)] 양력 11월 23, 24일 경
대한독립군단 결성 1920년
부산, 영도다리 개통 1934년
전두환 전 대통령 대국민사과문 발표 후 백담사 은둔 1988년

닭이 열 받으면 어떻게 되나?	후라이드 치킨
비행기의 **블랙박스**는 검정색이다?	X (노랑)
북한에선, **팥빙수**를 뭐라고 할까?	단얼음
타면 탈수록 더 떨리는 것은?	추위

오늘의 유머

여자는 태어나서 3번 칼을 간다!

1) 사귀던 남자 친구가 바람을 피울 때.

2) 남편이 바람을 피울 때.

3) 사위 녀석이 바람을 피울 때.

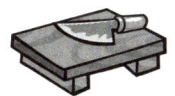

 맹세는 말에 지나지 않고, 말은 바람에 지나지 않는다!

금석맹약(金石盟約)
쇠와 돌에 맹세한 약속. 즉, 쇠와 돌같이 굳게 맹세해 맺은 약속을 뜻함

1632년　네덜란드 철학자 스피노자 출생
1949년　한국, 유엔식량농업기구(FAO)에 가입
1956년　한국-이탈리아, 국교 수립

☀	대형 교통사고가 났는데, 한 사람도 다친 사람이 없다. 어떻게 된 걸까?	모두 사망
✕	민물고기가 거슬러 올라가는 이유는 바다로 밀려가면 죽기 때문이다?	O
🗺	북한에선, **사례발표회**를 뭐라고 할까?	경험교환회
🗺	대 끝에 털이 난 것은?	붓

오늘의 유머

그것이 정말 알고 싶다!

1) 이제 곧 이사를 가야 하는데, 집주인이란 작자가 와서는 2년 전 우리가 이사 오던 때 같이 원상태로 복원시켜 놓고 가라니, 그 많은 바퀴벌레는 도대체 어디 가서 구하지?
2) 어떤 씨름 선수는 힘이 세지라고 쇠고기만 먹는 다는데 왜 나는 그렇게 물고기를 많이 먹는데 수영을 못할까?
3) 물고기의 아이큐는 3이라고 하는데, 그런 물고기를 잡았다가 놓치는 낚시꾼의 아이큐는 얼마일까?
4) 마누라가 온갖 정성을 들여 눈화장을 하고 나서 갑자기 선글라스를 쓰는 이유는 무엇일까?
5) 왜 하필 물가가 제일 비싼 시기에 명절을 만들어서 우리 같은 서민들을 비참하게 만드는 걸까?
6) '나 원 참!'이 맞을까, '원 참 나!'가 맞을까? 어휴 대학까지 다녀놓고 이 정도도 모르고 있으니 '참 나 원!'
7) 사귄지 얼마 안 된 그녀와 기차여행을 하는데, '터널이 이렇게 길 줄 알았다면 살짝 키스해 보는 건데…….' 하고 후회하고 있는데, 갑자기 그녀가 얼굴을 붉히더니 내 어깨에 기대면서 **"어머, 자기 그렇게 대담할 줄 몰랐어!"** 라고 한다. 도대체 어떤 놈일까?
8) 검은 머리가 파뿌리가 되도록 사랑하겠냐는 주례선생님. 도대체 대머리인 나는 뭘 어쩌라는 거야?
9) 70대 남편과 사별한 30대 미망인은 슬플까? 기쁠까?
10) 화장실 벽에 [낙서금지!]라고 쓰여 있는 것은 낙서일까? 아닐까?

 매사에 너무 한쪽으로 치우치는 것은 좋지 않다!

중용지도(中庸之道)
중용의 도. 즉, 극단에 치우치지 않는 평범한 속에서의 진실한 도리를 뜻함

금강철교 준공 1933년
나환자 요양을 위한 소록도 갱생원 완공 1939년
북한, 금강산 관광특구 첫 지정. 숙박·오락시설 투자허용 2002년

 뒤로 갈수록 위치가 높아지는 것은? — 극장좌석

 할로겐램프를 자주 껐다, 켰다 하면 수명이 단축된다? — X

 북한에선, **산책로(散策路)**를 뭐라고 할까? — 거님길

 꽃은 꽃인데, 캄캄해야 잘 보이는 꽃은? — 불꽃

오늘의 유머

불침번!

한 부대에서 일직사관이 순찰을 돌고 있었는데 아무리 둘러봐도 불침번 근무자가 보이지 않는 것이다.
일직사관은 "**불침번 어디 있어!**"라고 고함을 지르며 병사들을 깨웠다.
그러자 한 내무반에서 개미소리처럼 자그마하게,
"저……. 여기 있습니다." 라는 말이 들렸다.
다가가 보니 불침번이 이불을 덮고 누워 있는 것이 아닌가? 일직사관이 화가 나서 소리쳤다.
"아니, 근무자가 왜 이불속에 들어가 있나?" 그러자 불침번이 대답했다.
"네! 저는 지금 잠복근무를 하고 있습니다!"

 부하들이 상사를 싫어하게 되는 것은, 상사의 운명이다!

불면불휴(不眠不休)
자지도 않고 쉬지도 않음. 즉, 조금도 쉬지 않고 전력을 다해 애써서 일함을 뜻함

DAY 11월 26일 330/365

1394년 이성계, 한양 천도 시작
1958년 일본, 재일동포 북송 검토
1998년 대도 조세형 15년 만에 석방

☼	순전히 **깡**으로 한몫 보고 있는 회사는?	농심
✕	깊은 우물은, 여름철과 겨울철의 온도가 항상 일정하다?	○
(북한)	북한에선, **주차장**을 뭐라고 할까?	차마당
(남한)	약은 아픈 몸에 쓴다. 좋은 말은 어디에 쓸까?	경마(競馬)

오늘의 유머

맹구의 도시락!

맹구가 학교에서 배웠는지, 식사 때마다 "**감사히 먹겠습니다!**"라고 외치고 밥을 먹었다. 맹구의 엄마는 그런 맹구를 자랑스럽게 생각하고 있었다. 그런데 맹구가 소풍가는 날, 엄마가 너무 바빠서 깜박 잊고 반찬을 빼 놓고 밥만 싸주었다. 그것도 모르고 '룰루랄라!' 소풍을 간 맹구. 점심시간이 되어 엄마가 싸준 도시락을 열어본 후, 한참 동안 바라보고 있다가 말했다.

'간신히 먹겠습니다!'

🔊 인간은, 말하는 것은 태어나면서 바로 배우는 데 비해 침묵하는 것은 여간해서 배우지 못한다!

심사숙고(深思塾考)
깊이 잘 생각함. 즉, 어떤 일을 함에 있어서 충분히 생각하고 신중하게 결정함을 뜻함

노벨상 제정 1901년
홍수환 4전5기 신화 1977년
부시 미 대통령, 한국 여중생 2명 사망과 관련해 사과표명 2002년

 몸속에 있는 폭발물은? — 울화통

 라면은 양은냄비에 끓여 먹으면 더 맛있다? — O (급속가열)

 북한에선, **샹들리에(chandelier)**를 뭐라고 할까? — 무리등

 실은 실인데, 춤을 추면서 뽑아내야 잘 뽑아지는 실은? — 덩실덩실

자격!

TV에서 미인대회가 한창 열을 띠고 있었다.
"미인대회 하네!"라고 엄마가 중얼대자, 옆에 있던 맹구가 "미인대회가 뭐야?"고 물었다. 엄마는 "제일 예쁜 여자를 뽑는 대회!"라고 대답을 해주었다. 그러자 맹구가 말했다.
"근데 엄만 왜 안 나갔어?" 엄마는 맹구의 질문에 너무 기분이 좋아졌고, 누워서 TV를 지켜보던 아빠가 맹구에게 대신 일러주었다.
"엄만, 자격 없어!"
"왜? 엄마도 얼굴 예쁜데!"
"자식이 있어서 안 돼." 맹구는 고민 한 끝에 결심한 듯 말했다.

"엄마, 그럼 내가 죽을까?"

 자기통제를 벗어난 인간의 욕망은 걷잡을 수 없게 된다!

불요불굴(不撓不屈)
어지럽거나 굴하지 않음. 즉, 한번 결심한 마음이 흔들거리거나 굽힘이 없이 억셈을 뜻함

1969년   한국축구대표팀, 제2회 킹스컵 축구대회 우승
1980년   한·일 해저케이블 개통
1995년   한글 윈도95 시판개시

  목에 깁스를 한 사람은 어떻게 잠을 잘까?   눈을 감고 잔다

  무당벌레는 무당들이 입는 활옷의 색깔과 비슷해서 생긴 이름이다?   O

  북한에선, **서랍**을 뭐라고 할까?   빼랍

  들어갈 때는 다리가 먼저 들어가고, 나올 때는 목이 먼저 나오는 것은?   목욕탕

오늘의 유머

다시 태어나면!

어느 강의 장에서 강사가 물어보았다.
"여러분! 다시 태어난다면 지금의 부인과 결혼을 하시겠습니까?"
많은 사람들이 서로의 눈치를 보고 있는데……. 그러던 중 한 남자가 손을 들더니 말했다. "난, 지금의 부인과 살겠습니다!"
그러자 여기저기서 '우와. 대단하다!' 라고 감탄했다. 다시 강사가 물었다.
"부럽습니다. 그럼 만약에 부인이 싫다고 한다면 어떡하시겠어요?"
그러자 남자 왈…….
"그럼……. 고맙지요. 뭐!"

웃음과 감사는 최고의 항암제이고, 해독제이고, 방부제이다!

백골난망(白骨難忘)
백골이 된 후에도 잊을 수 없음. 즉, 큰 은혜나 덕을 입었을 때 감사의 뜻임

조선 태조2년 한양으로 천도(음력 10월28일)   1394년
하버드대학의 설립자 존 하버드 출생   1607년
제1차 남북체육회담 개최   1990년

 임꺽정이 타고 다니는 자동차는?　　　　　　　　　　으랏차차

 자전거를 타도 멀미를 한다?　　　　　　　　　　　　X

 북한에선, **횡단보도**를 뭐라고 할까?　　　　　　　　건늠길

 자동차 운전자가 가장 무서워하는 사람은?　　　무단 횡단하는 사람

구구단!

술주정꾼이 지프차 옆에서 '쉬~'를 하다가 그 차에 '4 X 4'라고 적힌 것을 보았다. 그는 참지 못하고 얼른 칼을 꺼내어 그 옆에다 '=16'이라고 새겨 넣었다. 다음 날, 그것을 본 차 주인은 투덜투덜 대며 그 부분에 도색을 했다.

그 날 저녁, 술주정꾼은 그 차에다가 또다시 '=16'이라고 새겼다. 다음 날, 화가 엄청난 차 주인은 정비공장을 찾아가 아예 '=16'이라고 칠을 했다. 그 날 저녁, 술주정꾼은 그 옆에다 (　)를 만든 다음 또 칼을 꺼내어 다음과 같이 새겼다.

정답!

 음주에 수반하는 큰 위험은 술에 한번 빠지면 억제할 수 없게 되는 것이다!

북창삼우(北窓三友)　북쪽 창의 세 친구. 즉, 거문고, 시. 술을 말하는데, 선비들이 서재에서 늘 가까이하며 즐겼던 것으로 마치 벗과 같다고 하여 삼우(三友)라고 의인화한 것을 뜻함

[무역의 날]
1963년   제1회 청룡영화상 시상
1964년   수출의 날 제정
1980년   TBC(동양방송), DBS(동아방송) 종방

 매월 말일만 되면 찢어지는 아픔에 시달리는 여자는? — 캘린더 걸

 제1경인고속도로와 제2경인고속도로 중에서 길이가 더 긴 것은 제2경인고속도로이다? — O

 북한에선, 스킨로션을 뭐라고 할까? — 살결물

 앞으로 나가면 옆에서 못 지나가고, 옆에서 지나가면 앞으로 못 나가는 것은? — 횡단보도

오늘의 유머

밀수!

유럽연합 EU는 우리나라 고속도로 톨게이트 지나듯이 국경을 지난다.
한 할아버지가 날마다 오토바이에 자갈을 싣고 두 나라를 오갔다.
세관원은 할아버지가 자갈 속에 분명 무엇을 숨겨 밀수하는 것 같아 자갈을 몽땅 쏟아 보았지만 아무것도 없었다. 100여 일이 계속되었지만, 심증은 있지만 증거를 잡을 수 없자 하루는 세관원이 할아버지에게 물었다.
"할아버지가 뭘 밀수하는지 너무 궁금해서 잠을 잘 수 없어요. 밀수하는 것을 눈감아 줄 테니 그게 무엇인지 가르쳐 주세요?"
할아버지가 대답했다.
"보면 몰라? 오토바이잖아!"

 경험이 많을수록 말수가 적어지고, 지혜를 터득할수록 감정을 억제한다!

무언실천(無言實踐)
말없이 실천함. 즉, 모든 일은 말만 앞세우지 말고 실천이 따라야 함을 뜻함

한국-독일, 국교 수립 1955년
국산승용차 1호 '포니' 생산 개시 1975년
KBS-TV, 첫 컬러 방영 1980년

 발 중에서 가장 못생긴 발은? 묵사발

 동상(凍傷)에 걸린 손은 찬물에 담가야 좋다? X (악화시킴)

 북한에선, **슬라이딩 태클**을 뭐라고 할까? 미끄러져 빼앗기

 약은 약인데, 못 먹는 약은? 화약(火藥)

오늘의 유머

제비와 사모님!

제비가 연령대별 사모님들과 춤을 추다보니 새로운 사실들을 알았다.
한 바퀴 '휙~!' 돌려 '착!' 안기는 춤을 추다보니 가지각색이다.
30대 : 한 바퀴 돌리면 다시 제비의 품에 '착!' 안긴다.
40대 : 한 바퀴 돌리면 다른 제비의 품에 안겨있다.
50대 : 한 바퀴 돌리면 중심을 잃고 저쪽 구석 모퉁이에 '콱!' 박혀 있다.
　　　'사모님 긴장 많이 하셨어요?'라고 물어보면, '김장 많이 하셨어요?'라고 듣고는
　　　'예, 50포기 했어요!'라고 말한다.
60대 : 한 바퀴 돌리면, 춤 끝날 때까지 잃어버린 짝을 찾아다니면서 묻는다.
　　　"집이가 기여?" "집이가 기여?"

 나쁜 사람을 가까이 하면 착한 사람이 멀어진다!

생무살인(生巫殺人) 선무당이 사람을 잡음. 즉, 기술과 경험이 적은 사람이 일을 한다고
　　　　　　　　　나섰다가 도리어 화를 초래함을 뜻함

1901년 질레트, 일회용 안전면도기 발명
1961년 재향군인회 결성
2002년 로또복권 발매 시작

 발등이 앞으로 향하는 이유는? — 줄 서 있을 때, 뒷사람에게 밟히지 말라고

 코끼리의 체온은 귀로 잰다? — X (항문)

 북한에선, **시럽(syrup)**을 뭐라고 할까? — 단물약

 코끼리 코를 달고, 소리 내며 먼지를 배불리 먹는 것은? — 청소기

오늘의 유머

명답!

교사 : 철수야, 지도에서 아메리카 대륙을 찾아보렴.
철수 : 찾았어요!
교사 : 그래, 참 잘했다. 여러분, 아메리카 대륙을 발견한 사람이 누구죠?
아이들 : 철수요~!
교사 : 여러분, 10년 전에는 없었는데, 지금은 있는 게 뭐죠?
철수 : 저요~!
교사 : 그래, 철수가 답을 말해보렴.
철수 : 아이 참. 선생님, 저라니까요~!

 내일에 아무런 도움이 되지 않는다면, 당신의 과거는 쫓아버려라!

을축갑자(乙丑甲子)
갑자을축이 바른 차례인데, 그 차례가 바뀜과 같이 일이 제대로 안되고 순서가 바뀜을 뜻함

[소비자의 날]
에디슨 전등 발명 1879년
기독교청년회관(YMCA) 개관식 1908년
중부고속도로 개통 1987년

DAY 12월 3일 337/365

 장사꾼들이 제일 좋아하는 색은? — 구색

 단 것을 많이 먹으면 눈이 나빠진다? — O (비타민B가 소모되어 눈이 나빠짐)

 북한에선, **슬리퍼**를 뭐라고 할까? — 끌신

 못 사는 사람이 많을수록 잘 살게 되는 사람은? — 철물점 주인

오늘의 유머

개 사료!

한 사료 제조회사에서, 유기농 원료를 사용한 프리미엄 고급 개사료에 대한 제품설명회를 했다. 담당직원의 설명이 끝나자 참석자가 물었다.

참석자 : 사람이 먹어도 됩니까?
직　원 : 못 먹습니다!
참석자 : 유기농 청정원료로 영양가 높고, 위생적으로 제조된 개사료를 왜 먹지 못한단 말입니까?
그러자 그 직원이 말했다.

"비싸서 못 먹습니다!"

 신용카드로 사면 1번 생각하지만, 현금으로 사면 2번 생각한다!

취사선택(取捨選擇)
취할 것은 취하고 버릴 것은 버림. 즉, 취할 것을 버리거나 버릴 것을 취하면 안 된다는 뜻임

1947년   불가리아, 터키로부터 독립
1970년   남산 제2호 터널 개통
1982년   영화 [ET] 개봉

	궁색한 변명을 늘어놓는 사람들이 많이 보는 책은?	궁여지책
	여성은 남성보다 눈을 깜박거리는 횟수가 더 많다?	O (2배)
	북한에선, 오븐 레인지(oven range)를 뭐라고 할까?	지짐곤로
	키다리 둘에서 수많은 베개를 베고 누워 있는 것은?	철도

오늘의 유머

통역!

엄마의 간절한 기도소리를 들은 맹구가 기도가 끝나자마자 엄마에게 물었다.
"엄만, 지금 누구에게 기도를 한 거야? 이 자리엔 아무도 없는데."
"하나님께!"
"하나님이 한국말을 알아들으실까?"
"물론이지."
미국인, 프랑스인, 독일 사람들의 기도소리도 들을 수 있다는 게 엄마의 설명……
맹구는 궁금했다.
"이 많은 나라의 언어를 누가 통역해?"
"예수님!"
"아하! 기도 끝에 꼭 '예수님 이름으로 기도 드립니다!' 하는 이유가 거기에 있는 거구나!"

 세상엔 증거 없이도 알 수 있는 일이 많다!

- 타상하설(他尙何說)
  다른 무엇을 말할 필요가 없음. 즉, 한 가지를 보면 다른 것은 보지 않아도 헤아릴 수 있음을 뜻함

청계천 복개도로 개통 1961년
국민교육헌장 선포 1968년
영동선 완전 전철화 개통 1975년

 절벽에서 떨어지다가, 나무에 걸려 살아난 사람은?   덜 떨어진 사람

 코털은 뽑는 것이 위생건강에 좋다?   X (코털은 먼지와 세균을 걸러 줌)

 북한에선, **멸균**을 뭐라고 할까?   균깡그리죽이기

 입을 벌리고 혀를 쑥 내밀어도 화를 내지 않는 사람은?   치과의사

내장수술!

만난 지 일주일째 되는 선남선녀. 남자가 여자의 크고 예쁜 눈을 들여다보며 행복한 표정을 짓는다.
남자 : 눈이 참 크고 맑군요!
여자 : 이거 수술 한 눈이예요. 쌍꺼풀수술.
남자 : 코가 오똑한 게 마치 조각 작품 같아요.
여자 : 세웠어요.
남자 : 피부도 곱네요. 주름살 제거수술을 했나보죠? 그리고 풍만한 가슴과 미끈한 다리를 가지고 있는데, 그거 진짜요?
여자 : 아니요. 돈 많이 투자한 예술 작품이예요.
남자 : 한심스럽군. 진짜 댁의 것은 어떤 거요?
여자 : 내장은 다 오리지널, 제 거예요.
남자 : 기왕지사 내장도 수술해버리지 그랬소?
여자 : 네?
남자 : 쓸개가 빠져 있고, 간덩이가 부어 있고, 허파에 바람이 심하게 들어가 있으니까!

 사랑의 행위에는 고문 혹은 외과수술과 대단히 유사한 구석이 있다!

금의옥식(錦衣玉食)
비단옷과 흰쌀밥. 즉, 분수에 넘친 사치스러운 생활을 뜻함

1949년   첫 징병검사 실시
1995년   불국사, 석굴암, 팔만대장경, 종묘 세계문화유산으로 등록
2000년   팔만대장경 CD롬 봉정식

 절은 엄숙한 곳인데, 소란스럽고 요란한 절은? — 안절부절

 비누로 얼굴을 자주 씻으면 여드름이 줄어든다? — X (피지선이 자극받아 지방분비가 더 활발해짐)

 북한에선, 인화성(引火性)을 뭐라고 할까? — 불당김성

 거품을 키우면서 작아지는 것은? — 비누

오늘의 유머

불행 중 다행?

의사 : 좋은 소식과 나쁜 소식이 있습니다. 어느 쪽부터 듣고 싶으십니까?
환자 : 나쁜 것부터 들어보고 싶군요.
의사 : 암입니다. 길어야 앞으로 2년입니다.
환자 : 이럴 수가!? 그럼 좋은 소식은 뭡니까??
의사 : 치매도 겹쳤습니다. 내일이면 제가 한 말을 모두 잊어버리게 될 겁니다!

 실컷 산다는 것은 100살이 넘게 사는 것이 아니라, 하루하루를 죽도록 열심히 사는 것이다!

불가항력(不可抗力)
막을 힘이 없음. 즉, 천재지변과 같이 사람으로서는 어찌 할 수 없는 거대한 힘을 뜻함

[대설(大雪)] 양력 12월 7, 8일 경
일본, 진주만 기습공격 1941년
10개 사범학교 교육대학으로 승격 1961년
국내에서 에이즈 치료백신 개발 1999년

 눈 오는 날을 두 글자로 표현하면?   설(雪)날

 눈이 내리면 길거리 **소음(騷音)**이 줄어든다?   O (눈은 탁월한 흡음기능이 있음)

 북한에선, **일교차**를 뭐라고 할까?   하루차

 두 다리는 길고 튼튼하지만 몸뚱이는 갈비뼈뿐인 것은?   사다리

무섭겠다!

어느 샐러리맨의 메모
오늘 아침, 셔츠 단추를 끼우는데 단추가 옷에서 떨어져 나갔다.
그리고 나서 서류가방을 들었는데 가방 손잡이가 떨어져 나갔다.
그리고 문을 열려고 문고리를 잡았는데, 문고리가 또 떨어져 나갔다.
이번엔, 버스에 올라타서 손잡이를 잡았더니 손잡이도 떨어져 나갔다.
오늘은 내가 무얼 잡기만 하면 떨어져 나간다.
그리고 나는 지금…….

소변보는 게 두렵다!

 위험에 대한 공포는 위험 그 자체보다 몇 배나 더 크다!

호미난방(虎尾難放)   호랑이 꼬리를 잡으면 놓기가 어려움. 즉, 위험한 일에 손을 댔다가 이러지도 저러지도 못하는 경우를 뜻함

1863년 조선 제25대 임금 철종 사망
1924년 경남도청, 진주에서 부산으로 이전 결정
1999년 [스타워즈] 20세기 최고영화로 선정

 펄펄 끓는 물에 손을 집어넣었다를 한 글자로 표현하면? | 앗!

 오른손잡이가 왼손잡이보다 평균적으로 더 오래 산다? | O (9년 정도)

 북한에선, **자유투**를 뭐라고 할까? | 벌넣기

 돈은 돈인데, 물건을 살 수 없는 돈은? | 사돈

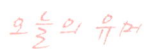

장수 인터뷰!

115세의 나이로 기네스북에 등재된 할아버지를 기자가 찾아가 인터뷰를 했다.

"할아버지 소원이 무엇이에요?"
"아, 내 소원은 별거 아니고, 여자 친구 좀 소개시켜줘."
– 깜짝 놀란 기자가 다시 물었다.
"할아버지. 그럼 어떤 여성으로 소개시켜드릴까요?"

"음, 연상의 여인으로 소개시켜줘……."

 연애란 우주를 단 하나의 사람으로 줄이고, 그 사람을 신에 이르게까지 한다!

단순호치(丹脣皓齒)
붉은 입술과 하얀 이. 즉, 여인의 아름다운 얼굴을 뜻함

공군 첫 제트기 조종훈련 시작　1954년
한국 최초의 TV 일일연속극 [눈이 나리는데] 방영　1964년
이승복군 무장공비에 의해 피살　1968년

 정말로 먹고살기 어려운 사람은? — 위장병 환자

 뇌(腦)는 텔레비전을 보고 있을 때 보다 자고 있을 때 더 활발하게 움직인다? — O

 북한에선, 장단점(長短點)을 뭐라고 할까? — 우단점(優短點)

 하나님도 부처님도 다 싫어하는 비는? — 사이비

바보는?
1) 행동이 느리고, 긴장하거나 초조해 하지 않는다.
2) 순수하고, 감정에 거짓이나 꾸밈이 없다.
3) 사악함이 없고, 해를 끼칠 줄 모른다.
4) 과거의 일을 기억하여 누구를 미워할 줄 모르고, 언제나 웃고 있다.
5) 자기 이익을 위해 남을 모함할 줄 모르고, 스트레스를 받지 않는다.
6) 생각이 단순하고, 아무 물질적 욕심도 없다.
7) 남의 눈치를 보지 않고, 남에게 잘 보이기 위해 가식적인 행동을 하지 않는다.
8) 욕심이 없고, 하고 싶거나 해야 한다고 생각하는 일을 열심히 한다.
9) 다른 사람의 행동을 선입견 없이 받아들이고, 인사를 잘 한다.
10) 언제나 여유 있게 살고, 자기 자신을 비하하지 않는다.
　　그리고 힘이 세고, 건강하다. 그래서 늘 행복하당~

 오늘은 바보가 되어보는 하루를 살아보자!

우공이산(愚公移山)
어리석은 노인이 산을 옮김, 즉, 꾸준하게 끝까지 한다면 아무리 큰일이라도 할 수 있다는 뜻임

1901년 제1회 노벨상 시상식
1926년 유일한, 유한양행 설립
2000년 김대중 대통령, 노벨평화상 수상

예쁜 여자들이 좋아하는 벌은?	재벌
사형수가 사형집행일 하루 전날, 맹장이 터지면 형 집행이 정지된다?	O
북한에선, **전기 드릴**를 뭐라고 할까?	전기송곳
시간을 멈추게 하는 것은?	사진

오늘의 유머

아이의 관점!

- 씨　　앗 : 이건 작지만 들어 있을 건 다 있어요!
- 걱　　정 : 아빠가 출장을 가도 계속 남아 있는 거예요!
- 인어공주 : 이건 아래랑 위랑 바뀌면 안 돼요!
- 방　　귀 : 아빠가 제일 크고 그 다음이 나예요. 엄마가 제일 작아요!
- 손　　님 : 이 사람이 가고 나면 막 혼나요!
- 새 치 기 : 이걸 하려면 아는 사람이 있어야 돼요!
- 세 뱃 돈 : 큰 건 엄마가 갖고 작은 건 내가 가져요!
- 콧 구 멍 : 이건 손가락만해요!
- 만　　세 : 엄마랑 목욕하면 이걸 꼭 해야 돼요!
- 　　　정 : 이게 있으면 물건을 못 버려요.
- 변　　신 : 엄마가 아빠랑 외출할 때마다 이걸 해요!
- 광　　고 : 전부 맛있다고만 하고, 맛없다는 사람은 아무도 없어요!
- 이　　름 : 엄마는 자기 걸 안 쓰고 내 걸 많이 써요!

 일은 나중에 다시 할 수 있지만, 아이들의 어린 시절은 다시 오지 않는다!

자문자답(自問自答)
스스로 묻고 스스로 대답함

육군병원 개설 1901년
수도방위사, 수도경비사로 개편 1963년
지구온난화 방지를 위한 [교토기후협약] 채택 1997년

 종이 하나로는 쇠를 만들 수 있지만, 쇠 하나로는 종이를 만들 수 없는 것은? — 지폐와 동전

 백열전구 아래서의 물체는 무겁게 느껴지고, 형광등 아래서는 가볍게 느껴진다? — O

 북한에선, **백열전구**를 뭐라고 할까? — 불알

 터지면 터질수록 나쁜 것은? — 전쟁

계급의 의미?

군대에서, 작대기 하나인 이병의 의미는, 신병훈련을 마치고 이제 능히 혼자서 1명의 적을 상대할 수 있는 전투력이 있다는 의미.
작대기 두 개인 일병의 의미는, 능히 혼자서 2명의 적을 상대할 수 있는 내공이 있다는 의미.
작대기 세 개인 상병의 의미는, 능히 혼자서 3명의 적을 섬멸할 수 있는 군인정신이 있다는 의미.
그럼 병장은 어떤 의미일까?
제대를 앞두고 있어 군기가 빠졌기 때문에, 네 명의 병장이 모여야 겨우 1명의 적을 상대할 수 있다는 의미다!

 지옥이란 인간이 희망을 잃어버린 상태를 말한다!

전도양양(前途洋洋)
앞길이 훤함. 즉, 앞날이 환하게 열려 희망에 차 있음을 뜻함

1940년 　아인슈타인 박사, 미국에 귀화
1979년 　12·12사태. 전두환, 노태우 등 권력 장악
1996년 　한국, 경제협력개발기구(OECD) 29번째 회원국으로 가입

| | 창밖에 여자보다 더 불쌍한 여자는 누구일까? | 창틀에 낀 여자 |

 냉수마찰(冷水摩擦)과 춥게 자는 것은 감기예방에 좋다?　　X

 북한에선, **접착제를** 뭐라고 할까?　　붙임풀

 둘이서는 할 수 있고, 혼자서는 할 수 없는 것은?　　결혼

오늘의 유머

아내의 질투!

아내가 남편에게 물었다.
"자기 결혼 전에 사귀던 여자 있었어? 솔직히 말해봐 응?" "응 있었어." "정말? 사랑했어?" "응 뜨겁게 사랑했어." "뽀뽀도 해봤어?" "해봤지." 아내는 드디어 화가 났다.
"지금도 그 여자 사랑해?" "그럼 사랑하지. 첫사랑인데……."
완전히 화가 난 아내가 소리를 빽 질렀다.
"그럼 그 여자하고 결혼하지 그랬어?" 그러자 남편이 얘기했다.

"그래서, 그 여자하고 결혼했잖아!!!"

 남자란 크게 자라난 어린아이이고, 여자란 지나치게 자라난 어린아이다!

남부여대(男負女戴) 　남자는 짐을 등에 지고 여자는 머리에 임. 즉, 가난한 사람이나 재난을 당한 사람들이 살 곳을 찾아 이리저리 떠돌아다님을 뜻함

고종 즉위   1864년
한국 최초의 비행사 안창남 15도 고도 비행에 성공   1921년
구총독부 건물 완전 해체   1996년

 동그란 모양인데, 만지면 물렁물렁하고 끝에 꼭지가 있는 것은?   풍선

 밥을 빨리 먹으면 방귀를 더 자주 뀌게 된다?   O (음식물과 함께 더 많은 공기가 체내로 들어감)

 북한에선, **생리통을** 뭐라고 할까?   달거리아픔

 날개도 없이 날아가는 것은?   풍선

슬며시 웃음이 날 때…….

1) 남자 꼬마 애랑 여자 꼬마 애랑 '**여보, 여보!**' 속삭이며 소꿉장난 하는 걸 볼 때
2) 배고픔에 지쳐 혼자 라면을 끓여 먹는데 달걀노른자가 두 개 일 때
3) 친구에게 안녕하며 뒤 돌아보다가 전봇대에 꽝하고 부딪혔을 때
4) 엄마 등에서 잠든 아기가 조그만 입을 오물거릴 때
5) 예전에 다녔던 초등학교에 놀러가서 그렇게 높아만 보이던 축구 골대랑 담벼락이 유난히 작게 느껴질 때
6) 아빠 젊은 시절 해변에서 한껏 폼 잡고 찍은 수영복 사진을 오래된 앨범에서 보았을 때
7) 구걸하는 할머니를 다들 외면하고 가는데, 어디서 뛰어온 꼬마가 땡그랑 동전을 넣는 것을 보았을 때

 웃음은 어떤 언어로도 번역될 수 있다!

홍연대소(哄然大笑)
큰 소리로 껄껄대고 웃는 것을 뜻함

1926년   김구 임시정부 국무령에 취임
1939년   [바람과 함께 사라지다] 개봉
1967년   스탠퍼드 대학, DNA 인공합성에 성공

 이것은 네 땅이다를 영어로 표현하면? — 디즈니랜드

 음악기호 #과 b 중, 먼저 생겨난 것은 b이다? — O (15세기까지 b만 썼고, 17세기 중반부터 #을 씀)

 북한에선, **지시대명사**를 뭐라고 할까? — 가리킴대명사

 슬픈 음악을 좋아하는 사람이 가장 즐거울 때는? — 슬픈 음악을 들을 때

오늘의 유머

메트로놈!

전직 피아니스트인 택시기사는 첼로 가방을 들고, 땀을 뻘뻘 흘리며 허둥대는 첼리스트를 태웠다.

택시기사 : 손님 어디로 모실까요?
첼리스트 : 국립음악당으로 가주세요!
택시기사 : '**안단테**'로 몰까요? 아니면, '**알레그로**'로 몰까요?
첼리스트 : '**비바체**'로 몰아주세요!

 결정은 최선을 다해 신중하게 하고, 행동은 최선을 다해 빠르게 하라!

기호지세(騎虎之勢) 호랑이를 탄 기세. 즉 호랑이를 타고 달리는 사람이 도중에서 내릴 수 없는 것처럼 도중에서 그만 두거나 물러설 수 없는 내친 형세를 뜻함

제1 야전군사령부 창설　1953년
월트 디즈니 사망　1966년
북한 개성공단 첫 제품 생산　2004년

DAY 12월 15일 349/365

 이것은 코다를 영어로 표현하면? — 디스코

 음료수병에 음료수를 조금 덜 채우는 것은 **원가절감(原價節減)** 때문이다? — X (마개가 빠지거나 병이 압력에 의해 깨지는 것을 방지하기 위함)

 북한에선, **퇴비(堆肥)**를 뭐라고 할까? — 풀거름

 타기 전에는 까맣고, 타고나서는 하얗게 변하는 것은? — 연탄, 숯

조폭과 아줌마의 공통점?

1) 갈수록 겁이 없어진다.
2) 몸에 문신이 있다.
3) '**형님!**' 이라는 호칭을 쓴다.
4) 떼로 몰려다닌다.
5) 수치심이 없어진다.
6) 자기 가족을 잘 챙긴다.
7) 칼질을 잘한다.

 격렬(激烈)한 말은, 이유가 박약하다는 것을 증명하고 있는 것이다!

일도양단(一刀兩斷)
한칼로 쳐서 둘로 나눔. 즉, 일이나 행동을 머뭇거리지 않고 선뜻 결정함을 뜻함

1984년   여수 돌산 연육교 개통
1995년   축구 응원단 [붉은 악마(Red Devils)] 탄생
1997년   위안부 참상 첫 증언한 김학순 할머니 별세

 이것은 코가 아니다를 영어로 표현하면? — 이코노

 순한 담배를 피우면 폐암이나 기타 여러 질병들의 위험으로부터 조금은 더 안전하다? — X

 북한에선, **축약(縮約)**을 뭐라고 할까? — 소리줄이기

 적에게 등을 보여야 이기는 것은? — 달리기

썰렁할까? 안 할까?

맞선을 본 남자가 어색한 분위기를 없애기 위해 말문을 열었다.
남자 : 수박이 왜 수박인지 아세요?
여자 : 몰라요.
남자 : 그럴 수밖에……. 그럼 만두는 왜 만두인지 아세요?
여자 : 몰라요.
남자 : 그럴 만두하지!
 -이 촌스러운 유머에 기가 막힌 여자도 퀴즈로 응대한다.
여자 : 저기요, 그럼 만두 두 개를 뭐라고 하는 줄은 아세요?
남자 : 뭔데요?
여자 : 그 만 두 개!

 대단한 것처럼 보이는 멍청한 사람들은, 대개 대단한 멍청이들이 만들어 낸 것이다!

유아독존(唯我獨尊)
오직 자신만 홀로 존재함. 즉, 이 세상에서 오직 자기만이 잘났다고 뽐내는 일을 뜻함

라이트형제, 세계 최초 비행 성공   1903년
구마고속도로 개통   1977년
한국 최초 여성변호사 이태영 여사 별세   1998년

DAY 12월 17일 351/365

이것은 다시 코다를 영어로 표현하면?	도루코
스킨십(Skinship)이란 단어는 영어사전에 없다?	O
북한에선, 컨테이너(container)를 뭐라고 할까?	뒤주차
꼬리는 있지만 짐승은 아니고, 날개는 있지만 새는 아닌 것은?	물고기

오늘의 유머

성 전환!

한 남자가 직장일이 너무 힘들어 여자가 되게 해 달라고 하나님께 기도했다.
소원이 이루어져 여자가 되었지만, 일이 너무 많았다. 밥하고, 빨래하고, 청소하고, 애들 씻기고……. 피곤해서 자려는데 이번에는 남편이 들이대고…….
남자는 여자의 인생도 별것이 없다는 것을 느끼고, 아침이 되자마자 하나님께 다시 기도했다.
"다시 남자로 돌아가게 해주세요!"
그러자 하나님이 아주 곤란한 표정으로 말씀하셨다.

"안 된다. 넌 이미 어제 저녁에 임신을 했다!"

아직도 인생을 팔자라고 생각하는가? 불행은 준비된 사람에게는 작은 교훈일 뿐이다!

거무구안(居無求安)
아쉬움이 없는 곳에 머뭄. 즉 살아감에 있어서 편한 것만 구하지 말라는 뜻임

1811년   홍경래의 난
1865년   미국, 노예제 폐지.
1973년   한국-방글라데시, 국교수립

	날마다 길에서 자동차에게 윙크하고 있는 것은?	신호등
	음색(音色)이 인간의 목소리와 가장 비슷한 현악기는 **하프**이다?	X (첼로)
	북한에선, **현악기(絃樂器)**를 뭐라고 할까?	줄악기
	옮기면 옮길수록 점점 커지는 것은?	소문

상하 대칭인 성공 인생!

 3세 때 : 바지에 오줌 싸지 않는 것
10대 때 : 좋은 친구와 즐겁게 노는 것
20대 때 : 섹스에 성공하는 것
30대 때 : 돈을 버는 것
40대 때 : 돈을 버는 것
50대 때 : 섹스에 성공하는 것
60대 때 : 좋은 친구와 즐겁게 노는 것
70대 때 : 바지에 오줌 싸지 않는 것

 사람은 성공한 사람처럼 행동함으로써 성공한다. 태도란 이렇게 중요한 것이다!

박학심문(博學審問)
널리 배우고 자세하게 물음. 즉, 배우는 사람이 반드시 명심해야 할 태도를 뜻함

윤봉길 의사 순국 1932년
한국-스위스 국교 수립 1962년
세종과학기지 기공식(남극 킹조지섬) 1987년

DAY
12월 19일
353/365

장화홍련전에서 장화의 남동생은 장철이다. 그러면 장화에 여동생 이름은?	홍련
그리스문자의 처음은 **알파**다. 그럼 마지막 문자는 **오메가**이다?	O
북한에선, **계모(繼母)**를 뭐라고 할까?	후어머니
방울은 방울인데, 흔들어도 소리 안 나고 나무에 달려 있는 것은?	솔방울

양아치와 주정뱅이!

어느 날, 동네에서 사납기로 소문난 양아치가 포장마차에서 술을 마시고 있었다. 잠시 후 어떤 술 취한 사람이 나타나 양아치한테 시비를 걸며 술주정을 하기 시작했다. "야. 너 양아치 맞지?" "……." 다행히 양아치는 가만히 있었고, 주위 사람들은 모두 안도의 한숨을 쉬었다. 하지만 주정뱅이의 악담은 거기에서 끝나지 않았다. "이놈이 어른이 말씀하시는데 대답도 안하네!" "……." "야. 나, 어제 너희 엄마랑 잤다!" 사람들은 모두 경악을 금치 못했다. 하지만 양아치는 여전히 가만히 있었다. "네 엄마, 어제 죽이던데?" 드디어 양아치가 벌떡 일어섰다. 사람들은 '이제 저 사람은 큰일 났구나!' 하고 생각했다. 양아치가 조용히 말했다.
"아버지, 취하셨어요. 그만 가시죠!"

 남자는 결혼을 하던 안 하던, 평생 6살짜리 아이로 살아간다!

수주대토(守株待兎) 토끼를 잡으려 그루터기만 지킴. 즉, 한 가지 일에만 얽매여 발전을 모르는 어리석은 사람을 비유적으로 이르는 뜻임

1965년　섬진강댐 준공
1999년　한국-미국 범죄인 인도조약 발효
1999년　국내최초 관측위성 [아리랑1호] 발사

 기원 전에 사용했던 화폐는? — BC카드

 현존하는 사람의 몸무게를 합친 것과, 현존하는 개미의 몸무게를 합친 것을 비교하면 사람이 더 무겁다? — X (개미가 더 무겁다)

 북한에선, 표절(剽竊)을 뭐라고 할까? — 도적글

 새치기를 잘 하면 돈을 버는 사람은? — 새 장수

더특!

여덟 살 된 맹구 엄마가 쌍둥이를 낳자 아빠는 좋아서 어쩔 줄 몰랐다. 아빠는 입에 웃음을 머금고 맹구에게 말했다. "맹구야, 선생님께 네 동생이 생긴 것을 이야기하면 틀림없이 하루 쉬라고 할 거야." 다음 날 맹구는 하교 후 집으로 달려와 아빠에게 말했다. "아빠 나 내일 학교에 안 가도 돼!" "선생님께 쌍둥이 동생이 생겼다고 얘기 했어?" 그러자 맹구가 대답했다.

"아니, 난 여동생만 생겼다고 했어. 또 하나는 뒀다가 다음에 써먹을 거야!"

 한 가지 일을 경험하지 않으면, 한 가지 지혜가 자라지 않는다!

대담무쌍(大膽無雙)
대담한 것이 쌍이 없음. 즉, 대담한 것으로 따져봤을 때 그와 상대할 만한 사람이 없다는 뜻임

그리스도전도회, 구세군으로 개칭   1878년
경인고속도로 – 경수고속도로 개통   1968년
중국, 광개토대왕비를 1급 보물로 선정   1981년

DAY 12월 21일 355/365

 스포츠 경기 때마다 바빠지는 역은?   중계역

 땀을 많이 흘리면 건망증(健忘症)이 생긴다?   O (체온을 낮추기 위해 피부로 많은 혈액을 보내지므로 뇌 속에 들어가는 혈액 양이 감소되어 건망증이 생김)

 북한에선, 프리킥을 뭐라고 할까?   벌차기

 가위바위보 중에서 가장 먼저 태어난 것은?   주먹(먼저 주먹을 쥐고 시작함)

부부 일심동체!

한 할머니와 할아버지가 자동차 여행 중에 휴게소에 들러서 점심을 먹고 나왔다.
하지만, 한참 달리는 도중에 할머니가 선글라스를 식당에 놓고 그냥 나온 것이 떠올랐다.
"영감, 차를 좀 돌려서 아까 그 휴게소로 좀 빨리 갑시다!"
"아니, 왜?"
"내가 깜박하고 선글라스를 식당에 놓고 왔지 머유~"
"아이고, 정신 나간 할망구 같으니라고……."
할아버지는 아무 말 없고 다음 인터체인지에서 차를 돌려 다시 휴게소에 도착했다.
할머니는 누가 가져갔을까 싶어 급하게 내리는 데, 할아버지가 할머니에게 말했다.
"할멈……. 들어가는 김에 내 모자도 좀 집어와!"

내가 옳았을 때는 거의 기억하지 못하면서, 내가 틀렸을 때는 꼭 기억하는 게 상사이다!

사면초가(四面楚歌)   사방에서 초나라의 노래 소리가 들림. 즉, 주위에 온통 적들만 있고 도와주는 이는 없는 경우를 뜻함

[동지(冬至)]
1823년 프랑스 곤충학자 파브르 출생
1992년 광케이블망 국내 첫 개통
1992년 한국-베트남, 수교

 가장 마지막에 나는 이(齒牙)는? — 틀니

 동짓날 팥죽을 끓여 먹는 것은 팥죽에 영양분이 많기 때문에 영양부족을 해결하기 위함이었다? — X (귀신을 쫓기 위함)

 북한에선, **치약**을 뭐라고 할까? — 이닦기약

 24절기 중, 가장 나중에 있는 절기는 동지이다? — O

치아보튼법 베스트 3

건강한 치아를 오래 유지하려면, 다음 3가지 규칙을 잘 지켜야 한다!

1) 식후엔 반드시 칫솔질을 할 것! (3분 안에 3분 동안)

2) 1년에 두 번은 꼭 치과의사를 찾아 갈 것!

3) 남의 일에 쓸데없이 말참견하지 말 것!

말하는 사람은 조언(助言)이라 생각하지만, 듣는 사람에겐 참견(參見)일 뿐이다!

 동족방뇨(凍足放尿)
언 발에 오줌 누기. 즉, 한때 도움이 될 뿐 곧이어 효력이 없어져 더 악화되는 일을 뜻함

한국-에티오피아 국교 수립 1963년
정부종합청사 준공 1970년
아시아나항공, 서울-광주노선 첫 취항 1988년

 가짜 꿀을 만들 때, 가장 많이 들어가는 재료는?   진짜 꿀

 신문의 부고(訃告)난을 **검은 선**으로 구별해 놓은 것은 우리나라 풍속이다?   X (서양신문 풍속)

 북한에선, **훌라후프**를 뭐라고 할까?   돌림틀

 하루만 지나도 헌 것이 되는 것은?   신문

황당한 신문팔이 소년!

한 소년이 큰 소리를 치며 뛰어 다니면서 신문을 팔았다.
"50명이 사기를 당했어요! 50명이……!"
그러자 한 신사가 호기심 어린 눈으로, 소년에게 다가와서 신문을 샀다. 그리고는 신문 머리기사의 첫 페이지를 자세히 읽었다.
"얘야. 50명이 사기 당한 기사가 어디 있냐? 아무리 찾아도 안 보이는데!"
그러자 소년은 다시 뛰기 시작하면서 소리쳤다.

"51명이 사기를 당했어요. 51명이……!"

 불행한 사람들의 공통점은, 또 다른 불행한 사람들에 의해 위로를 받는 것이다!

불문곡직(不問曲直)
굽고 곧은 것을 묻지 않음. 즉, 일의 옳고 그름을 묻지 아니하고 다짜고짜 행동함을 뜻함

1457년 단종, 유배지에서 사약 받고 사망
1891년 구세군 자선냄비 미국에 첫 등장
1934년 시인 김소월 사망

야채와 과일 장수가 가장 싫어하는 해외의 도시는?	시드니
사람의 체온이 27℃에 이르면 동사(凍死)한다?	O
북한에선, 회전문을 뭐라고 할까?	도는 문
문제가 없으면 나도 없다고 하는 것은?	답(畓)

오늘의 유머

이혼한 인형!

크리스마스이브 날 엄마와 딸이 백화점에 쇼핑을 갔다.
딸이 '바비인형'을 사고 싶어 하자 종업원에게 물었다.
"이 '바비인형' 얼마죠?"
"네, 이건 2만원이고, 조금 비싼 건 5만원이고, 아주 비싼 건 '이혼한 바비인형'인데, 20만 원입니다."
"왜 '이혼한 바비인형'은 비싸지요?"
여자가 묻자 종업원이 답했다.

"'이혼한 바비인형'은 위자료로 상품권이 딸려 나오거든요!"

 사람은 생긴 대로 놀지만, 논대로 생긴다!

방약무인(傍若無人)
곁에 사람이 없음. 즉, 남을 업신여기고 거리낌 없이 함부로 행동함을 뜻함

[성탄절]
크리스마스 행사 시작　336년
찰리 채플린 사망　1977년
[한국의 슈바이처] 장기려 박사 별세　1995년

 산타할아버지가 싫어하는 중국 음식은?　　울면(울면 안 돼~~)

 일본도 한국처럼 크리스마스 날이 공휴일이다?　　X (부처님 오신 날, 크리스마스 날의 행사는 하지만 공휴일은 아니다)

 북한에선, **만장일치(滿場一致)**를 뭐라고 할까?　　일치가결(一致可決)

 아빠는 작은 방에서 혼자 자고 나머지 네 식구는 큰방에서 함께 자는 것은?　　벙어리장갑

산타할아버지가 성탄절에 오기 힘든 이유 5가지!

1) 지구 온난화 현상으로 눈이 안내려 썰매 운행이 불가함.
2) 루돌프 사슴이 파업함.
3) 불경기로 인해 산타 할아버지가 선물 살 돈 부족함.
4) 난방 시스템의 발전으로 집집마다 굴뚝이 없어짐.
5) 산타 할아버지가 음주 썰매를 몰다가 적발되어 산타 면허가 취소됨.

 추운 겨울날, 불을 쬐기보다 불을 피우는 사람이 되자!

순망치한(脣亡齒寒)　입술이 없으면 이가 시림. 즉, 이해관계가 서로 밀접하여 한 쪽이 망하면 다른 쪽도 화를 면하기 어려움을 뜻함

1898년 퀴리부부, 라듐 발견
1962년 워커힐 준공
1969년 제3한강교(한남대교) 개통

 가장 숨 막히는 싸움은? — 멱살 잡힌 싸움

 콜라 페트병은 아무리 흔들어도 터지지 않는다? — O (병 몸통과 밑의 요철부분이 압력을 견딤)

 북한에선, **녹차(綠茶)**를 뭐라고 할까? — 푸른차

 죽은 죽인데, 먹을 수 없는 죽은? — 뒤죽박죽

오늘의 유머

여자 vs 남자!

1) 여자는 통풍이 탁월한 치마가 있다. 남자는 치마 입으면 미친 줄 안다.

2) 여자는 놀아도 신부 수업한다고 한다. 남자는 신랑수업(?) 말도 안 된다.

3) 여자는 배나오면 여왕 대접 받는다. 남자는 배 나오면 환자 대접 받는다.

4) 여자는 헤어스타일 선택이 자유롭다. 남자는 7:3 아니면 6:4로 간혹 5:5가 전부다.

5) 여자는 예쁜 걸로 모든 게 용서된다. 남자는 허우대만 멀쩡하단 소리를 듣는다.

 사람은 사물을 그대로 보지 않고, 자신이 보고 싶은 대로 본다!

갑남을녀(甲男乙女) 첫째 남자 둘째 여자. 즉, 신분이나 이름이 특별히 알려지지 아니한 보통의 평범한 사람들을 뜻함

향토예비군법 법률 제879호로 제정 1961년
삼각지 입체 교차로 개통 1967년
교육방송국 개국 1990년

DAY 12월 27일
361/365

	공중에서 독수리와 참새가 정면충돌했다. 이런 현상을 무슨 현상이라고 하나?	보기 드문 현상
	비행기 의자의 **중앙 손 받침대**는 먼저 차지하는 사람의 것이다?	O
	북한에선, **마스크**를 뭐라고 할까?	얼굴가리개
	귀에 걸면 귀걸이, 코에 걸면 코걸이, 입에 걸면?	마스크

똑똑한 처녀!

처녀가 운전하는 차와 총각이 운전하던 차가 정면으로 충돌했다. 차는 완전히 망가졌지만, 신기하게도 두 사람은 모두 한 군데도 다치지 않고 멀쩡했다. 차에서 나온 처녀가 말했다. "차는 이렇게 되어버렸는데 사람은 멀쩡하다니……. 이건 우리 두 사람이 맺어지라는 신의 계시가 분명해요!" 총각은 듣고 보니 그렇다고 고개를 끄덕였다. 처녀는 차로 돌아가더니 뒷좌석에서 양주 한 병을 들고 와서 다시 말했다. "이것 좀 보세요. 이 양주병도 깨지지 않았어요. 이건 우리 인연을 축복해 주는 게 분명해요. 우리 이걸 똑같이 반씩 나눠 마시며 인연을 기념해요!" 그래서 총각이 병을 받아들고, 반을 마신 뒤 처녀에게 건네자 처녀는 뚜껑을 닫더니 총각 옆에 다시 놓아두었다. 총각이 "당신은 안 마셔요?"라고 묻자 처녀 대답,   "이제 경찰이 오기를 기다려야죠!"

좋은 마무리는 좋은 시작에서 출발한다!

요원지화(燎原之火) 들판의 불길. 즉 벌판의 불이라 세력이 매우 대단하여 미처 막을 사이 없이 퍼지는 불길 또는 세력을 뜻함

1965년   일본, 재일교포 2명에 한국 여행 첫 허가
1989년   한국-유고슬라비아 국교 수립
1990년   중앙기상대, 기상청으로 발족

미국 역대 대통령 중에 늘 바지가 흘러내리던 대통령은?	루주벨트
미국의 대통령과 부통령은 여행을 같이 다닐 수 있다?	X (절대 안 됨)
북한에선, 귀빈석(貴賓席)을 뭐라고 할까?	주석단(主席壇)
원숭이가 나무에서 떨어지는 이유는?	만유인력

오늘의 유머

대통령과 운전기사!

어떤 나라의 대통령이 국립극장에 가서 무척 활동적인 연극을 보고 돌아오는 길이었다. 그런데 운전기사가 너무 운전을 느리게 하는 것 같아서 대통령은 좀 짜증이 났다.
"어이, 나랑 바꿔 앉지. 오늘밤은 내가 직접 운전하겠어!"
그리하여 운전기사와 대통령이 자리를 바꿔 앉았다. 그런데 대통령이 액셀을 너무 밟아서 그만 속도위반으로 교통경찰에게 걸리고 말았다.
딱지를 끊으려던 경찰이 운전석에 앉아있는 대통령의 얼굴을 보고는 너무 놀라서 경례만 하고 차를 그냥 보냈다. 그러자 직속상관이 다가와 그 경찰을 나무랐다.
"성역 없는 딱지 몰라? 대통령이라도 끊어야지!!!"
그러자 그 경찰,
"누군지는 모르지만, 대통령을 운전기사로 쓰는 분이 타셨기에 못 끊었습니다!"

 교육의 최대 목표는, 지식이 아니고 행동이다!

쾌인쾌사(快人快事)   쾌활한 사람의 쾌활한 행동. 즉, 성격이 시원시원한 사람은 행동도 시원시원한 행동을 한다는 뜻임

미국 9기병대, 인디언보호구역에 있는 인디언 수백 명 몰살 1890년
지리산, 우리나라 최초로 국립공원으로 지정 1967년
한국-리비아, 국교수립 1980년

인격(똥배)은 무엇의 약자인가?	인분 격납고
여객기 기장과 부기장은 기내식(機內食)을 같은 메뉴로 먹을 수 없다?	O
북한에선, **감독(監督)**을 뭐라고 할까?	책임연출
한 쪽으로 보면 작아 보이고, 반대쪽으로 보면 크게 보이는 것은?	망원경(望遠鏡)

문제의 해결책!

활주로를 출발하여 신나게 달리던 비행기가 갑자기 정지하더니 다시 격납고로 들어갔다. 그렇게 한 시간 정도 흐른 후에야 비행기는 다시 이륙을 하게 되었다. 뭔가 이상하다고 생각한 승객이 지나가던 여 승무원에게 물었다.

승 객 : 무슨 이상이 있었습니까?
승무원 : 예, 손님. 저희 비행기 기장이 엔진에서 이상한 소리를 들었다고 해서요.
승 객 : 아~ 그래요. 그래서 엔진을 고쳤나요?
승무원 : 아니오, 기장을 바꿨습니다!

▶ 유능한 사람이 되는 길은, 무능한 짓을 하지 않는 것이다!

개두환면(改頭換面)
머리와 얼굴을 바꿈. 즉, 일을 근본적으로 고치지 않고 사람만 바꿔서 그대로 시킴을 뜻함

1952년   제1군 사령부 창설
1978년   장거리자동공중전화(DDD) 등장
1995년   뮤지컬 [명성황후] 초연

 원조 **공중화장실**은 어디에 있는 것일까? | 비행기

 여객기도 기장이 마음먹으면 전투기처럼 360도 회전이 가능하다? | X (오작동의 사고를 막기 위해 처음 설계부터 안 되게 설계되어 있음)

 북한에선, **안전벨트**를 뭐라고 할까? | 걸상 끈

 종이 한 장에 집도 싣고, 직장도 싣고, 전화까지 싣고 돌아다니는 것은? | 명함

오늘의 유머

최선의 훈계!

비행기가 정상고도를 유지하고 안전벨트 사인이 꺼지자마자 아이들이 장난치며 떠들고 있었다. 이 때 스튜어디스가 아이에게 귓속말을 하자 갑자기 아이들이 조용해 졌다. 기장이 와서 스튜어디스에게 물었다.

"아이들에게 뭐라고 했기에, 아이들이 갑자기 조용해졌지?"
스튜어디스는 자신이 한 말을 기장에게 말했다.

"너희들 그렇게 떠들려면 밖에 나가서 놀아라!"

 각각의 약점을 찾아내는 것이, 사람들의 의지를 조정하는 방법이다!

파죽지세(破竹之勢) 대를 쪼개는 것 같은 거침없는 기세. 즉, 무인지경을 가듯 아무런 저항 없이 맹렬히 진군하는 기세를 뜻함

럭키금성그룹의 창업자 구인회 사망 1969년
진시황릉 발굴 1975년
한국과학기술대학(KIT) 설립 1984년

아무리 늦게 와도 빠르다고 느끼는 것은?	임종
고드름도 나이테가 생긴다?	O
북한에선, 나이테를 뭐라고 할까?	해돌이
기둥 하나, 가지가 열둘, 입사귀가 삼백 예순 다섯 있는 것은?	1년

오늘의 유머

송년메시지!

– 한국말이 미숙한 어느 외국인이 송년 메시지를 낭독하게 되었다. –

친애하는 여러분! 오늘은 송년의 밤입니다.
이 밤이 지나면, 이 년은 가고 새 년이 옵니다.
새 년이라고 다 좋은 년은 아니겠지만, 다가올 새 년을 맞이함에 있어, 갈 년을 과감히 보내기 위한 몸과 마음의 준비가 있어야 합니다.
 지나간 년을 돌이켜 보면, 여러 가지 꿈과 기대에 미친년도 있었고, 어떤 년은 실망스럽고, 또 어떤 년은 나쁜 년도 있었습니다. 그러나 다행스러운 것은, 참 재미있고 끝내주는 년도 있었다는 것입니다. 이 모든 년들은 다 우리에게 소중한 년들입니다.
이제, 새 년은 어떤 년일까? 하는 호기심과 기대도 있겠지요. 그러나 무엇보다 가장 중요한 것은 이년 저년 따질 것 없이 모두가 우리에게 주어진 피할 수 없는 년이란 것입니다.
여러분!
갈 년을 과감하게 정리하고, 다가올 새 년을 맞이하여, 재미있게 웃으며 잘살기를 바랍니다. 감사합니다!

 최상의 행복은, 년 초의 자신보다 년 말의 자신이 더 좋아졌다고 느끼는 것이다!

송구영신(送舊迎新)
옛것을 보내고 새것을 맞이함. 즉, 묵은해를 보내고 새해를 맞음을 뜻함

참고문헌 및 정보처

1) 필자가 소장한 유머 정보와 책 그리고 유머마인드

2) 인터넷에서 여행하거나 떠돌고 있던 각종 유머 정보

3) 구전과 지면으로 태어난 명언과 격언 그리고 사자성어

4) http://srchds2.chosun.com/history

5) http://ytn.co.kr/article/article_list_0422.html

6) 출처를 알 수 없는 재미있는 이야기들

7) 재미있는 정보를 아낌없이 제공해 준 고마운 사람들

[재미있는 사이트 안내]

필요하면 빌려쓴다!
셀프이벤트!!

www.selfevent.com

20여년 간의 현장 경험과 노하우를 바탕으로, 게임도구 개발, 제작, **판매 및 대여!**
레크리에이션 및 행사 대행, 각종 인쇄 홍보물, 현수막, POP제작, 디자인지원 등
전문가 집단입니다.

名品강의는 명강사가 만듭니다!
하이 펀!!

www.hifun.co.kr

유머, 펀 강사 전승훈 사이트!!
유머가 경쟁력이다!
재미있는 사람이 재미본다!
재미있는 기업이 일류기업이다!

지구에서 가장 재미난 공간!
펀 박스!!

www.funbox.kr

지구의 재미있는 건 다있다!
재미있는 놀이공간 펀 박스!

매일유머

초 판 1쇄 — 2009년 7월 7일
개정판 1쇄 — 2010년 1월 1일

엮은이 — 전 승 훈
펴낸이 — 이 규 종
펴낸곳 — 해피&북스

서울시 마포구 신수동 448-6
출판등록 — 제10-1562호(1985.10.29.)

TEL. — (02) 323-4060
FAX. — (02) 323-6416
e-mail — elman1985@hanmail.net

잘못된 책은 바꾸어 드립니다.

값 15,000원

놀이와 행사(상담 및 게임도구 렌탈, 구입시 연락처)
우 150-863 서울시 영등포구 양평동1가 131-2
인동빌딩 4층
☎ (02)2068-2088, 011-282-5840
www.selfevent.com(행사용품 렌탈&판매)
www.hifun.co.kr(유머 홈페이지)
www.funbox.kr(펀(FUN)용품 전문)